U0624552

国家"十一五"重点图书出版规划项目

当代中国图书馆学研究文库(第四辑)

图书馆事业发展与
法制建设研究

Research on Development of Librarianship
and Legal Systems

肖 燕 著

国家圖書館出版社

National Library of China Publishing House

图书在版编目（CIP）数据

图书馆事业发展与法制建设研究/肖燕著. --北京:国家图书馆出版社,2015.12

（当代中国图书馆学研究文库/吴慰慈,陈源蒸主编.第4辑）

ISBN 978 - 7 - 5013 - 5681 - 2

Ⅰ.①图… Ⅱ.①肖… Ⅲ.①图书馆事业—研究—中国 Ⅳ.①G259.258.9

中国版本图书馆 CIP 数据核字（2015）第 247106 号

书　　名	图书馆事业发展与法制建设研究	
著　　者	肖　燕　著	
责任编辑	高　爽　　王炳乾	
出　　版	国家图书馆出版社（100034　北京市西城区文津街 7 号）	
	（原书目文献出版社　北京图书馆出版社）	
发　　行	010 - 66114536　66126153　66151313　66175620	
	66121706（传真）,66126156（门市部）	
E-mail	nlcpress@ nlc. cn（邮购）	
Website	www. nlcpress. com ⟶投稿中心	
经　　销	新华书店	
印　　装	北京玥实印刷有限公司	
版　　次	2015 年 12 月第 1 版　2015 年 12 月第 1 次印刷	
开　　本	710×1000（毫米）　1/16	
印　　张	18	
字　　数	260 千字	
书　　号	ISBN 978 - 7 - 5013 - 5681 - 2	
定　　价	70.00 元	

《当代中国图书馆学研究文库》编委会

主编：吴慰慈　陈源蒸

编委：陈源蒸　中宣部出版局研究馆员

　　　郭又陵　国家图书馆出版社原社长

　　　李万健　中国图书馆学报编审

　　　李致忠　国家图书馆研究馆员，博士生导师

　　　倪　波　南京大学信息管理学院教授，博士生导师

　　　彭斐章　武汉大学信息管理学院教授，博士生导师

　　　谭祥金　中山大学资讯管理学院教授

　　　吴慰慈　北京大学信息管理系教授，博士生导师

　　　徐引篪　中国科学院文献情报中心研究员，博士生导师

自　序

　　1977 年秋,传来国家恢复高考的好消息,激动不已的我决定参加年底举行的高考。时值我在插队的县城告别知青生涯担任县广播站播音员第二年。

　　考前填报志愿,可供选择的文科专业少得可怜。鉴于官方要求考生填报志愿尽量与自己当时所从事的职业相关,第一志愿我填报了北京广播学院编采系,第三志愿填报了山东大学中文系新闻专业;出于对读书的渴望和远离政治的考虑,第二志愿填报的是北京大学图书馆学系。上述填报顺序事后看来无比荒唐,可 1978 年初我竟然收到了北京大学的录取通知书!!! 从此,有幸与图书馆结缘。

　　1982 年 1 月,即将结束在北京大学图书馆学系的学习生涯之前,在个人鉴定中为自己贴上了"不乏实干精神的理想主义者"的标签,旋即投身图书馆事业。至今,已亲历图书馆事业发展 30 年,完成了做图书馆员—管理图书馆—教图书馆学—研究图书馆管理—做图书馆员的职业生涯轮回转换。

　　图书馆肇始于远古,作为人类文明不可分割的涓涓细流融入社会大潮。作为职业领域,图书馆是社会分工的产物,专业化管理有利于提高文献与各类知识信息的采集、加工、揭示、组织、存储、检索、传播和利用效率;作为社会机构,图书馆的生存发展与社会的政治、经济、文化、科学、教育等需求密切相关,然而,极有可能因管理不善面临制度僵化、服务与用户需求脱节的风险;作为一门学科,图书馆学具有突出的包容性与实践性,融多学科思想、理论、技术、方法为一体,研究内容兼具抽象、具象,研究视角横贯社会,纵贯古今。

　　许多杰出的图书馆员兼图书馆学家,比如美国的麦尔维尔·杜威、印度的阮冈纳赞,关注并致力于推动图书馆事业的发展,在图书馆管理与服务、知识组织、专业教育和学科建设等领域进行持续研究与实践,为当代图书馆事业的发展奠定了坚实的基础。自己的职业生涯便是循着这些楷模的足迹,秉承服务至上的职业理念,敬业乐业,在全方位参与图书馆服务、管理、教学和研究活动的过程中发现问题,在思考中寻找解决问题的对策与答案,并将个人成长融入图书馆事业的发展之中。

　　文集收录笔者1984至2008年独立撰写并公开发表的论文30篇,研究内容主要涉及图书馆管理、学科建设、知识组织、专业教育以及数字图书馆建设与服务相关的法律问题。它们是笔者过往职业生涯践行探微的思想记录,从中亦可对改革开放以来我国图书馆事业的发展轨迹窥见一斑。

肖　燕

2014 年 10 月

目　　录

图书馆管理与学科建设研究

图书馆相关的法律问题研究

发展中的困境与困境中的发展

一、问题的提出

　　十年改革,我们曾目睹和亲自感受到 80 年代初期由改革开放带来的图书馆事业的蓬勃发展,见证许多有识之士为谋求图书馆事业的进一步发展而投身于发展战略的探讨。然而,这一切并未给图书馆界带来发展所应有的充实感。近年来,"低谷"一词成为图书馆界使用的高频词汇,就是最好的证明。历史记下了图书馆事业发展的外观指标升而复降的事实,记下了无数同行的苦苦思索,也记下了对发展欲速不达、欲罢不忍的痛苦。笔者暂且将这种进退维谷的状态称为困境。

　　假如我们承认图书馆事业的发展陷入困境,我们能否对陷入困境的原因做出恰当的解释? 假如我们认定摆脱困境求得发展是必然趋势,我们能否在分析原因的基础上,找出推动发展的对策呢? 以往的研究尚不能对此做出满意的回答,笔者愿借本文做一次尝试。

二、为什么图书馆事业陷入了发展的困境

　　要回答这个问题,首先必须对困境的含义加以限定。笔者认为,困境是事物发展运动过程中所处的一种状态,也是一种主观意识。这样来看,困境的产生就有了主观和客观两方面的原因。一方面,我们

对发展的期望和现实形成的反差以及对改变环境鞭长莫及的无力感，都可以引发困境意识；另一方面，社会环境对图书馆事业发展的制约以及发展措施选择不当，均可以造成发展的迟缓甚至停滞。

1. 发展思维定式及价值取向的审视

长期以来，图书馆界流行的是一种形而上学的发展观，多将发展看成量的增加和一种完全由外力推动的机械重复。譬如，将图书馆数量的增加、规模的扩大、馆舍及设备的更新、人员的充裕、经费的递增、藏书的增长等硬指标作为评价事业发展的尺度，将社会对图书馆的重视和图书馆社会地位的提高，看成事业发展的先决条件。纵观新中国成立以来有关图书馆事业发展的评述，我们对于发展的概念几乎就是局限于图书馆事业之内的以上硬指标的净增。按照这种思维方式制定的发展目标，亦带有强烈的主观色彩。如：《2000 年的中国文化，图书馆部分》指出："我国图书馆事业的发展目标是：到 2000 年，一切有阅读能力的人都应当享受图书馆服务，藏书保障率达到人均三册"。据我所和，人均三册藏书是瑞士公共图书馆标准中的一个单项指标，而我们却把它当作了发展目标。这种把图书馆事业的发展与社会的政治、经济、科学、教育等方面的发展割裂开来思考问题的方法，无法为现实图书馆事业的发展找出满意、实用的答案。在封闭的思路中形成的发展目标，也由于缺乏可操作性而失去意义。另外，也有一些人由于发展心切，以致无视发展的复杂性与曲折性，将超常规发展作为发展的一般规律。被称为图书馆事业发展黄金时期的 50 年代末和 80 年代初，至今被许多人怀念并盼望再现。1990 年，广西的《图书馆界》和上海的《图书馆杂志》开展了低谷问题的专题讨论，其中许多文章颇有见地，但是，谈到发展问题时，仍然可以看到这种思维定式的影响。有一篇文章就图书馆事业的"爬坡"问题谈道："经过三五年的治理整顿，经济有了新发展，我们就要抓住时机，再来一篇有分量的评论员文章，再来一个《汇报提纲》，再来一个类似'科学发展的三大支柱之一'的认识飞跃，深信我国图书馆事业第三个黄金时代必将出现。"这种预言的精确性如何,尚须留待实践加以检验。在此必须指出的是,这种发展的思维定式和价值取向,不能把握发展作为一种全方位运动的实质,一味追求无限的外部扩张,大有为发展而发展之嫌。用这样的观念作为评价发展的标准和尺度,必然导致对发展的片面认识。要么对存在的发展视而不见,要么将发展逐入死角,发展心越切,失望就越大,陷入困境也就在所难免。

2. 发展措施的检测

以上有关发展的思维定式和价值取向,直接影响了发展措施的选择。图书馆界热衷于以业务工作为中心,实施与自身利益关系密切的外在的发展措施,不去或很少考虑新技术与方法的采用能在多大程度上满足社会的需求,也很少提出旨在提高服务效率及服务质量建议。以80年代初的发展为例,在那期间,图书馆界为寻求发展致力于改革,先后出现了"创收热""承包热""计算机热"等现象。这种来势迅猛的改革,确实给人以耳目一新、轰轰烈烈的印象,但是,从总体上讲,并没有伴之以图书馆服务功能的显著增强,反而由于顾此失彼,削弱了本来就不稳固的基础服务。不知不觉中,许多图书馆已面临门庭冷落的严酷现实。这是与发展相悖的,然而又是铁一般无可辩驳的事实。据笔者所见,创收热中有偿服务的滥用,伤害了读者对图书馆的感情,大量不务正业的创收活动,影响了图书馆的本职工作,也损害了图书馆的形象。承包热中一味追求业务工作的定额管理,使一些本来伸缩性较强的业务工作降到了低水平,扼杀了人的主观能动性,使工作质量被数量挤到了次要位置。另外,承包中因缺乏总体目标为指导的各具体业务指标的协同,使一些需要配合的业务部门之间的扯皮、推诿现象有增无减。计算机热中盲目追求现代化,使许多长时期内必先依靠手工操作的基础工作受到了影响。当许多管理者为筹措现代化设备的经费四处奔忙,津津乐道于购置了多少自动化设备、开发成功了哪些系统时,且不说设备的维持费用占用了大量本可用于文献购置的经费,原有的服务部门变成了次要部门。重要的是,这些设备除

3

少数得以成功应用外，多数都当作一种摆设或资本来证明、炫耀图书馆实现了"自动化"。多年来，很难看到图书馆自动化设备满足了多少读者需求的有理有据的报道，更谈不上投入—产出效率比手工有多少提高。可以说，这种做法本身就是与现代化精神背道而驰的。现代化技术得以在国外图书馆的成功应用，除了技术发展水平外，重要的是可以使图书馆用较低的代价获得较高的经济效益和服务效率，提高服务质量。可见我们只学了皮毛，而没有把握现代管理的实质。总之，上述发展措施的实施，对于图书馆服务工作的改观收效甚微，从而形成了发展的断层。

3. 发展的社会环境的分析

除以上两点之外，社会环境亦是图书馆事业发展的重要制约因素。社会环境包括了社会对图书情报交流传递的需求、社会对图书馆事业的经济支持能力、社会的图书馆意识以及图书馆政策等。从本质上讲，社会需求是图书馆事业存在的基础，也是发展的主要动因。整个图书馆事业面临的主要矛盾，就是不断变化的社会需求与满足这些需求之间的矛盾，解决矛盾的过程就是发展的过程。矛盾长期得不到解决，发展就处于停滞状态。这样，社会环境就以需求为导向来影响图书馆事业的发展；反过来，图书馆满足这些需求的情况反馈至社会，又会形成社会的图书馆意识，影响社会决策。决策一旦做出，又会同时作用于社会环境的其他几个方面。因此，图书馆事业的发展，就有不以人们的主观意志为转移的一面，总是与社会发展的一定阶段相联系。明确这一点，我们讨论图书馆事业的发展，就不能不分析社会环境，也不能片面地将社会环境中某些侧面归结为影响图书馆事业发展的唯一原因。那么现实的社会环境是怎样影响图书馆事业发展的呢？

第一，社会对图书情报交流传递的需求是与社会的文化、教育、科技水平密切相关的。在文化、教育、科技发展的不同阶段，社会对图书情报交流传递的需求就不相同，甚至在发展的同一阶段，由于各方面发展的不平衡，也会使需求不平衡。这样，不同地区、不同系统、不同层次的图书馆为满足需求而构成的发展都带有自己的特征和局限。从总的方面看,我国图书馆长期以来都是被动满足社会需求的。在这种状况下,有限度的需求,只能使图书馆事业获得有限的发展动因。

第二,社会对图书馆的经济支持能力,受制于社会经济的发展水平。正常情况下,社会用于图书馆事业的投资不仅要与经济发展的总体状况协调,也要与其他方面的投资保持适当平衡。若社会经济发展没有大的改观,就不能期望对图书馆事业的投资大幅度增长。由于以往谈论发展总以倾斜性投资为参照,许多人对这种限度缺乏认识,甚至将倾斜投资与常规投资之间的落差视为困境。不管我们对困境做何理解,我们都应当明确:投资永远是有限的,投资的限度,决定了图书馆事业外在发展也有限度,达到一定限度时,这种类型的发展就必然出现停滞。

第三,从人类文明早期起,图书馆就成为不可缺少的社会机构。但客观地讲,它所占据的地位并不是十分重要的,很大程度上只是社会的文化、教育、科学活动得以正常进行的支持机构。加上图书馆由于各种原因不能充分满足社会需求,社会的图书馆意识与我们所期望的存有差距。记得前些年,我们曾用信息社会的蓝图宣传、证明图书馆的重要性,但是,就是阐述信息社会的《第三次浪潮》一书的作者托夫勒本人,也只把图书馆看作第二次浪潮的产物,需要对原有工作方式、组织结构等进行大的改组才能获得生存。照此看来,向信息社会的过渡,对图书馆来讲并不轻松,而是一场生存竞争。维持原状,不谋求发展,势必被淘汰。遗憾的是,许多人对此并没有清醒的认识。当今社会中,人们重视生产性投资远远超过了一切。今年8月《参考消息》刊登一则报道,日本的大学和研究机构正在失去以往的优势,原因是缺乏社会重视和足够投资,不能吸引优秀人才。曾几何时,日本经济的起飞受惠于科研、教育的发展,时至今日,却落得如此下场,岂不是个悖论? 由此不难想象,图书馆的日子将更加艰难。在1989年召开的国际图联第55届大会上,"经济衰退与图书馆"成为会议的中心议题,也说明了世界范围内图书馆的窘境。连一向代表世界图书馆事

5

业发展水平的美国,当财政预算吃紧时,里根政府首先裁减的就是图书馆和博物馆的经费,从而导致许多图书馆裁减工作人员,减少开馆时间,以至闭馆。英国、德国亦不例外。对社会不重视图书馆的抱怨,几乎成为图书馆界的共同语言。在这种社会定势面前,我倒更愿意承认,我们陷入了一种寓意深刻的困境。我们应当承认困境的必然性,在此基础上,不仅可以寻找我们在社会中的适当位置,保持心理平衡,更重要的是,增加紧迫感和危机感,振作精神,用行动证明图书馆的有效性,对社会施加应有的影响力。

三、图书馆事业如何在困境中发展

通过以上分析看出,导致图书馆事业陷入发展困境的原因是复杂的,困境也是不容回避的现实。图书馆事业在外向型发展的道路上已经快走到了极限。尽管我们以至社会上关心图书馆事业的人不断为改善图书馆的境遇而奔走呼号,但是,若我们自身没有多少改变的话,社会环境也不会有大的改善。因此,在困境中谋求发展,就要把着眼点转向图书馆事业自身,寻找一条变革观念、扩大服务、强化管理的软发展途径。

1. 建立图书馆事业发展的社会观

图书馆事业发展的社会观,就是将社会因素引入图书馆事业发展之中,将图书馆事业的发展,作为社会政治、经济、文化、科学、教育发展的一个有机组成部分加以考察,开辟从图书馆与社会联系方面把握图书馆事业发展本质、趋向等一系列问题的新视角,从而明确图书馆事业发展的阶段性、有限性和连续性。在此基础上,就可以纠正那种认为图书馆事业的发展,可以由不断增加投资和扩大规模而实现的偏见,打消一切脱离实际的发展幻想,使许多人从对发展急于求成的偏激状态或由于对超常规发展欲求不得的沮丧状态中解脱出米。根据社会发展的实际状况,提出明智、中肯的发展目标,寻求切合实际的发展道路。在笔者看来,这就是使图书馆事业的发展与社会的发展保持协调。这种协调有许多方面。一是图书馆事业发展目标与社会发展目标的趋同;二是图书馆事业发展速度与社会发展速度的协调;三是社会用于图书馆事业的投资与社会总产值以及其他社会事业投资的协调;四是社会需求与图书馆所能提供的满足这种需求能力的协调。不仅如此,我们还应将图书馆事业与社会的协调发展的程度,作为评价图书馆事业发展的尺度,如:对图书馆学教育的规模、图书馆的密度、图书馆的服务状况等一系列问题的研究,都不宜再采用孤立研究和主观价值判断的方法,而是进行特定环境中以上方面与社会协调程度的研究,并将不协调的地方,作为改进工作、求得发展的突破口。

应用这样的观点看待图书馆事业的发展,我们就不会一味抱怨社会为我们做得太少,而是采取客观的态度,积极从自身寻找发展的潜力,将注意力放在分析比较同一社会环境下,图书馆事业发展可能有几种途径,不同的发展途径及发展措施的选择能使协调发展达到何种程度等有关发展的问题,从而使发展目标明确,措施得当,使发展成为一种实实在在的有益于社会、有益于图书馆事业建设的运动。

2. 选择以服务为主的发展措施,改变图书馆落后于需求的现状

当我们排除了外在的为我们不能左右的环境因素之后,图书馆事业发展就依赖于我们为保证图书情报资源最大限度的利用,使图书馆成为真正有效的社会机构而进行的努力。换言之,现阶段对发展支持能力有限的社会环境所留给我们的发展空间,只有通过增强图书馆的服务功能才能予以拓宽。

回顾我国图书馆事业的发展历程,50 年代曾将服务作为发展的重要方面,但一阵浪潮过后,并没有持续下来。80 年代的发展,以图书馆的开放为先导,图书馆多是被动适应科技"攻关热"和"读书热"而引发的需求去提供服务。由于这些需求是经过"文革"多年压抑后短时间内迸发出来的一种补偿性和现实性合二为一的需求,其迸发速度之

7

快、规模之大使图书馆应接不暇,造成了服务繁荣的表象,而服务的主动性、深度、广度等方面并未引起图书馆足够的重视,也未能坚持将服务为本的精神注入创收、承包、自动化等改革活动之中,使社会需求与我们所提供的服务之间的距离不断拉大,呈现不健康的发展状态。其直接后果就是大量读者的丧失,读者到馆率、图书流通率大幅度下降。许多人把这种现象归咎为没钱买书、读书无用论的影响,但笔者认为,这并不是根本的原因。一些新兴的读书社、情报(信息)机构的大量涌现就是很好的例证。许多图书馆门难进、脸难看、书难借的现象仍然很普遍,难怪人们宁愿自己掏钱去加入读书社而不去图书馆。另外,全国文献资源调查与布局研究用户调查研究报告中,有一项有关藏书开发利用方面意见的统计,其中读者要求提高利用率、增加宣传报道、开放藏书的意见占 81.42%。对图书情报服务工作现状的意见也主要集中在要求开架借阅、延长开馆时间、改进服务态度、提高服务质量等方面。这也足以证明图书馆所提供的服务与社会需求之间存有较大的差距。应当说,这是不同程度存在于各个图书馆中的老问题,但一直没有得到很好的解决。当我们考虑到社会图书情报交流传递设施的多样化、加之现代传播媒介的普及正在日益改变人们单独依赖图书获取知识信息这一变化的现实时,我们还能对服务问题无动于衷吗?长此以往,图书馆就会在大量丧失读者后,进而丧失自己生存的权利,发展更无从谈起了。

在实施以服务为主的措施中,图书馆应当克服工作的惰性以及重藏轻用、与读者对立的狭隘思想。摆正服务与研究、服务与创收、低层次服务与高层次服务、单一服务与综合服务、服务数量与服务质量的关系。图书馆的研究工作与创收工作,都应围绕服务进行,并借此提高服务的层次与质量。还应当承认高层次服务与低层次服务、单一服务与综合服务的并存,避免各种服务方式的互相冲击,甚至自动化,也只是一种提高服务质量与效率的手段。要不断根据变化了的实际需求推出新的服务方式,并注意引导读者的需求。最近,《图书馆杂志》刊登的有关特色服务的报道,就从一个侧面为我们展示了图书馆的职能在以服务为本的基础上，不断增强、不断拓宽的前景。

3. 实现图书馆事业的社会化管理

长期以来，图书馆事业的管理一直是议而不决的老大难问题。图书馆事业走软发展的道路，必须借助于管理的变革才能实现。实施图书馆事业的社会化管理包括两个方面，一是增强社会对图书馆事业的保障机制；二是引入社会对图书馆事业的监督机制。说到底，就是使社会实现对图书馆活动的保障与监督。

社会保障是图书馆事业生存、发展的基本要求，应当制定图书馆法，将社会为图书馆生存发展提供的一些基本保障法律化、制度化，以改变图书馆生存发展条件的优劣取决于某一行政主管部门或某一行政领导的开明程度高低的状况，克服人为的随意性。有关这个问题，图书馆界已呼吁了多年，至今仍未妥善解决。但是即使这个问题解决了，也不能包医百病。因为，从根本上讲，法律并不能提供图书馆事业发展的动力，而只是提出强制性的最低规范。我们更应当注重建立社会对图书馆事业的监督机制。其原因在于现实中图书馆工作人员从事图书馆工作的动机、背景不同，对自身的要求也不相同。在具体工作中，常有一些人不负责任或因为懒惰、骄横无视读者的需求而渎职。也有不少人对大量由于自己工作不得力而造成的使用障碍和读者的疾苦漠不关心。更有甚者，许多处在服务第一线的工作人员常拿读者出气。许多管理者也只对管辖自己的行政部门和图书馆工作人员待遇、业务流程等问题负责，把本来应放在首位的读者错当图书馆的附属或点缀。凡此种种，构成了图书馆事业发展的最重要的障碍。试想，图书馆的存在不仅不能缩小社会需求与满足需求之间的差距，反而使差距变成鸿沟，这会在社会的图书馆意识方面引起什么连锁反应呢？即使我们有发展的意愿，大张旗鼓地宣传我们的效用，也无法更改人们从经验中得出的结论。

监督机制的核心就是使图书馆接受读者的监督，使之成为读者的需求直接转化为发展动力的一种必要手段。监督应当分层次、具体化,甚至图书馆法中也应加入图书馆生存权利与职责、渎职的处置等方面的内容。另外,图书馆领导、工作人员的任职要求中,应有相应的对不能尽职责的惩处规定。每一个图书馆的生存保障、每一个从业者的自身利益都应与服务状况相关。监督者就是读者,不能像前这样,评价总结工作只是领导和工作人员的事情。

应当指出,监督机制的建立是个长期的任务,不能仅靠图书馆界完成,还需要社会改变图书馆事业投资的方式对投资渠道加以完善。如果用社会基金等形式,它较之保障机制的建立更加困难。因为,就人的本性讲,在许多情况下都倾向于要求别人而不是指责自己。然而,监督又是十分必要的,它势必带给图书馆生存压力。但是,这种压力扼制惰性,产生动力。譬如,书价猛涨、经费有限是长期现象,图书馆都承认自己单枪匹马难以满足读者的需求。可是由于服务如何并不对图书馆的生存构成威胁,所以,纵然有多少理论阐述,也在实际推进图书馆网络建设方面显得苍白无力。若引入监督机制,当图书馆无法满足读者的要求直接危及图书馆及工作人员的切身利益时,图书馆就必然会主动想办法建立网络、推进协作。美国图书馆网络成功的背后,就有这样一个简单的道理。联系我国现有众多的图书馆的潜力由于管理中缺乏监督机制而没有充分发挥的现实,监督机制应当成为我们着力进行的管理变革的重要方面。

四、结语

以上所述均为一孔之见。无论我们是否承认图书馆事业发展的困境,就发展问题而言,统一发展的主观愿望与客观效果、协调发展的主观努力与客观条件、实施恰当的发展措施都是至关重要的。图书馆事业的发展既不能超越社会的局限,也不应落后于社会的需求。而现实我国图书馆事业发展则取决于图书馆界的所作所为。笔者愿以阮冈纳赞提出的图书馆学五定律作为本文的结尾,"书是为了用的、每个读者有其书、每本书有其读者、节省读者的时间、图书馆是一个生长着的有机体"。只要我们为了书的充分有效的利用做出一切努力,我想,图书馆事业的发展也就寓于其中了。

参考文献

1 全国文献资源调查课题组.全国文献资源调查与布局研究用户调查研究报告.图书馆理论与实践,1991(1)

2 唐建祥.走出误区变滑坡为爬坡.图书馆界,1990(2)

3 范并思.应从发展战略角度看低谷论.图书馆杂志,1990(6)

4 Herbert S White. Respect for librarians and librarian self – respect. Library Journal.1986,111(2)

5 Frank H Spaulding. Internationalism of SLA and IFLA 1989. Special Libraries. 1990,81(1)

附注:

　　本文撰写于1991年4月,作为中国图书馆学会与《图书馆理论与实践》联合主办的"图书馆与社会"专题讨论征文活动的投稿,发表于《图书馆理论与实践》1991年第4期第25—29页。该期杂志的《编后》对本文有以下评价:"当编辑最高兴的时候是读到了好稿子,那种兴奋激动的劲头简直无法形容,如遇良师益友,如逢知己亲人。每当此时往往要将佳作一口气读完,再细细品评文稿中的滋味。然后再跟几个同行相互传阅议论不止,恨不得即刻把它换成铅字,让更多的读者分享这一快乐。这种情况并不是很多,但这回遇到了,感谢山东大学图书馆学系的肖燕同志。他为这次《图书馆与社会》征文献出了一篇很有价值的文章《发展中的困境与困境中的发展》。这篇文章之所以值得一读,是因为它的许多观点能给人以启迪,引发人们做进一步思考。亲爱的朋友,请您与我们一起分享这一快乐吧!"

权威与图书馆学
向常规科学的转化

——读《论图书馆学研究权威》的联想

80 年代中期,为了寻求图书馆学的发展,我国图书馆学界开始进行学科自身的反思。许多人运用美国科学哲学家库恩提出的科学发展模式,分析图书馆学现状,从而认为图书馆学仍然处于前科学状态。于是,如何促成图书馆学由前科学向常规科学转化成了近年来图书馆学研究的主要课题之一。

《中国图书馆学报》1991 年第 1 期刊发的《论图书馆学研究权威》一文,是笔者看到的有关学科转化问题的最新论述。文中指出:"图书馆学在研究秩序方面正面临着两个问题:一是图书馆学界权威思想的弱化,使图书馆学研究秩序失调,争论方向不明;二是对图书馆学权威的绝对依赖,阻碍我国图书馆学研究的学术民主进程,使图书馆学的学术活动归于沉寂。要实现图书馆学向常规科学转化,解决图书馆学研究中存在的一些问题,就必须调整图书馆学研究的学术秩序,建立和完善必要的学术民主制度,树立图书馆学界学术权威思想和承认权威的意识。"[1]以上论述表明,缺乏学术权威和依赖学术权威是影响图书馆学发展的症结所在之一。这似乎是一个矛盾的命题。尽管如此,笔者认为,在这一命题的基础上,继续全面探讨和理解库恩的科学发展模式,也许会有助于促进图书馆学的发展。由于《论图书馆学研究权威》一文过多地强调了权威的强制性与对权威的服从,缺乏对权威影响图书馆学转化进程的分析,故引起笔者续谈权威问题的兴趣。本人确信:图书馆学的发展需要图书馆学权威,但不能将图书馆学的发展归结为权威的更替。尤其在分析图书馆学由前科学向常规科学转化问题时,应当全面把握库恩科学发展思想的核心,找出前科学与常规科学的分界,分析图书馆学权威在图书馆学转化中的作用,进而选择出合乎实际需求的转化途径。

一、科学发展阶段的分界

对科学的发展,不同的科学哲学家有着不同的看法。比较流行的"前科学—常规科学—危机—科学革命—新常规科学"的科学发展模式,是库恩的独创。为了区分各个不同的发展阶段,他提出了范式(有译为规范)和科学共同体两个概念,并将有无范式作为前科学与常规科学的分界。它为研究科学发展规律,解决科学发展面临的实际问题,做出了较为显著的贡献。库恩在 1962 年出版的《科学革命的结构》一书中,对其科学发展的思想做了集中论述。他认为:"常规科学是指严格根据一种或多种已有科学成就所进行的科学研究,某一科学共同体承认这些成就就是一定时期内进一步开展活动的基础……许多科学经典名著也起过同样的作用。这样一些著作,都在一定时期里为以后几代的工作者,暗暗规定了在某一领域中应当研究些什么问题,采用些什么方法。所以能够这样,因为这些著作具备两个根本的特点。这些著作的成就足以空前地把一批坚定的拥护者吸引过来,使他们不再去进行科学活动中各种形式的竞争。同时,这种成就又足以毫无限制地为一批重新组合起来的科学工作者留下各种有待解决的问题。凡是具备这两个特点的科学成就,以后我就称为范式"[2]。

库恩指出:"范式是一个同常规科学密切相关的术语。"他采用这一术语意在说明:"在科学实际活动中某些被公认的范例——包括定律、理论、应用以及仪器设备统统在内的范例,为某一种科学研究传统的出现提供了模型。学习这种范式,主要是使一个新手准备好参加那个此后他工作于其中的科学共同体。在他那里所遇到的人,也是从同一模型中学到专业基础的,因此,在他们以后的活动中,就不大会再在基本原则方面碰到重大分歧。根据共同范式进行研究的人们,也受同样的科学实践规则和标准所制约。这种制约以及由此所造成的表面上的一致,是常规科学的前提,也是某一种研究传统形成和延续的起源。"[3]纵观全书,从显见的意义上看,一门科学由前科学状态向常规科学的转化,只需要范式和科学共同体而与权威无关。但是,深入追究则可以发现,权威是科学共同体和范式得以形成的先决条件,权威性也是范式和科学共同体必备的特征。因此,探讨图书馆学由前科学向常规科学的转化,就应当从对三者的分析入手。

二、图书馆学权威、范式、共同体面面观

(一)概念

图书馆学共同体指图书馆学研究者的组合。在现实中,图书馆学共同体成员的探索方向是一致的,但在具体的研究方法和学术观点上却不尽相同。图书馆学既是一个独立的共同体,但同时还可以划分出许多小的共同体。共同体成员之间依赖充分的讨论与交流保持已有的一致性,同时亦通过共同体的组织形式,如学会和代表大会等加强内部的联系。

图书馆学范式指图书馆学共同体成员所共同具有的信念、价值标准、技术方法和术语等。在讨论科学发展模式时,库恩一直没有对从语言学借用来的"范式"一词进行明确定义,故给我们的讨论带来了一些困难。笔者认为,可以根据英国学者马斯特曼对库恩范式的理解,将范式分为形而上学范式、社会学范式、人造范式三类[4]。这样,图书馆学范式就可以理解为一个有结构层次的观念、理论和方法体系。它为图书馆学研究提供框架和理性依据,是图书馆学共同体开展研究活动的基础和工具。

图书馆学权威较之以上两个概念更需要明确一下。《论图书馆学研究权威》一文中提出了两个与权威有关的概念。一是图书馆学学术权威，二是图书馆学研究权威。在具体表述时，图书馆学学术权威既指图书馆学的权威学术人物，又指图书馆学权威学术机构。论及图书馆学研究权威时，作者指出："图书馆学研究权威主要以三种形式存在。即图书馆学专家、图书馆学会和图书馆学文献。"[5] 以上提法在语义上造成了一定的混乱。在此，笔者将图书馆学权威主要理解为学术权威，即公认的有影响的学术人物。图书馆学会只是负责组织、协调图书馆学研究的学术机构或团体组织，可以看作图书馆学共同体的最高组织形式，而图书馆学文献则是图书馆学共同体的内部和对外的交流媒介。它们的性质功能是不同的。

（二）三者关系

图书馆学权威与图书馆学范式和整个学术共同体有密切的关系。表现在：第一，图书馆学权威的产生，依赖于科学共同体的认可。第二，图书馆学权威一经产生就具有相对独立性，可以对共同体和范式的形成产生巨大影响。当图书馆学权威的研究成果经得起验证并赢得公认的学术威望时，就可能或实际成为图书馆学共同体的范式。一旦成为范式，就能指导共同体成员按照共同的标准和方法等探索、研究既定的课题，从而加速学科的建设。换言之，图书馆学范式的产生与图书馆学权威密不可分。正是在这个意义上讲，图书馆学的发展需要建立自己的权威，但应当明确，学术权威与范式不是等同概念。拥有学术权威，不等于有了共同范式。学术权威只是作为潜在的共有范式的开拓者影响共同体的活动，进而影响图书馆学的发展进程。因此，只讲树立权威、服从权威不能顺利实现图书馆学由前科学向常规科学的转化。只有把握图书馆学权威与范式的必然联系，着眼于建立范式，才能使图书馆学的状况有比较大的改变。

（三）发展现状

浏览一下全国图书馆学情报学杂志就可以看出，我们已拥有大批图书馆学研究者，而且已建有全国、省、直辖市、自治区一级和专业性的图书馆学会，图书馆学共同体的存在不仅是客观现实，而且相对于其他新兴学科来讲，我们的共同体的规模也是相当可观的。但是，我们图书馆学共同体成员的整体素质偏低，共同体的凝聚力和组织功能还没有很好地发挥出来，整个图书馆学的研究仍然处在比较松散缺乏协作和低水平重复研究的层次上。

在图书馆学界，被称为权威的有名人士不在少数，如《论图书馆学研究权威》一文列举的学者及图书馆学会的学术委员等。但在图书馆学共同体中，对图书馆学权威的认可还缺乏客观标准和民主程式。加之缺乏对权威的评估与影响力的强化，因而，存在有权威形同没有权威、权威多头和混充权威等现象。图书馆学范式又怎么样呢？著名美国图书馆学家谢拉在他1972年出版的《图书馆学引论》中曾指出："在20世纪期间，图书馆员们形成了自己的信念，积累了专业知识，有了自己的行为准则和行话。"[6]这段话所提到的有许多范式的成分。但是，许多都是工作范式，而不是研究范式。就阮冈纳赞的《图书馆学五定律》来说，笔者认为主要也是图书馆工作的定律。因而，图书馆学研究与图书馆工作相比，还缺乏对研究本质规律的抽象，这就不可避免地出现了那些被作为前科学依据的现象。比如，对图书馆学基本原理和有关现象的不同理解，经常发生不必要的争论等，这些正是尚未建立起图书馆学范式而导致的必然结果。具体分析起来，目前图书馆学并不是处在全然没有范式的状态，有关技术和方法研究领域中标准化工作的推进，使得范式比较完备地建立了起来，只是图书馆学的基础理论、学科体系构造和研究方法等方面尚未建立共有范式，但已存在一些适用范围有限的范式。因此，可以比较乐观地说，图书馆学目前正处在前科学与常规科学的转折点上，只要我们采取的措施得当，就会促使图书馆学学科状态的顺利转化。

三、图书馆学向常规科学转化的途径

基于以上分析,笔者认为,图书馆学向常规科学的转化,应当按照确立有影响的权威、建立共同范式和增强共同体凝聚力的模式进行。我们的着眼点应当是那些尚未建立共同范式的领域。

(一)确立图书馆学权威,积极开展学术争鸣

目前,图书馆学缺乏常规科学特征的方面主要集中于图书馆学基础理论研究领域。这一领域多种观点、多个权威并存,但是,都没有在大的共同体中得到充分认同。在这种情况下,我们还不能期望像《论图书馆学研究权威》一文所说的那样,"有权威学术人物的权威理论来概括总结图书馆学的研究成果,克服各学派思想中的片面观点"[7]。也不能用转向对宏观现实问题的研究来回避冲突。与此相反,我们需要使各个学派进一步展开有关图书馆学的理论基础、范畴和研究方法的讨论,在讨论中审视确立图书馆学权威。尽管这种讨论距常规科学的要求相去甚远,但是,只有通过讨论才能辨明是非,寻求较大范围的统一认识。

就目前来看,学派的建设是图书馆学研究中值得注意的问题。现有学派的自身建设很不完善。除了代表人物的论述外,几乎没有其他成员的进一步探究。不同学派代表人物的思想研究也很缺乏。近年来,专业刊物上有时发表一些有关某些比较流行的著述的评论,却难以看到著述者撰文作答。因此,权威性到底有多大,难以定论。翻开一些专业刊物,论述皮毛的文章比比皆是,除了研究者的素质外,很大程度上是因为缺乏争论造成的。只有争论,才能在不同观点的交锋中迸发出创造性的思想火花,才能促使不同学派的代表人物深入思考问题,调动全部心智,促使研究的深入和系统化。同时,争论还可以促使不同学派的理论产生融合互补效果。目前的情形是,许多学派的差别

并不是根本性的,多是同一模式的不同层次的差异;都有过于强调特定的情势,忽略把握学科总体特征的倾向。充分讨论可以使大家重新认识总体的一致性,从而协同探索。

除此之外,讨论还可以促使一些学派的自然淘汰。正如库恩在《科学革命的结构》一书中指出的那样:"毫不奇怪,在任何一门科学的早期发展阶段,不同的人对同样一些领域的现象,尽管未必都是一些具体现象,都会做出全然不同的描述和解释。令人吃惊的是,在这些我们称之为科学的领域中,初期的这种分歧总是大部分不见了。通常总是由于一个前范式学派的成就使这些分歧不见了。"[8]正是因为这种原因,我们应当提倡由各学派代表人物和成员参与的讨论,而且应当使这种讨论成为整个共同体的活动。讨论的过程,也是民主的过程,是整个共同体重新审视权威及其理论的过程。这样,不仅可以认定图书馆学权威,还可以促使较大范围内认可的权威的产生。而这正是图书馆学向常规科学转化中需要迈出的第一步。

(二)建立图书馆学范式,加强基础理论研究

建立图书馆学共有范式,是在确立图书馆学权威基础上采取的进一步的发展措施,是图书馆学实现向常规科学顺利转化的关键环节。建立范式的过程,就是将具体的图书馆学权威进行抽象化转变的过程,是图书馆学共同体对权威提出的理论、方法和已有的成就进行选择并作为研究标准和依据的过程。它不同于简单地承认权威、服从权威,而是寻求一种超出具体权威之上的抽象理论、研究传统和整套规范。之所以称其为范式,是因为它是普遍接受的原则。我们主要应建立两种范式,一是哲学和方法论范式,它要为整理经验知识提供思维准则,为知识的构成提供理论框架和研究方法。由于图书馆学产生于图书馆的实践活动,因此,长时间停留在缺乏思辨与抽象的经验描述阶段。以巴特勒、谢拉为代表的芝加哥学派的研究,尤其是谢拉将图书馆学划归为人文科学的尝试,实质上开了思辨、抽象研究的先河。尽管笔者不赞同谢拉的划分,并感到他提出的"社会认识论"有立论空

泛的缺憾。但是,应当承认,他用思辨方式开辟的图书馆与社会、图书馆与知识交流等方面的研究,已经被广大图书馆学研究者使用,进而成为共同范式了。在我国图书馆学研究中,由于思辨与抽象的不成功,导致许多人认为应摒弃思辨方式。我认为这一观点潜伏着危机。这样说并不是要将图书馆学研究引向思辨,而是要对那些非思辨不能解决的问题予以重视,针对现实中由于思辨不足或不成功而遗留下来的理论空缺进行弥补,回答图书馆学研究范畴、体系构造和理论基础等问题。换言之,抽象研究就是一种范式,它能在基础理论研究方面发挥独特的作用,只不过成功的抽象必须能够还原到客观事物本身,而不是无法验证。阮冈纳赞之所以使图书分类由一种技术方法上升为一门科学,就是因为他实现了由经验验证到抽象理论的升华,提出了一整套分类理论,又反过来指导了分类的实践。但是,为了获得实用结果而越过感性认识到理性抽象的阶段,在还没有充分掌握图书馆活动的本质特征及概括体系时,所获得的经验"理论",只能是无宏观指导意义的经验描述。目前,图书馆界正逐步走向对宏观现实问题的研究,但是,如果以没有理论指导的研究为基础,宏观现实问题研究的效益也会大打折扣。旷日持久的图书情报一体化的争论就是一个例证。十几年来,我们没有充分研究图书情报理论基础的一致性,只将两者一体化看成操作层面上的问题,结果,不但推行的阻力大,而且讨论僵持不下。赞同一体化的人强调操作方法与服务的共性,否定一体化的人则以操作方法与服务的个性为依据。只有进行一体化所需要的图书情报基础理论一致性的研究,我们才会获得统一认识。明确机构的形式并不重要,关键在于共同为实现总体功能而尽力。但是,为了获得管理的高效益,则应当采取广泛的协作。这样,一体化就会在操作层面上极易推行,而不是像目前一些人那样,为谁吃掉谁而抗争。

为了建立方法论范式,应该把目前对图书馆学方法的研究继续深入下去。近年来,尽管有关研究方法的论述日渐增多,但是,多数仍然停留在介绍引进各种方法,缺乏操作化研究。建立方法范式,就应当研究在特定情况下使用哪些方法能有助于问题的解决、多种方法的配合使用以及功能互补等问题,以求研究方法成为可以具体模仿、实施、应用与创新的规范。

我们需要建立的第二种范式是社会学范式。它是评价科学成就的一整套观念和价值标准。建立这一范式,需要共同体在研究问题时,对于现有权威人物以及他们提出的理论和方法等方面进行评价,抛弃单纯的价值判断,展开实证研究。比如:对权威人物的理论价值的研究,不仅要明白它可以说明些什么问题,重要的是要分析这种理论和方法能将问题说明到什么程度,即进行清晰、简明、精确和有无自相矛盾等方面的比较,从而选择出优秀理论和方法作为范式。不仅如此,这种实证研究也应构成专门的方法范式。

另外,范式应当借助于编辑统一的图书馆学教科书或者以图书馆学研究指南的形式加以确立。为图书馆学共同体成员的培训、教育和开展研究工作提供依据,即建立人工范式。图书馆学共同体成员的培养主要依靠教育,而我们的教材多头,水平不一,彼此冲突。只讲有多少种观点,缺乏系统评价,更没有评价尺度。比如,教学参考资料和一些文集,几乎都是文章汇集,而不为所收文章加按语。讲述研究方法,不讲方法的具体实施,不进行方法应用的训练,甚至没有找出相应的有代表性的论文作为范例。这样,共同体成员无法模仿已有的成就,一开始研究就面临两个问题:一是大量前人成果的评价,二是可依据的原理、方法和资料不足,只好一切从头开始。这种循环就使图书馆学研究的效率极低,发展也较为迟缓。

(三)增强共同体的凝聚力,充分发挥学会的作用

从总的方面来看,图书馆学共同体由于缺乏共有范式而显得松散,但是,当我们着手建立范式的同时,我们同样还要注意共同体的组织和功能的发挥问题。现有的各种图书馆学会的作用如何发挥就值得重视。图书馆学会不能把工作重点放在评奖和总结工作上,重要的是提出图书馆学研究计划,组织研究项目,为图书馆事业发展提出明确目标,促进图书馆学研究。

图书馆学研究历来多是分散的个体研究，这样，对图书情报领域里的宏观现实问题往往鞭长莫及。如果图书馆学会组织协同作战，调动多方面力量攻克难题，就可以使学术研究达到较高的水平。全国文献资源调查项目的进行就是合作研究的成功先例。目前，我们的许多研究者都在寻找解决宏观现实问题的突破口，希望增加图书馆学的影响力。可是，国家的"七五""八五"科研规划中，与我们有关的项目太少，这样又如何能证实我们的存在与有效功能呢？英、美图书馆学会的活动值得我们借鉴。在英、美图书馆事业发展的每一重要转折阶段，几乎都有图书馆学会组织的研究成果，如图书馆法、图书馆学研究规范、图书馆专业教育和专业人员使用标准等作为保障。当然，学会在研究和解决问题的同时，也自然强化了自己作为学术共同体的凝聚力。

著名科学家贝尔纳在《科学的社会功能》一书中指出："在科学研究中，人类已经自觉地学会了使自己的目的服从于一个共同的目标，同时又不失其成果的独立性。每个人都懂得，他的工作仰赖于他的前辈和同代人的劳动。要使自己的工作结出果实，只能靠世代后继者的共同努力。因此，在科学研究中，人们的合作，并不是受命于上级机关的逼迫，也不是出于他们对所选出的领导者的盲从，而是因为他们懂得，只有这种心甘情愿的协作，每个人才能达到自己的目标"[9]。从以上论述引申下去，可以这样说，学术共同体的凝聚力，也与组成共同体的每个研究者对学术研究中个人目标与学科共同目标的协同以及合作方面的认识有极大的关系。

据统计发现，和自然科学期刊比较，图书馆学以及兼容图书馆学、情报学期刊论文作者的合作度比较低，和国外同类期刊比较，我国80年代末的统计值低于国外80年代初的统计值[10]。我们呼吁论文作者加强合作意识，图书馆和情报机构的领导部门鼓励和支持合作研究。因为，合作研究不仅较孤军奋战效果明显，而且合作研究有助于增强学术共同体的凝聚力，促使图书馆学共同范式的形成，进而增强图书馆学解决实际问题的能力，使图书馆学研究成为有方向、有组织、有计划的社会化事业。

参考文献

1,5,7　景红卫.论图书馆学研究权威.中国图书馆学报,1991,17(1)

2,3,8　T S 库恩.科学革命的结构.上海:上海科学技术出版社,1980

4　M 玛斯特曼.范式的本质//伊姆雷拉卡·托斯,艾兰·马斯格雷夫.批判与知识的增长.北京:华夏出版社,1987

6　J H 谢拉.图书馆学引论.兰州:兰州大学出版社,1986

9　J D 贝尔纳.科学的社会功能.北京:商务印书馆,1982

10　刘瑞兴.图书馆学期刊的论文合作度.图书情报工作,1991(1)

附注:

　　本文撰写于 1991 年 5 月。系笔者阅读《中国图书馆学报》1991 年第 1 期刊发的《论图书馆学研究权威》一文后有感而作。当年 6 月将稿件投给《中国图书馆学报》,发表于该刊 1992 年第 1 期第 21 — 26 页。

关于强化图书馆研究
开发功能的思考

　　21 世纪图书馆的管理是以知识为基础的管理。图书馆要想在新的信息环境中继续有所作为,就应当对增强自身的研究开发功能的重要性有足够的认识,坚持分析研究社会需求与自身服务的特点,找出差距与不足,分析研究各种技术手段、设备应用于管理与服务的可行性以及所能产生的效益,对一切可获得的资源进行有深度的系统开发、加工和重组,向用户提供有针对性的多层次服务。

1　图书馆研究开发活动的概念与内容

　　经济合作与开发组织(OECD)提出,研究与开发是为了增加知识量,进行人类文化和社会知识的探索,以及利用这些知识去发明新用途所从事的创造性工作。研究由两部分组成,既有对已有知识的继承和借鉴,又有对未知问题的探索和创新;开发则是将科学知识应用于生产或其他社会实践的创造活动。对于图书馆而言,研究活动的本质是寻求对社会信息生产、加工、组织、过滤、传播、利用以及信息资源的配置、管理有关的客观规律的认识和把握。其中包括基础理论研究和应用研究。开发活动的作用在于将研究成果用于设计并适时推出新的服务方式、新的服务项目、新的信息产品以及与之有关的技术规范、设备、人力资源和其他资源的配置模式,因此,它的关键是创新。研究

23

开发活动的内容涉及图书馆管理服务有关的各个方面。从服务方面看,既包括对服务方式、服务对象、服务主体、服务内容的研究,也包括服务涉及的各种技术、方法的可行性和效果的研究,尤为重要的是,要密切关注服务对象需求的变化,关注新技术的发展和信息服务领域的新动向,进行有针对性地开发试验研究,适时引进或推出有特色的服务;从管理方面看,研究开发活动应包括多种载体并存情况下信息资源的采集标准、资金分配方案、图书馆之间以及图书馆与其他信息机构之间的资源共享与分工合作、采用新技术与新型服务模式所需要的人员、机构、业务重组与组织创新、专业人才的选聘、评价与岗位设置标准、网络环境下图书馆服务的特点与评价标准等。

2 图书馆研究开发活动的概况

从我国的整体情况看,研究开发活动在图书馆所占的地位并未得到足够的重视。这表现在除了在一些大型图书馆和研究机构的图书馆中设有相关机构从事一定的研究开发活动外,有许多图书馆都避而不谈自己的研究开发功能,或将研究开发只片面地理解为学术研究,局限在与工作人员评职称有关的撰写、发表论文的活动,将其他形式的研究开发活动,如调查、专题研讨、走访座谈、系统开发、技术设备改进、信息产品开发与服务合作等排除在外。在这种背景下,许多图书馆所进行的研究开发活动,大都变成了工作人员为了评职称凑成果而进行的个人行为。由于这种研究的功利导向所致,出现一些如研究选题脱离实际需求、内容空泛、结论千篇一律、研究水平参差不齐、成果缺乏影响力等情况,对推动图书馆管理与服务工作不但没有多少实质性的作用,反而助长了浮夸和虚伪。

在研究开发活动方面,尤其在资源共享观念的广泛倡导、拓展与实现方面,美国图书馆界的研究与一系列实践功不可没。引进馆际互借与商业性网上文献传递服务试验的研究,成为近年美国图书馆界的研究热点,我国的一些高等院校和科研机构图书馆也在此方面进行尝试,从而使图书馆确立了将存在于外部但可以检索的资源视为与实际收藏的资源同等重要的观念,推动了文献传递服务的开展。目前,经国家发展计划委员会批准的"中国高等教育文献保障体系"项目正在实施之中,此外,国内外众多图书馆正在进行的数字图书馆或网上图书馆的建设活动,正是将研究与开发活动集为一体的实例。

3 图书馆研究开发功能与服务功能的关系分析

图书馆研究开发功能与服务功能作为图书馆的生存要素具有统一性,二者既相互依存又相互影响。尤其在现代科学技术的影响下,图书馆服务活动越来越依赖于研究开发活动的成果,研究开发活动也日益融入服务活动之中。现代图书馆所提供的较高层次的服务,如参考服务、定题检索服务、专题信息研究评价服务以及网络环境下的信息追踪、计量与知识内容提供服务等,都必须以高水平的研究开发活动为基础。没有研究开发活动支撑的服务就没有发展的后劲,没有以服务为导向的研究开发活动则会成为空中楼阁。当图书馆的服务与研究活动相互分离时,图书馆工作人员容易漠视不断变化的社会环境,丧失对新的信息服务需求的反应能力,导致图书馆的服务只能在低层次徘徊。当图书馆处在自己能提供的服务用户不需要,而用户需要的服务图书馆又不能提供的境况时,读者对图书馆功能的认识,永远也不会超越自己所接受服务的层次和范围。

4 强化图书馆研究开发功能的依据

4.1 强化图书馆研究开发功能是图书馆管理的需要

根据管理学原理,图书馆管理实际上就是追求并有效实现组织目标的过程。由于图书馆管理处在不断变化的环境之中,组织活动的内容、目标乃至结构形式等,都要不断做出调整。因此,图书馆管理活动必须建立在持续不断的研究与开发活动的基础上,关注内外环境所发生的各种变化,借助于开发试验活动,将研究成果转化为新的管理模式,推动图书馆各项工作的开展,在目标创新、技术创新、制度创新和管理方法的创新中,实施有效的管理,实现图书馆的目标。

4.2 强化图书馆的研究开发功能是改进图书馆服务的需要

世纪之交,信息技术瞬息万变,知识的生产与老化速度都相当快,新的信息服务需求也日益增长,因此,图书馆长期以来采用的服务方式也需要改进。改进成效如何,则取决于图书馆能否通过研究与开发活动发现问题,寻找差距,提出并落实具体实用的改进方案。若图书馆的研究开发功能薄弱,就不可能在最新的研究基础上进行创新,其服务层次、服务手段和服务内容必然落后于时代的需求。

事实上,对图书馆工作人员而言,所面对的服务需求以及提供服务所涉及的知识领域正呈现高度专门化和分散化的倾向。专门化的服务是跨渠道、跨载体深入到信息知识内容挖掘和定向提供层次的服务,它与目前图书馆所存在的以特定的信息源与载体提供为主的服务不同,要求图书馆从业者具有专门的知识背景,有较强的研究开发意识和能力,要求图书馆强化自身的研究开发功能,进而在图书馆创造一种环境,使工作人员通过不断的学习、研究与开发活动,掌握更多的知识,积累更多的经验,提供适时、适宜的服务。

4.3 强化图书馆研究开发功能是图书馆发展的需要

从历史上看,早期的图书馆服务,是以收藏、提供有形的信息产品以及与之相关的信息为主线的服务,其信息载体比较单一,信息量及社会需求相对较少。21世纪,图书馆将面对网络环境下激烈的生存竞争,传统的发展模式已不再适用,必须重新思考研究,开发出图书馆新的特色服务,在新的信息环境中创造新的价值。

信息技术的飞速发展和广泛应用,为社会的各项活动特别是知识的利用与创新提供了日臻完善的手段。当图书馆的服务对象——读者或用户(包括个人用户和机构用户)掌握了先进的信息技术并能利用这种技术进行自我服务时,资金短缺与信息资源庞杂无序的问题仍然会长期存在。因为,对于同一个机构的多个用户而言,有些信息源的使用频率较高,由个人多次分头上网检索的费用显然要高于由图书馆通过购买脱机产品或一次性获得集体检索授权所支付的费用。此外,网络信息的多变和庞杂无序,也使用户为快速准确地查找信息而伤透脑筋。这样就创造了图书馆信息定位、导航、过滤、浓缩、重组、集成的新的服务领域。应当指出的是,这是一个开放的领域,并不是图书馆所专有。在这个领域中发展,有广阔的前景,对图书馆也充满了挑战。只要认真研究新的信息环境下信息生产与传播的特点,研究新的信息技术在图书馆服务中的适用性,准确为自己的服务定位,走集约化采集、保存、过滤、组织、传递信息的道路,开发多种信息产品,以灵活的方式提供多层次服务,图书馆在新世纪中仍然是大有作为的。

5 强化图书馆研究开发功能的举措

5.1 转变观念,提高对图书馆研究开发活动重要性的认识

目前,图书馆正在经历从诞生以来从未有过的巨大变革。它再也不能只凭借传统资源的优势靠坐守厅堂借还文献而生存,正在向集现代信息网络、信息技术与设备、各种信息载体与获取途径为一体、服务于人类社会的知识信息需求的信息采集、组织加工、生产、保存与传播中心转变。在这一转变过程中,首当其冲的是观念的转变。所有图书馆从业者都应当认识到,图书馆工作要跟上时代的发展,只有通过有组织的研究开发活动,不断提高图书馆工作人员的应变能力与整体素质,改变长期以来由于图书馆较低的工作定位而导致的服务层次单一、水准不高的现状,拓展服务工作的范围与深度,增加服务方式的多

样性和专业化程度,才能增强图书馆适应社会的能力。

5.2　将研究开发活动作为常规工作,纳入图书馆工作各个环节

新信息技术的应用,导致图书馆内部和外部环境发生剧烈的变化,它要求每一个图书馆管理者和工作人员在具体的工作中不断研究探索。例如,在以纸介质为主要信息载体的信息传播活动中,图书馆的服务大都以馆藏为基础展开,只有服务对象亲临图书馆,才能享受各种服务。与之相适应的图书馆服务评价指标就是"到馆率""借阅人次""馆藏量"等。在引入电子信息产品和网络信息检索与传递服务后,评价图书馆的整体服务还必须增加网络访问人次、网上文献传递速度与数量、图书馆针对用户需求所提供的网上信息分类加工、提取、汇总服务、可检索利用的网上资源的种类与数量。除此之外,在图书馆的各个工作环节还有大量的问题需要研究探讨。因此,图书馆要倡导全员参与研究开发活动,针对管理与服务中的新问题组织专题研究开发小组,将重点规划与常规研究开发相结合,确立一切改革都要以调研先行的制度,在系统研究论证的基础上,提出符合实际的解决方案。

5.3　加强对信息技术应用的开发研究

现代信息技术的发展为图书馆信息服务工作的开展提供了先进的技术设备,在 21 世纪,图书馆将更加依赖于现代信息技术。这就需要图书馆针对自己的特点和用户的需求进行应用开发研究,尤其是计算机软件、硬件的更新换代频繁,各种新型电子出版物的出现,使图书馆在开发新的适用软件、维护网络、系统及数据库等方面面临繁重的任务。此外,利用网络信息传播的优势,制作面向用户服务的网页和其他网上传播的信息产品向用户提供服务,也是图书馆研究开发活动的重点。

5.4　加强对图书馆用户的研究

笔者主张将与读者(更确切地说是用户)有关的研究列入图书馆

图书馆事业发展与法制建设研究

研究开发活动的最重要的内容。图书馆的服务宗旨是以人为本,任何技术与管理方法的采用都应当以用户的便捷为出发点。只有根据社会信息传播交流技术的变化及其对社会成员和组织机构获取与利用信息习惯的影响,明确用户在不断变化的信息环境中的各种信息需求,图书馆才能据此调整有关的业务,提供有针对性的服务。其中包括以更加开放的方式陈列馆藏、划分服务空间和简化借阅手续。

　　除上述之外,开放的思维与创新精神是研究开发活动所必备的要素,也是拓宽服务、增强图书馆的竞争力所不可缺少的。图书馆只有不断根据社会的需求,提供知识含量高的信息产品和信息服务,才能在 21 世纪激烈的竞争中立于不败之地。

参考文献

1　郭强等.知识与经济一体化.北京:中国经济出版社,1999

2　徐引篪,霍国庆.现代图书馆学理论.北京:北京图书馆出版社,1999

3　庄守经.面向 21 世纪的高校图书馆//《津图学刊》编辑部.面向 21 世纪的大学图书馆.天津:南开大学出版社,1997

4　张康之,齐明山.一般管理学原理.北京:中国人民大学出版社,1998

5　Robin Kinder. Introduction:Four views of Document Delivery Service. The Reference Librarian,1999(23)

6　Vicky Reich. Electronic Publishing:The HighWire Experience. The Serials Librarian,1999,36(3/4)

附注:

　　本文撰写于 1999 年 10 — 11 月,发表于《中国图书馆学报》,2000 年第 3 期,第 30 — 32,37 页。

信息社会图书馆事业发展面临的挑战

作为山东图书馆学、信息学教育界的唯一代表,我有幸参加了今年8月25－31日在北京举行的第62届国际图联大会。转眼间两个月过去了,回想会议的情景,心中仍思绪万千。感谢《山东图书馆季刊》开设"图联大会归来谈"栏目,为我提供了与同行交流心得的宝贵机会。

一、简短的回顾

按照惯例,国际图联大会由三个阶段的会议组成。一是会前会,二是正式会议,三是会后会。此次会前会于8月21－24日在天津举行。尽管自己未去参会,但通过在正式会议设置的论文服务中心索取有关资料,了解到会前会的主题为与图书馆服务和建设关系极为密切的版权问题。除了传统载体文献的版权问题外,西方国家的代表多讨论了利用信息网络和电子出版物进行服务所涉及的版权问题。会后会于9月1－4日在上海交大举行,主要讨论了面向21世纪大学图书馆的建设、服务、管理及发展有关的问题。

正式会议的主题"变革与挑战:图书馆与经济发展",以及"作为信息获取之路的图书馆"等9个副主题,早在大会召开前就进行了广泛的宣传。通过参加会议,自己深深体会到,作为主办国,我国选择的这些主题,均是信息社会图书馆事业发展面临的主要问题,也是大家关注的焦点问题。因此,会议的信息价值才格外大。当有人问及此次会议对我国图书馆事业发展到底有多大推动作用时,我的回答是:短期内也许不会有多少显著的影响,但是,其潜在的效能不可低估。因为,它促使我们更加全面地考察、分析全世界图书馆事业发展面临的问题,制定科学的、符合中国国情的方针政策,从而推动我国图书馆事业的健康发展。

二、会议的特点

首次参加国际会议,使自己眼界大开。会议的一些突出特点,也给我留下了深刻的印象。

第一,规模大,代表具有广泛性。本次大会是国际图联有史以来参加人数最多的一次会议。据大会秘书处最后一期快报公布的统计数字,参加大会的总人数达2384人,涉及91个国家。其中,国外代表1376人,另有只参会1天的代表14人,陪同人员194人;国内代表800人。除中国外,参会人数较多的前10个国家分别为美国(234人)、日本(135人)、独联体(117人)、法国(98人)、韩国(84人)、丹麦(65人)、荷兰(56人)、英国(50人)、挪威(47人)、马来西亚(46人)。在国外代表中,有为数众多的海外华人,其中有几位笔者的昔日同窗、笔友;国内代表中,同窗、师友也有许多。大家不期而遇,自然喜出望外。笔者也因能以东道国代表的身份,与各国同行、朋友相聚,向他们介绍中国政治、经济、文化与图书馆事业的发展而充满了自豪。

第二,活动丰富多彩。在8月23—31日期间,国际图联大会及展览会共组织200多项活动。其中,绝大多数是各种不同层次、不同规模的会议。尤其是为数众多的入选论文会议、专题讨论会和客座演讲,涉及图书馆事业发展各个方面的问题,很值得参加。只可惜国际会议组织得比较紧凑,许多会议均在同一时间召开。笔者苦于没有"分身术",只好忍痛割爱,选听了一些与自己的工作和兴趣比较密切的"教育与培训""分类与主题标引"以及与现代信息技术有关的会议。其他方面会议的情况,只能靠阅读大会论文服务中心提供和自己索取的一些资料来了解。

除了各种会议,大会还组织了文艺演出、招待会、旅游和专业参观活动。专业参观活动中,允许每位代表选择两个单位。笔者参观了中国科技信息研究所和清华大学图书馆(同时,参观了设在清华大学的中国教育科研网的网络中心)。它们均代表了我国现代信息服务及管理的较高水准,不仅国内代表,连许多国外代表也倍加赞赏。

与大会同时举办的展览会也是一个引人入胜的地方。国内外许多出版机构、图书进出口公司、信息技术公司、图书馆、图书馆协会以及生产图书馆设备的公司、厂商占满了总面积 4500 平方米的三个大展厅。尤其值得一提的是那些与现代信息技术及应用有关的展览使我们深切感到现代化的气息。例如:IBM 公司的数字图书馆演示、OCLC 的杜威十进分类法第 21 版联机版本演示、DIALOG 系统演示等。国内的一些图书馆自动化公司和一些新兴的电子出版物公司,例如:深圳的科图自动化新技术应用公司、大连博菲特信息技术开发中心、北京图新技术开发总公司、北成实业开发公司、息洋公司等均有良好的表现。中国长城计算机公司还提供 20 台 486 计算机,供代表免费使用 Internet 进行通讯和实际操作,自己也着实过了一把网络瘾。

第三,政府重视,组织得力。本次大会是我国首次主办国际图联大会,中国的组委会也是国际图联大会有史以来最庞大的一个。图书馆界历经 5 年的动员准备,政府给予高度重视,从保安及各项服务与管理方面提供各种方便,保证会议取得了圆满成功。在交谈中,许多国外代表对中国上上下下如此重视此次大会表示惊讶和不解。我则告诉他们,这里面有深厚的背景,或称我们的 IFLA 情结。

回首历史,中国作为国际图联的 15 个创始国之一,早在 1927 年起就开始参加国际图联的活动。据《西方图书馆史》一书所载:中国和印度的代表曾联名恳请国际图联在亚洲举办 1936 年的大会,但遭到拒绝,理由是经费不足[1]。那时,中国在世界上的地位可想而知。当

1981 年国际图联重新接纳我国为其正式成员后,我们的影响日益扩大。那时,我们的一些亚洲邻国也已陆续举办了国际图联大会。在此背景下,举国上下对 IFLA 大会的期盼之情自不待说。能够主办 IFLA 大会不仅象征着一个主权国家的荣誉,也圆了半个多世纪以来无数中国图书馆界仁人志士的梦。试想,当光荣与梦想变为现实的一天到来时,有谁会不为之心动而倍加珍惜呢?

三、迎接挑战

从会议上获得的各种信息表明:随着信息社会的到来,世界范围的图书馆事业仍有强劲的发展势头,当然也面临着诸多挑战。这也印证了 5 年前自己在中国图书馆学会与《图书馆理论与实践》编辑部共同主办的征文活动中所提出的观点,即"向信息社会的过渡,对图书馆来讲并不轻松,而是一场生存竞争。维持原状,不谋求发展,势必被淘汰"[2]。而迎接挑战,解决问题,就会给我们带来新的发展机遇。归纳起来看,挑战主要来自二大方面,分述如下:

第一,新的信息技术的挑战。日新月异的计算机技术和网络技术,使信息的获取、加工处理、大容量存储和快速检索成为现实,信息的载体与传播手段也日益多样化。这些新技术已在许多发达国家和发展中国家的少数图书馆得到了应用。我们能否早日利用这些新技术,使图书馆早日步入信息时代?更多的图书馆在关注着这一问题。会上,凡是有关新技术的演讲与专题讨论会,如 Internet、远程通信与数据流等,都是参加人数最多的会议。这表明,数字化、虚拟化图书馆的发展引人注目,也成为未来的发展趋势。

在新技术的应用方面,经济问题是一个很重要的制约因素。但是,对于图书馆的发展来讲,这并不是唯一的问题。我们是否有经济实力购买现代化设备并早日联网?我们能否掌握用好这些设备使之发挥效用?在笔者看来,后者比前者对我们的挑战更严峻。

诚然,在资金匮乏的情况下,争取投资是重要的举措。但是,须知在任何国家里,投资不足是绝对的,投资充足只是相对的,不能盲目攀比。而且,在资金不足的情况下,我们也不是无所作为的。同样的资金和设备,用不同的管理方式,由不同的人来管理运作,结果会大不相同。目前,国内许多图书馆对上网表现出极大的兴趣,这固然值得欣喜。但是,决不能只为赶时髦而仓促上网。重要的是要对自己的管理现状做出客观的分析与评价,制定出分阶段发展规划,明确自动化和网络化的系统功能与目标,将那些与现代化管理不吻合的思想、观念、操作方法等统统革除,并对采用新技术的每一工序及环节实施严格的管理。

目前,尽管我国已有许多图书馆引进或开发了计算机管理系统,但是,许多系统低层次重复、功能单一、相互分立、兼容性差。涉及图书馆业务、馆藏、流通等数据加工方面,则常有项目不全、加工不严格、缺乏标准化等缺陷。现在人人都讲信息的重要性,可是,信息不是空的。可以利用的信息,也不是毫无秩序地堆积在一起或无目的地四处漫游。信息高速公路的建设不是只以建路为目的(构成信息高速公路基础的是高速通信网和电子计算机),而是要有在高速公路上飞驰的信息快车以及服务于不同目的的信息加工和传播活动。这就对信息资源的管理提出了更高的要求。我们对自身信息资源的加工就是建立数据库的工作,我们也可以通过各种途径购买其他的数据库。无论在哪种情况下,数据加工方面的失误,只会令计算机以极快的速度显示我们的失误,令网络将我们的失误传播得更远。

我们面临的机遇是,社会并没有忘记图书馆是现代信息网络中的一个重要节点,无论在美国的信息高速公路规划和我国的一些规划中都有图书馆的位置。但是,我们应当对自己扮演的角色有清醒的认识。在确定分阶段发展规划时,要牢记投入—产出、成本—效益的原则,适时、适度、高效应用新技术。因为,新技术及设备更新换代极快,购入设备用不起来,很快就会被淘汰。封存已久的低档计算机在我国图书馆中并不鲜见,匆忙上网会不会又使我们落入类似的陷阱呢?当我们有些与会代表谈起自己图书馆自动化建设的投资规划时,国外代表往往提出这样的问题,"如果这样做,会对你们的服务有什么改进?哪些是读者可以得到的好处呢?"。面对这样的问题,我们的代表则无法做出具体的回答。因为现实中,许多人很少考虑这样的问题,而这正是笔者认为我们应当引起高度重视的地方。

第二,信息需求多样化的挑战。信息的自由流通,造就了文化多元化、价值取向多元化的现实。人们的信息需求也变得纷繁复杂,如文化教育、娱乐欣赏、科学研究、技术发明、撰写论文、应付考试、旅游指南、投资经商、炒股购物、课题立项、成果鉴定、疾病会诊、就业指导等,这都需要图书馆用创造性的工作提供多种服务加以满足。现实中,各类图书馆的服务虽有所侧重分工,但是,各种迹象表明,分工已不再成为服务的壁垒。随着各类新兴信息机构的建立,使社会投资分流,用户分流,图书馆能解决的问题越少,提供的服务范围越窄,就会在竞争中处于劣势。

为了生存的需要,图书馆必须努力创造条件满足社会的需求,搞好多层次的服务。这包括从馆内借阅服务到利用网络优势建设虚拟图书馆增强自己的服务功能,从每一件小事入手,切实为读者着想。就不同类型的图书馆来看,相互之间的发展不会完全平衡。一般而言,大学图书馆和专门图书馆都有较稳定的读者群和经济来源,因而服务较容易定位,公共图书馆面临的困难相对多一些,无论国内外均如此。以我国为例,虽然是全额拨款单位,可是拨款只够应付人头费,开展服务若收费,又有违于联合国教科文组织所签署的公共图书馆宣言的精神。因此,一方面图书馆要树立自身良好的形象,争取社会捐款;另一方面,国家应当在资金上保障公共图书馆的基本事业经费,以此保障那些没有足够金钱的一般市民享受各种信息服务的权利。

当然,无论哪一种图书馆,其强烈的服务意识都应当是首位的。在这方面,我们较之国外的图书馆仍有所逊色。例如:当我们分析图书馆现状时,常常涉及工作人员素质和读者素质不高两个方面的问题。我们对自己的要求偏低,对读者的抱怨多、指导少。国外的情况恰好相反,想尽一切办法宣传自己,辅导用户利用图书馆,最近的趋势则是探讨利用网络对远程用户提供帮助。

总之,随着时代的发展,新的技术与新的信息需求会不断产生。图书馆应对信息社会的挑战,对我们端正管理思想、改进管理方法和增强自身实力都是一次机遇,也是唯一的出路和对策。我们应当关注周围环境的变化,掌握各种新的知识与技能,不断研究新问题,解决新问题,努力创造条件搞好多层次服务,在提高服务的针对性和效益上做文章。我们不能只埋怨别人不重视图书馆,而不检点自己。因为,从辩证唯物主义的观点看,存在决定意识,我们不能指望社会对图书馆的认识超出自己的服务水平之外。如果我们把多层次、多方位的服务搞好了,读者有了利用图书馆便捷地获取各种信息的经验,享受到利用新技术快速、准确地获取信息的乐趣,谁又能否认图书馆作为信息机构的重要性呢?

事实上,这些也是图书馆学、信息学教育工作者所面临的挑战。我们应当更加积极、敏锐地对社会需求做出预测与反应,不断进行教学改革。应当将新的信息技术、信息理论与传统的文献信息加工处理理论和技术方法有机结合起来。笔者认为,信息学与图书馆学二者不是相互取代的关系,而是共融与互补的关系,简单抛弃任何一方都不对。所以,应当设置二者共用的基础课程和有针对性的专业课程,目的就是培养信息时代的图书馆员及各行各业的信息管理人员,从而保障社会信息资源的科学管理与传播利用。

参考文献

1 杨威理.西方图书馆史.北京:商务印书馆,1988
2 肖燕.发展中的困境与困境中的发展.图书馆理论与实践,1991(4)

附注:

本文系应《山东图书馆季刊》编辑部之约而作。撰写于1996年10月,发表于《山东图书馆季刊》1996年第4期第10—13页。

图书馆事业社会化断想

——为庆祝吴慰慈老师七十诞辰而作

1 引言

长期以来,图书馆作为社会机构,图书馆事业作为一项社会事业已经得到了较为普遍的认同。早在 1933 年,美国芝加哥大学图书馆学研究生院教授皮尔斯·巴特勒(Pierce Butler)在其著作《图书馆学导论》中指出:"图书是用于保存人类记忆的社会途径,而图书馆就是将人类记忆移植到现存人们头脑中的社会装置。任何对社会的理解,都必须包括对这一社会要素及其这一要素在公共生活中所发挥作用的解释。……可以说,社会用浩如烟海的图书建立了人类记忆的物质装置,从而使人类记忆超越时代局限延续下去。这一社会装置既是社会事业影响的结果,而它自身也是众多新兴社会现象中的一种有效的事业。"[1]然而,图书馆事业的社会化这一命题能否成立? 如何推进图书馆事业的社会化? 显然是见仁见智的问题。

1981 年,在母校读本科时要写毕业论文,系里公布的毕业论文选题列表中吴慰慈老师出的题目就是"论图书馆事业的社会化"。记得当时班里大概有 6—7 个同学选了这个基础理论研究题目。我作为其中之一,以"试论图书馆事业的社会化"为题完成了吴老师的"命题作文"[2],呈上初稿竟然一次过关,最后吴老师给我的论文评了"优秀"成绩。

37

20多年过去了,虽然自己本科毕业后再也没有撰写关于图书馆事业社会化方面的论文,但是,从那时起产生的从社会视角探讨图书馆发展问题的兴趣和情结仍然保留至今。记得在中科院文献情报中心攻读博士学位时,我选择"网络环境下的著作权与图书馆——理论与实践研究"作为博士论文研究主题,2001年6月,进行博士论文答辩时,恰好中科院聘请吴慰慈老师担任我的论文答辩会主席。回首往事,在自己仅有的两次读专业学位的历史中,都有吴老师的指导和提携,机缘巧合之中似乎也透出些许必然。

近年来,深感随着社会环境的不断变化,图书馆发展面临一系列新问题。尤其是信息网络与计算机技术的普及所带来的社会信息知识保存、传播利用方式的多元化以及利益关系的复杂化,导致人们对图书馆的功能变化和发展路向众说纷纭。图书馆事业的社会化能成立吗? 20多年前的研究与当今现实的吻合度如何? 在庆祝吴慰慈老师70诞辰之际,谨借此机会重新思考图书馆事业社会化相关的问题,力求梳理对图书馆事业的社会化的认识,观察社会泛信息化进程中图书馆事业的发展,分析图书馆与社会的互动关系,以便深入理解并推进图书馆事业社会化的进程。

2 图书馆事业社会化的含义

在本科毕业论文中,自己对图书馆事业社会化作了如下解释:"图书馆事业的社会化是图书馆与生俱来的社会性所决定的。图书馆事业的社会化指图书馆随着社会的经济、文化水平的不断发展,遍布社会的政治、经济、文化、科学、教育、生产等部门,图书馆服务渗透到社会生活的各个方面,对社会生活发挥越来越大的影响的过程。"[3]

现在回过头来看,上述对社会化的理解没有方向性的偏差,而且以往的论证和社会发展历程也为自己的观点提供了一定的支持。但是,时隔20多年重新思考图书馆事业社会化有关的问题时,自己认为图书馆事业社会化的内涵和实现形式较以往丰富了许多。从观念上看,以下几点值得首先予以强调。

第一,图书馆事业的社会化是图书馆事业发展的进程,而非阶段性或终极目标;第二,图书馆事业社会化的进程是与社会其他事业互相渗透、相互依存、不断互动的过程;第三,图书馆事业社会化是趋向性的,而且呈现出由低级至高级的渐进式发展轨迹。换言之,图书馆事业社会化没有存在与否的问题,只有程度的不同;第四,图书馆事业的发展不能脱离特定的社会发展阶段,在评价图书馆事业社会化程度时,尤其不能忽略图书馆事业社会化所具有的相对意义;第五,以信息技术为代表的现代科学技术的发展,成为人类社会向信息社会转型的催化剂,信息社会这一新的社会发展阶段为图书馆事业的发展提供了新的机遇,也使图书馆面临更多的挑战。同样,对图书馆事业社会化的理解也应当随着图书馆形态、管理方式、服务模式以及图书馆与社会互动关系的变化而进行相应的调整。

以下将从我们所处的信息社会大环境入手,重点观察图书馆事业社会化发展相关的问题。

3 信息社会与图书馆事业的发展

3.1 国际图联的定位与愿景

作为国际图书馆界最具代表性的重要专业组织,国际图联(IFLA)总是不间断地针对社会变化研究发布图书馆行业的前瞻性对策。2006 年 12 月发布的《国际图联 2006－2009 年战略计划》中所列出的优先考虑的三项最重要的工作中,首当其冲的就是对图书馆与社会关系的定位。该战略计划对信息社会图书馆的职能做出了以下表述:"图书馆和信息服务机构服务于社会,保存社会记忆、为社会的发展供给养料、确保教育和研究的顺利进行、提升信息获取、共享和使用、支撑社会团体的发展。"[4]该战略计划还阐述了图书馆界对信息社会的愿景:"图书馆和信息服务对于信息社会的高效率运行至关重要。IFLA与图书馆和信息服务机构认同2003年11月在日内瓦举办的世界信息社会峰会所确立的'全民信息社会'的愿景,即促进包容性社会的建设,使每个社会成员都能够找到、创建、获取、使用、共享信息和知识。"[5]

将上述内容与20世纪70年代中期IFLA会议上提出的图书馆保存人类文化遗产、开发智力资源、传递科技信息、开展社会教育四大职能相对照,不难看出图书馆的职能正随着时代变迁不断调整变化。其中,最根本的就是最大限度地贴近社会需求与社会发展同步。当今,除了确保知识信息的自由存取外,全球图书馆界正在为将自己建设成为开放的社会公共空间,将图书馆服务全面融入公众日常生活的方方面面而努力,这既是图书馆事业社会化程度日益加深的标志,也是图书馆与社会发展同步的一个例证。

3.2 信息社会图书馆事业发展的机遇

从社会角度看,信息社会中,知识信息的生产、传播方式与作用发生了深刻变化。科学知识不仅成为重要的生产力要素,还成为整个社会有机体不可缺少的主要组成部分。知识创造与生产作为一个庞大的社会化的产业部门为社会带来巨大的变化和利益的同时,也推动其他社会生产领域和社会生活的方方面面走向信息化与知识化的轨道。图书馆作为知识创造和生产的支撑机构、知识信息与科学文化的传播机构也面临重要的发展机遇。

一方面,提高全民的科学文化水平和信息素养是社会得以正常运转的需要,是对每一个社会成员的基本要求。在这样的社会发展趋势下,图书馆提供的信息与知识服务成为整个社会有机体越来越不可分割的重要组成部分。其过往积累的信息知识搜集、加工、处理、保存、传播的传统和管理服务经验与能力,在经过与现代管理理念、方法和技术的有机结合后,仍将具有无法取代的地位。当然,对图书馆事业中重要的构成成分——图书馆实体机构而言,无法坐等其成使自己成为信息社会的中间力量。要达到上述境界,需要整个行业审时度势,不断进行观念、制度、管理、服务和技术方法的变革创新,努力顺应社会需求提供新型服务。在笔者看来,适应社会需求的过程就是图书馆事业向着较高的社会化程度迈进的过程,能否顺利在激烈竞争的社会环境中保持竞争优势也是衡量图书馆事业是否较为成功地实现社会化的重要标志之一。

另一方面,信息网络和计算机技术的普及为图书馆事业的发展以及图书馆与社会的相互作用开辟了新的前景。图书馆利用现代信息技术,搭建网络平台,使自己的馆藏向更多用户开放,同时,通过对以网络方式传播的其他现代信息资源的组织控制和集成导航,将自身信息与知识服务拓展到实体之外的网络空间。网络虚拟服务的逐步普及,使图书馆与用户的联系有了更多、更加灵活的方式,大大增强了自身的服务功能和影响力。更重要的是通过推进图书馆之间的资源共享形成超越时空的服务网络,可以在不增加实体图书馆数量的情况下,让更多、更大范围的用户足不出户就能便捷地接受图书馆服务。这必然导致图书馆服务渗透到社会生活的各个方面,对社会生活发挥越来越大的影响,由此密切图书馆事业和社会的联系。总之,在优化改进传统服务的同时,吸纳现代信息技术,拓展图书馆的虚拟网络空间服务,提供让更多社会成员享受图书馆服务的便捷途径,是图书馆事业发展的必由之路。

然而,我们必须看到,尽管图书馆的服务是知识生产创造不可缺少的,但是图书馆自身始终不是直接的知识生产部门,它所发挥的作用更多是辅助支撑性的,潜移默化的。因此,即便是图书馆服务高度普及,我们也不能奢望图书馆从业者的社会地位有更大幅度的提高。图书馆学研究因其研究对象和研究成果的应用领域所限,也很难或者根本不会成为显学。这就要求所有图书馆从业者力戒浮躁,以平和的心态兢兢业业做这项不可或缺的社会事业,在细致平凡的工作中追求卓越是每一个图书馆从业者应当拥有的情怀和本色。

4　网络环境下图书馆事业社会化的演变

在本科毕业论文中自己提出："图书馆事业社会化的基本内容包括图书馆网络化、服务对象全民化、服务方式多样化、图书馆事业管理科学化。"[6]迄今为止，考察图书馆事业的发展仍然离不开这些方面。值得指出的是，网络环境下，上述几个方面的内容都在不同程度发生着变化，而且还在不断增添其他一些新的特征。通过对其中一些相关特征的分析，可以看出图书馆事业社会化程度正在不断加深。下面将从四个方面分析具体的变化和表现。

4.1　图书馆形态多元化

讨论网络环境下的图书馆事业的社会化离不开对图书馆形态的考察。近年来，图书馆的存在形式和运作管理呈现多元化状态。第一，政府和公共资源支持的实体图书馆不断发展；第二，个人、企业和其他社会力量捐资兴办的实体图书馆的数量也在增长；第三，越来越多的实体图书馆为了满足用户远程利用图书馆资源的需求，在提供传统服务的同时，以项目形式建设数字图书馆，购买、自建电子资源向用户提供网络服务；第四，许多出版发行机构、企业等看到网络信息资源提供有潜力形成巨大的市场需求，开始将自身业务拓展，以电子商务形式提供类似图书馆的信息服务。尤其是许多数据库商炒做出名目繁多的数字图书馆，使得图书馆的概念和形态变得不再单纯。

鉴于上述诸多形态的图书馆的存在及其服务超出了传统图书馆学的定义，在业内甚至社会公众中引发了不少的争议。我们应当对图书馆形态的多元化采取何种态度呢？笔者认为，数据库商与出版商之于图书馆，不仅仅是内容资源供应商还有可能成为资源与服务的合作开发者，因为随着电子商务的推广它们也有可能行使部分图书馆职能。然而，讨论图书馆事业社会化问题时，我们所关注的图书馆首先应当是社会实体性质的图书馆,其次是在实体图书馆基础上衍生出的各种图书馆虚拟服务设施以及联合体,还应当包括从事信息知识加工传播等业务的其他非图书馆机构。作为图书馆事业社会化的一部分,成功的电子商务运作模式可以成为免费公共服务的补充。随着社会信息化程度的不断提高,图书馆投资主体多元化,存在形式多样化,恰好显示出图书馆的活动与社会互动作用日益复杂化,与政治、经济、文化、科学、教育、生产等的联系更加密切。

总之,从投资和规范图书馆事业发展角度看,区分多种形态的图书馆进行分类管理是必要的。从满足社会信息需求的角度看,图书馆形态的多元化是有利的。无论何种图书馆,只要是针对特定社会需求依法创立,其服务能够得到社会公众的接受和认可,而且自身能够生存下来,就能体现出其是社会所需要的,能够为社会创造一定价值。正是形态各异的图书馆的共存与协同服务,才能够挖掘和满足各层次、各类用户的显性与隐性需求,使图书馆事业的内涵和外延得以不断扩大。因此,我们应当对图书馆形态的多元化变化持肯定态度,将各种形态图书馆的并存与发展视为图书馆泛社会化发展的统一体。与此同时,为了推进图书馆事业的发展,也要求我们能够正视和分清不同形态图书馆的性质与关系,通过法律法规、公共政策、行业管理和市场调节等手段实现使社会信息服务资源的有效配置和效益最大化。

4.2 图书馆网络多样化

讨论网络环境下的图书馆事业的社会化同样也离不开对图书馆网络的考察。20多年前,自己研究图书馆事业社会化时关注的是图书馆条块分割管理体制下系统内部的层级隶属纵向网络建设和不同系统网络之间的横向联系沟通网络建设,强调图书馆服务与资源建设有关的馆际互借和业务协作网的建设。当今,信息网络技术的普及已令社会信息传播进入网络时代,多样化网络的建设与发展成为图书馆事业社会化不可缺少的内容。具体说来,我们可以将图书馆涉及的网络归为社会协作网络和技术网络两大类。社会协作网络包括各种纵向横向图书馆协作网以及不同系统不同类型的图书馆、信息服务机构、社会团体等依照协作契约或者项目需要而结成的联盟或网络,其业务涉及联合采购、馆际互借、资源共建共享、集中或分布式业务管理以及用户服务等。技术网络则包括依照计算机与各种通信技术标准而搭建的信息传输网络。

网络环境下,上述二者都是图书馆生存发展不可缺少的。但是信息传输网络与社会协作网络二者的性质地位有别。信息传输网络是图书馆的技术基础设施,它着眼于满足图书馆管理、运行、服务过程中内外信息交互、用户间以及图书馆和其他相关机构联系沟通的需求。而建设与完善图书馆社会协作网络则更多涉及图书馆管理服务的各个层面,应当在图书馆网络的建设过程中发挥各类图书馆协作网络和网络联盟的作用。从建设难度和花费的努力看,社会协作网络的建立和有效运转需要持续进行各种关系的协调,甚至不断进行网络的改组重建。笔者认为,如何为社会协作网络建设和信息网络的建设的优先度排序将决定网络建设的成败。技术是重要的,但不能决定一切,是否有合理可行的制度安排尤为重要。图书馆网络化建设应强调并继续重视社会协作网络的建设,因为,其作用与效益是信息传输网络无法取代的。尽管现代图书馆服务呈现出高度技术依赖的特点,信息传输网络的建设和配置仍然是从属于图书馆社会服务需求的。网络环境下社会协作网络和信息传输网络二者的并存结合,可以相得益彰。围绕图书馆运行发展而建立的多种社会协作网络有了信息传输网络的支撑保障,能够使协作以更高的效率运行。同时,信息传输网络的应用也为单个图书馆和图书馆协作网络或联盟开展虚拟服务创造了条件,促成了图书馆服务向实体之外的拓展渗透,使网络信息服务功能在图书馆服务中得以充分实现。例如,以集团购买和自建电子资源方式,或者通过以联盟或共建项目方式组建跨多个实体机构的数字图书馆联盟向用户提供全天候网络服务,实现更大范围的信息资源共建共享。因此,无论是社会协作网络还是信息传输网络的发展都是改进图书馆管理与服务方式、提升图书馆的服务水准、提高图书馆服务的社会化程度所不可缺少的。

4.3　服务层次分散、服务方式多样化

　　讨论网络环境下的图书馆事业的社会化还离不开对图书馆服务层次与服务方式的考察。网络环境下,参与信息传播的主体与机构不断增多,图书馆之外的其他网络信息获取渠道逐步兴盛,加上社会生活节奏加快,以及随之导致的对信息传播高速率的要求,不可避免地造成了一些图书馆传统服务用户群体的萎缩,甚至一些传统上居于中心地位的图书馆逐步显现去中心化和服务边缘化的趋向,促使图书馆界对现实和未来图书馆的定位进行思考。

　　在正视图书馆服务层次分散甚至显现去中心化和服务边缘化趋向的同时,我们应当认识到,从本质上看,传统借阅服务和其他服务之间是长期并存关系,而不是相互替代关系,只不过诸多服务的比例有所调整而已。我们还应当用辩证的观点解读一些服务统计数据,在传统与现代服务手段并存的情况下,尤其应全面看待图书馆到馆人次和网络资源点击浏览次数的相对增减,用服务方式的多样化弥补传统服务和单调低层次服务业务量的减少。事实上,除了认识技术网络的应用与虚拟服务的开展所造成的传统服务需求的转移外,也要认识到网络环境为图书馆的服务提供了得天独厚的良好机会。图书馆应抓住这个机会,在整体组织、人员安排、业务流程等方面都要不断适应网络环境的要求,为信息资源的收集、加工、整理、服务赋予新的内容和方式。

　　我们还必须对中国图书馆事业发展的不平衡现象,尤其是对现阶段的特殊性有清醒的认识。在一些大城市我们有与国际先进水平接近的馆舍和服务设施,但是,整体利用效率并不够理想,有些图书馆的管理和服务效益也没有达到应有的水平。而在有大量人口的基层、中小城市、乡镇和农村,基层公共图书馆服务还没有得到充分普及,许多地方连基本的图书馆设施和资源都不能得到保障,达不到基本的服务条件。

对于那些设备和投资相对优越的图书馆而言,不能追求无限制的外延式发展,内涵扩大才是真正有效果的。图书馆到馆人数的减少为坐等用户上门的服务模式敲响了警钟,提醒我们要主动调查研究社会需求的变化,寻找新的服务模式和业务生长点,制订具有前瞻性的计划进行创新试点服务。这就要求图书馆针对图书馆服务对象与服务需求的高度个性化与分散化特点,设计推出令用户满意的多种服务方式。在服务于社会的显性需求的同时,挖掘自身潜力提供新型服务,对社会的隐性需求加以引导并迅速做出反应。例如,利用图书馆在知识信息组织、加工、保存和传播方面的整体化优势进行网络信息和馆藏信息的整合、组织与定向推送,将开放网络资源和其他特有信息资源按照用户需求进行专题定向优化集成。另外,有条件的情况下也应当将深度信息综合调研纳入图书馆信息服务的有机组成部分。比如,许多图书馆日益重视的学科馆员服务就是深化用户服务的一个例证。同样,高校与科研院所图书馆和情报机构向社会开放,也是拓展图书馆社会化服务的举措。

另一方面,对缺乏生存保障的基层图书馆而言,图书馆的服务与生存能力成为高度相关的问题。因为无论从理论上讲图书馆的存在价值有多大,而其价值得不到现实的印证是没有多少实质意义的。除了继续呼吁通过立法等手段保障各级政府加大对图书馆的投入外,图书馆自身能做的恐怕也只有创造条件提供社会需要的服务(包括新型的图书馆信息服务),才有希望获得更多的社会支持和保障,走出生存困境。

回顾历史,古今中外图书馆事业的发展即使达到鼎盛辉煌之时,图书馆也不会在各行各业和社会生活占据中心的地位,不能期盼社会给予图书馆超越自身服务水平和价值的重视和待遇。图书馆事业也不能追求无限制的外延式发展,应当走内涵扩大的道路。只要图书馆的整体社会信息服务水准和功效提高了,服务普及了,社会的信息知识易用性和可获得性提高了,即使作为机构的图书馆没有数量和规模的明显变化,图书馆事业也实现了与社会的同步发展,并对社会的进步做出了贡献。

4.4　管理理念与管理方式进化

促进图书馆事业的社会化演变对图书馆管理提出了一系列要求。管理涉及的内容很多,既包括图书馆事业的宏观管理,也包括图书馆运作管理,涉及管理理念、管理方式、组织架构、人员安排、业务流程、财务预算、资源分配等方面。网络环境下,图书馆管理正经历由粗放式管理到精细管理,由封闭式管理到开放式管理,图书馆的管理重心也有必要进行由事务及业务管理向服务管理的转移,以及由行政管理到法制管理的演变。作为图书馆事业社会化的有机构成部分,加速管理理念和管理方式的进化有着重要意义。

就管理理念而言,新型的图书馆信息服务必须建立在新型管理理念上,将先进技术引入图书馆服务,将人本理念用于图书馆管理。具体说来,在强调科学管理的同时,应弘扬图书馆精神,重视图书馆文化建设和人文关怀,凝聚人心,强调服务价值,使图书馆管理成为图书馆事业顺应社会需求健康发展的保障。值得强调的是,作为社会机构的图书馆,无论技术进步到何种程度,无论图书馆的运行服务采用多么先进的技术手段,都不能改变其提供信息知识与科学文化服务的根本特性。当代科技革命以及科学技术日新月异的发展为图书馆提供了多种可用的技术手段,然而,技术始终是实现各类图书馆整体功能、完成社会使命与愿景的手段,而非终极目标。是主张技术为服务对象服务,技术应当根据服务对象的需求而变? 还是机械地要求服务对象去适应技术或系统的要求? 两种管理理念指导下所出现的后果有着根本的不同。事实上,不同技术之间具有一定的可替代性。选择不同技术应用方案时所依据的标准和参考因素最首要的是考虑用户的接受程度和技术的易用性,其次要考虑购买或者获得特定技术设施的性价比以及可持续发展等因素,不能本末倒置。应当力戒以管理者自身工作量的减少和推销商所标称的技术的先进程度为主要参考指标。

就管理方式而言,要不断推出适应网络环境下社会化分工协作要求的业务管理和服务管理举措。近年来,图书馆作业呈现社会化分工趋势。许多图书馆的部分业务正逐步转由社会上其他一些有资质的公司和机构完成。图书馆对待业务外包的态度也出现了由被动到主动的转变,出现了与不同信息机构合作共赢的社会化管理方式。上述管理方式的变革也不可避免地引发新的问题。随着市场经济的发展,原有的公共图书馆、专业图书馆、学校图书馆等机构仍有可能剥离出生产和经营信息产品的经营性服务机构,凡此种种,都要求我们正确看待并适时引进业务外包与合作。因为,这不仅是提高管理效率的重要措施,本质上也是图书馆事业社会化发展进程的一部分和必然结果。图书馆通过改变管理方式,可以实现非营利公益性图书馆与经营性产业信息服务机构的互补,问题的核心在于图书馆如何为自身的业务定位,如何根据用户的需求将其他信息服务提供者与合作者的业务有机整合并联系起来。

笔者认为,图书馆的核心竞争力是什么?这是每一个图书馆人都应当思考的问题。记得 10 多年前,自己曾在国际知识组织学会会刊上发表过一篇讨论知识组织的文章。事后收到一位未曾谋面的美国同行的来信,他在信中指出:"计算机专家和图书情报专家都称自己是研究信息的专家。但是,我们关注的是信息内容与用户的利用行为,而计算机专家更多地关注如何与机器对话。"之所以在此处援引他的话,是因为我觉得上述分析很到位。图书馆在面对多种可选择的商业资源进行管理方式变革时,应当清楚地认识到商业资源存在分散和重复现象,不可能适应特定区域/机构/特定类型图书馆用户的需求,图书馆的筛选聚合作用正在变得日益明显,需要持续关注、研究分析用户的需求变化,针对用户需求定制资源,引进多种适用技术,创设新的一站式多层次服务模式。

此外,从宏观上看,图书馆管理中还应当重视法制建设,发挥图书馆学会和行业协会的作用,加强规章制度和道德规范建设,实施行业自律。从中观上看,图书馆管理中应当对跨机构协作采取基于自愿的集中—分散管理、契约管理、松散联盟等多种方式。从微观上看,图书馆应在机构内部放弃金字塔式的层级管理,推行围绕项目和业务中心的扁平化管理。以业务重心的转移为契机对图书馆配备的内部业务人员、服务人员与管理人员的比例和层次进行适当调整,精简行政管理人员,充实和提高服务人员的层次结构。

5　结　语

综上所述,随着社会进步和科技的发展,社会各行各业的信息知识需求以及图书馆功能正在发生着重大的变化。多元化的社会需求,要求多元化的服务,多元化的服务需要多种类型信息服务机构的分工合作。信息网络的普及为图书馆开拓虚拟服务提供了有利的条件,图书馆界应当坚守图书馆精神和服务理念,把握机遇,通过变革图书馆管理观念和管理方式,提高图书馆管理和服务效益,增强图书馆服务的社会渗透力和影响力。在这一过程中,图书馆事业社会化程度必然提升,这不仅是图书馆事业发展所需要的,也是社会进步的题中之意。

参考文献

1　Pierce Butler. An introduction to library science. The University of Chicago press, 1933

2,3,6　肖燕. 试论图书馆事业的社会化. 北京大学图书馆学系本科毕业论文, 1982(1)

4,5　IFLA Strategic Plan 2006 – 2009.〔2007 – 07 – 29〕. http://www.ifla.org/V/cdoc/IFLA – StrategicPlan. htm

附注:

本文系应北大78级校友沈乃文先生之约,专为庆祝吴慰慈教授诞辰七十周年而作。撰写于2007年7—9月,收入由沈乃文主编、北京图书馆出版社,2007年12月出版的《传薪集——祝贺吴慰慈教授七十华诞文集》,第72—82页。

49

论面向 21 世纪以需求为基础的图书馆管理原则

　　近年来,在全球信息革命浪潮的推动下,计算机技术、多媒体技术、数据库技术及远程通信技术由实验进入大范围推广应用阶段,社会信息及知识的生产、传播、利用方式和机制正在发生深刻的变化。新型信息知识记录传播载体和传播渠道的涌现、用户的分化及资源的分散,使图书馆置面于前所未有的复杂的社会环境。图书馆向何处去? 如何实现可持续发展? 均成为备受瞩目的话题。打开专业杂志,与信息技术有关的名词术语比比皆是,也常常看到畅谈、预测或勾画21 世纪图书馆新职能、新服务方式及新形态(如电子图书馆、网上图书馆、虚拟图书馆、数字图书馆等)的文章。笔者认为,这些远景唯有靠图书馆界对图书馆管理的研究及实践的不断深化才能实现。

　　改革开放以来,我国图书馆界对图书馆管理研究的热情空前高涨,科学管理、目标管理、系统管理、自动化管理及网络化管理等概念不仅频繁出现在专业杂志上,而且有许多已经成为图书馆管理的实践。据统计,1949－1996 年,共发表有关图书馆管理的论文 5731 篇,其中,仅 1980－1996 年就发表论文 5388 篇,占全部论文的94.02%[1]。尽管业内人士对管理研究给予较多关注,但是研究的主题主要集中在管理方法、具体管理和管理体制方面,对管理的原则探讨不多。这样一来,图书馆的管理实践就成了各种管理方法的"试验场",缺乏管理原则的支撑,往往出现管理只有追风之功而无创新之力的局面。

笔者认为,欲从根本上对图书馆管理及可持续发展提出建设性对策,不仅要指出变革的方向及怎样应变的具体措施,更重要的是要确立稳固、明晰的图书馆管理原则及实践对策。只有明确管理原则,才能在瞬息万变的新技术和社会需求面前,保持清醒的头脑和识别判断能力,通过明智的选择,为图书馆未来的职能、形象、服务及存在方式定位,形成有特色的管理模式,寻求新的发展机遇。

1 需求及其类型分析

图书馆作为一种社会机构,其管理实践既不能超越所处的社会环境,也不能落后于特定阶段的社会需求。因此,确定图书馆管理原则离不开对需求的分析和对不断变化的社会环境的关注。

一般而言,图书馆管理者应考虑两种需求,即外部需求和内部需求。外部需求来自图书馆赖以生存的社会环境,是不以图书馆管理者的意志为转移的。它集中表现为用户需求(在此,用户指广义用户。既包括个体用户,又包括群体用户;传统意义上的读者是用户,尚未加入特定图书馆服务圈的潜在用户也不能忽略)。内部需求来自图书馆组织机构的构成要素。其中对管理实践产生直接影响作用的需求是管理人员和工作人员的需求(如个人生存发展的需求及对组织目标认同的需求等)。图书馆管理应最大限度地满足外部需求与内部需求,但是,在现实中,外部需求与内部需求往往会产生一定的冲突,需要不断调整。而用户至上应是图书馆合理解决内部需求与外部需求冲突时谨记的训诫。在选择图书馆的发展目标、设置或调整机构、制定规章制度、确定服务方式时,都应将内部需求纳入组织管理的框架之中,使管理最终服务于用户的需求。

无论外部需求还是内部需求,从表现形式上看均可大致划分为以下六种:

第一,隐性需求。所谓隐性需求指由于各种主观或客观原因的影

51

响,尚未表现出的需求。例如,用户需要快速获得关于某方面的新知识和信息,图书馆同时设有传统的手工检索与计算机网络检索服务。但是,由于用户自己不具有网络检索知识或者是网络费用昂贵,尽管他本人希望快速获得检索结果,可最终仍选择了手工检索,降低了对信息获取速率的要求。此时,我们不能说他没有进行网络信息检索的需求,只不过这种需求没有表达出来,成为一种隐性需求。再如,想利用图书馆解决某一问题,但图书馆从未宣传或承诺开展有关服务,致使用户放弃努力。

第二,显性需求。所谓显性需求指通过行为、言辞及其他各种交流方式直接表现出的需求。例如,选择或接受某种服务方式,索要文献,请求解决某些问题等。现有的图书馆服务,大都是围绕显性需求而展开的,图书馆管理评价的指标体系,也是以显性需求的满意度为测算依据的,如拒借率、查全率、查准率等均属此类。

第三,处于萌生状态的需求。此类需求指有一定的意向,但并不完全定型,虽然有所表达,但又不十分清晰的需求。它常常具有一定的模糊性,也没有普遍意义,在可感知的需求中不占主流。但是,其中有许多在日后可以成为特定阶段的主导需求。例如,我国用户对电子文献传递的需求在现阶段就可视为此类需求。

第四,形成强劲势头的需求。此类需求指意图明确、表现充分、规模大影响广的需求。它的特点是具有集约化、普遍性,居于主导地位。例如,在主要以纸介质为信息传播载体的时代,人们对印刷资料的需求,或者在计算机及网络较为普及的国家和地区,人们对网上信息传递及电子出版物的需求均属此类。

第五,持续稳定的需求。指在时间跨度上有规律或保持相对连续性的需求。此类需求的特点是它的非易变性和周期性。有时它可以不具有普遍性或大的影响面,但可以相对保持稳定,例如,由常规活动而引起的信息服务需求。

第六,突发性需求。指在时间跨度上没有连续性的阶段性需求。此类需求的特点是发生及持续时间较短,具有易变性,可在短期内产生较强的影响,但不会持久。例如,受某种时尚影响而产生的阅读某类书刊的需求,或受某一新闻事件的影响获取有关该事件信息的需求。

2 需求与图书馆管理的关系

2.1 需求是图书馆产生的原动力

人类社会的历史是一部充满创造与革新的历史,而创造革新的原动力便是人类生存与发展的需求。技术的革新、工具的发明创造、体制的建构和观念的创新,无一不服务于人的需求。图书馆正是人类在服务于自身的超越时空的信息与知识传播需求过程中伟大的创造。远古的人类为了传播信息创造了有声语言,使信息得以通过人脑的记忆以及发音器官和听觉器官的协同工作实现口耳相传。但是,人脑记忆的限度和转瞬即逝的有声语言,不能满足稳定地传播大容量信息的需要,于是要求创造出独立于人体之外的记忆载体以及与之相适应的符号,这导致了书面语言(即文字)和各种天然与人工有形载体的创造。以书面语言记录于有形载体上的信息的不断增长,要求有正规的保存与传播机制,图书馆便应运而生。在几千年的历史长河中,许多以往的创造早已成为明日黄花,而图书馆却在数量、规模、种类及服务手段上实现了有目共睹的增长,追根溯源,仍是社会对相对稳定的正式信息传播机制的需求在起推动作用。

2.2 适应需求的图书馆管理是图书馆发展的条件

如上所述,需求决定了图书馆产生的合理性,但是仅用需求决定论来解释图书馆的生存与发展的正当性则有失公允。这是因为,社会需求具有多样性与复杂性,加上社会资源的有限性,并不会自然而然地赋予图书馆发展所需的各种条件,图书馆也面临着生存的竞争。况且,从整体上看,社会需求与图书馆所能满足需求的能力总是存有一定的差距,没有图书馆管理者与从业者审时度势、顺应需求的管理,图书馆管理与社会需求形不成良性互动,图书馆也会被逐出历史舞台。

翻开图书馆的发展史,展现在我们面前的就是一部图书馆通过创造性的管理,不断适应社会需求并满足社会需求的历史。从中世纪将图书束缚在锁链上的封闭图书馆到 19 世纪中叶起陆续风行欧美而后遍布全球的公益性开放图书馆,图书馆的管理思想、服务方式、所采用的技术方法都发生了巨大的变化。在相同的条件下,哪个图书馆对需求的把握越准确、反应越主动、能够满足的需求越多,哪个图书馆的发展就越快,图书馆的管理水平和效益就越高。

21 世纪即将到来的时候,信息激增与信息高效快速传递利用的矛盾仍在加剧,全方位利用信息的需求为从事信息产品生产及信息传播服务提供了广阔的市场机会,这种机会又使更多的公司、团体、机构、个人加入信息行当,成为图书馆的竞争对手。面对不断分割的市场和分化的用户需求,图书馆如何为自己定位? 能否继续生存发展? 关键取决于管理者能否做出适应社会需求的管理决策。

3 确立以需求为基础的图书馆管理原则

确立以需求为基础的图书馆管理原则具有重要的理论及实用价值。研究 20 世纪美国图书馆事业的发展史可以发现一个有趣的现象。虽然没有多少从理论上论证图书馆管理原则的专著,可是,图书馆管理实践一直都是循着以满足需求为宗旨的路子进行的(也许这是在一个实用主义哲学盛行的国家里最自然的一种现象,因为适应需求与变化已经是深入人心的观念,无须赘述了)。当一个图书馆争取拨款或资助时,它必须证明自己满足了多少用户的需求,有多少服务项目,引进的设备和技术节约了多少人力、财力,取得了多少成果。投资效益(cost effective)是决策者们的口头禅。最典型的事例就是那些令我们羡慕不已的资源共享网络,没有政府的指令和层层行政会议的安排与分工,竟然红红火火地发展壮大,成为全球信息资源共享的范例。究其原因,就是每个图书馆都认识到,单个图书馆的有限资源,无法满足用户的无限需求,只能采取合作共享的方式,弥补资源的约束对满足需求的影响,即使自己多做一协调与互助工作也在所不辞。其他像新技术设备的引进、资源的配置、机构的重组与服务的改进,均是在满足需要的管理原则下进行的。例如,美国路易斯安那州立大学的 J. P. 克莱纳和 C. A. 哈梅克在撰文介绍该馆引进新的电子文献传递服务时指出:"当进入 21 世纪,各大学图书馆必须像经营企业那样来满足那些熟悉电子技术的教职员工和学生们的需要……联机编目所提供的书目记录已经不能满足需要,读者要求检索各种电子索引、文摘、全文数据库及图像,他们要求一种虚拟化的图书馆,而现有的信息技术使这一切成为可能。"[2]字里行间充满了对用户需求的关注和以用户需求为基础的管理原则。此点也许可以作为回答为什么美国的图书馆事业总是居于世界前列这一问题的一种答案。

确立以需求为基础的图书馆管理原则有无理论价值? 答案是肯定的。早在 1931 年,印度图书馆学家阮冈纳赞在其所著《图书馆学五定律》一书中提出了著名的五个论断:"书是为了用的,每个读者有其书,每本书有其读者,节省读者的时间,图书馆是一个生长着的有机体。"[3]尽管许多人都将其作为图书馆学的基本理论广泛宣传,但是,笔者一直认为其真正的价值在图书馆管理方面。可以这样说,这些原则就是以需求为基础的图书馆管理原则的浅显和近乎直白的阐释,也是该管理原则合理性的佐证。半个世纪过去了,图书馆所处的社会环境、用户需求和管理实践都发生了翻天覆地的变化,作为社会有机体的图书馆的变化不是毫无规律的。图书馆的转型和一切与之有关的变化均可以纳入满足需求的管理原则的框架并给出相应的解答,那就是:电子媒体信息的网络传播,较之其他载体的信息传播更加便捷,正是朝着节省读者时间的方向发展;多种信息载体的并存、多种服务方式与手段的并用,恰好为具有不同知识背景和检索阅读习惯的用户提供了满足自己需求的多种选择。无论图书馆未来变成什么形态,作为不断生长的有机体,只要它与社会需求和社会环境同步变化便是天经地义的。需要坚守的是管理原则而不是任何既定的模式。

4 以需求为基础的图书馆管理原则的实施构想

4.1 转变观念

实施以需求为基础的图书馆管理原则,要求图书馆管理者转变观念,以开放性思维审视自己的管理与服务活动,将最大限度满足用户的需求作为办馆宗旨,并作为图书馆职业伦理和文化建设的核心内容。应引导图书馆工作人员养成换位思考的习惯,开展假如我是一个用户的讨论,使图书馆工作人员增加社会责任感、使命感、自我归属感和生存危机感。同时,也要通过各种宣传手段向社会广泛宣传自己的宗旨,通过出色的服务及创造性的工作,树立崭新的形象。

4.2 多渠道获取用户需求信息

实施以需求为基础的图书馆管理原则,要求图书馆管理者将用户需求的调查列入图书馆工作的重要内容,常抓不懈;设置专人或兼职人员协同负责此项工作,逐步建立良好的用户反馈机制。

用户需求的调查可以采取多种形式,定期与不定期相结合,专项调查与综合调查相结合,馆内调查与馆外调查相结合,集中调查与零星调查相结合。调查内容应包括用户对图书馆的规章制度、资源建设、馆舍布局、服务方式、服务水平、服务态度、提供信息产品的种类等的满意度、用户的建议及批评等。调查方法可以采用问卷、访谈、查阅借阅及咨询检索记录等传统方法,同时,有条件的图书馆也可以利用电子邮件及网上公告板或沙龙的形式,追踪用户需求的新动向。除此之外,还可以利用其他媒体了解国内外最新的发展趋势及动态,了解有关用户需求的预测性信息,以此作为实施战略管理的决策依据。

4.3　分析用户需求,选择管理策略

实施以需求为基础的图书馆管理原则,应在用户需求调查的基础上进行需求分析。在准确把握用户需求类型及层次的基础上,针对图书馆的具体情况做出管理决策。所使用的分析方法主要有数理统计方法、比较方法、分类方法、归纳方法、类推方法、辩证方法等。要注重从大量原始调查数据中发现隐性需求及处于萌芽状态的需求,培植新兴服务与特色服务的生长点。尤其要对调查显示出的那些未能满足的需求予以重视,并找出原因。例如,某一读者或读者群体对图书馆某些服务的满意度很低,要分析是由于资源局限造成的还是技术设备落后造成的;是目前的管理制度造成的还是组织加工失误造成的;是工作人员的服务态度恶劣、业务水平低造成的,还是观念滞后造成的,找出原因后应对症整改。

值得指出的是,用户需求与满意程度是受多种因素影响的。由于我国的政治经济、科技文化发展不平衡,所以,不仅各地区各系统图书馆的生存环境和支撑条件有很大差异,而且不同地区、系统的用户需求也有很大差异,加上不同发展阶段用户需求具有多变性,势必导致图书馆满足用户需求具有一定的随机性,不可能有统一固定的模式。例如,某些条件优越的图书馆具有资源、人才、设备、技术、资金等方面的优势,在满足多层次需求时受到的约束较少,而欠发达地区的图书馆在满足用户各个层次需求时均会受到较多约束。因此,在选择图书馆管理模式时,不能脱离对用户需求、服务环境以及可获得的支持条件的分析,切忌在尚未满足一些基本需求时就一味追求新时尚。把可利用的资源和条件最大限度地挖掘、激活,以方便利用的方式组织管理提供服务是最佳的管理策略。

4.4　将满足用户需求有机融入图书馆的管理实践

实施以需求为基础的图书馆管理原则,要求重新审视图书馆管理的实践,将满足用户的需求落实到管理工作的方方面面。近年来,目

标管理与定额管理在图书馆管理中应用较广,但是,目标的设置与评价多是以内部工作流程的衔接为着眼点,容易与用户的需求脱节;定额管理往往使工作人员陷入经过量化的具体业务指标中,忽略自己所从事业务活动的终极目标,各部门难以形成统一的合力。因此,要使图书馆具有与时代和用户需求同步变革的自动力,就必须在制订计划、检查评估工作时引入对用户需求及图书馆满足需求能力的调查分析,在各个环节坚持用户需求至上的原则,使图书馆的整体工作向着有利于服务用户的方向转变。例如,北京大学新馆投入使用后,将原分别存放管理的中文期刊、外文期刊、过刊及现刊实现开架式阅览和存放一体化管理,就是方便用户的举措。

5 结 语

世纪之交,图书馆正在经历着艰难的转型,充满机遇也充满挑战。只有坚持以需求为基础的管理原则,用创造性的工作,将动态的多层次用户需求与动态的多层次图书馆管理模式进行巧妙的对应组合,做到与用户一起成长,与需求一起变化,才能将充满活力的图书馆带入新的世纪。

参考文献

1 谭兆民. 我国图书馆管理实践与理论研究述评. 大学图书馆学报,1998,16(3)

2 J P Kleiner,C A Hamaket;张沙丽译. 2000 年的图书馆:采用文献传递、需求评估和网络化资源的转型中的图书馆. 大学图书馆学报,1998,16(2)

3 阮冈纳赞;夏云等译. 图书馆学五定律. 北京:书目文献出版社(今国家图书馆出版社),1988

附注:

本文专为中国图书馆学会成立 20 周年征文活动而作。撰写于 1999 年 1—2 月。被评为优秀论文并收入 1999 年 7

月由北京图书馆出版社出版的会议论文集《世纪之交：图书馆事业回顾与展望》，第 164 — 168 页。笔者亦受邀于 1999 年 8 月在大连召开的中国图书馆学会学术年会上做专题发言。

以新技术革命为动力
搞好图书馆网的建设

在全球范围的技术革命浪潮冲击下,图书馆事业进入了一个新的革命阶段。从国外情况看,这一阶段的主要特点是技术上的自动化和组织上的网络化。因此,研究新技术革命与图书馆对策问题必须包括对图书馆网的研究。

新中国成立以来,我国图书馆界一直把图书馆网作为图书馆学的基础理论进行研究。1980 年 5 月 26 日,中共中央书记处通过了《图书馆工作汇报提纲》,指出:将来可以考虑把北京图书馆搞成一个中心,建设全国性的图书馆网。但是,时至今日,图书馆网的建设仍无大的进展。从总体来讲,全国没有统一的图书馆网,从局部来讲,地区性的图书馆网也寥寥无几,这与社会的要求是不相适应的。在实际工作中,笔者对此有深切体会。山东社科院图书馆是 1978 年才成立的,藏书基础薄弱,许多研究人员都常到外单位图书馆查资料,可是,由于济南地区各系统图书馆之间没有业务联系,有的图书馆以小时为单位收查阅资料费。另外,由于没有馆藏联合目录,许多研究人员都要跑到外省、市查资料,结果,回来以后又听说本省有,造成了人力、物力和时间的极大浪费。当然,在图书馆工作的其他方面,如采购、分编等也存在互通情报的必要。经过了解,许多图书馆工作人员都有同感。针对这种情况,图书馆诸同行都应提高认识,真正理解建立图书馆网是为今后走向信息化社会奠定基础,同时也有助于更好地利用有限的资源为四化建设服务。

那么,我们应当建立什么样的图书馆网呢? 追溯起来,我国关于图书馆网的提法,最早是从苏联引进的。多年来,论述图书馆网的文章几乎都要引用列宁关于图书馆网的教导"我们应当利用现有的书籍,着手建立有组织的图书馆网来帮助人民利用我们现有的每一本图书,应当建立一个有计划的统一的组织,而不是建立许多平行的组织"。多数文章仅局限在对列宁原意的解释上,对于什么是图书馆网,图书馆网的存在形式等问题,都没有做出明确的回答。这样一来,对图书馆网的建立也就无法提出确切的理论依据。我认为,所谓图书馆网是指由众多图书馆以一定方式纵横交错联系起来的系统。从控制论的角度看,"任何有组织的系统都必须不仅保持它们的有组织状态,还要完成适当的功能。所以,在有组织系统中要解决两类控制问题:控制系统的内部组织和控制系统的功能,为了解决这两个问题,系统就必须有适当的机构可用,以便控制系统的功能,并把系统维持在可以工作的状态"。据此,图书馆网的主要标志应是:一定数量的不同类型的图书馆,图书馆之间的联系,各个图书馆进行联系的中心。各种类型的图书馆是建立图书馆网的基础,是点;图书馆之间的联系是组织图书馆网的关键,是线;联系中心是保证联系正常进行的协调机关。从本质上说,建立图书馆网,就是要发展各种类型的图书馆,并将各种类型的图书馆联系起来。图书馆之间的联系方式是多种多样的,根据它们联系方式的不同,有人提出了协作网和检索网的概念。无论是协作网还是检索网都是图书馆网的一部分,它们各自代表一种联系方式。一个图书馆网所采用的联系方式越多,网的功能就越强,单个图书馆与图书馆网之间的关系就越密切。

美国的巴·埃·马尔克森曾给图书馆网下了这样的定义:"图书馆网是一种特殊类型的合作(图书馆合作是两个或两个以上图书馆之间改进馆际协作、促进馆藏的利用,提高读者服务水平的行动)。它统一制定合作规程和开展服务,包括使用计算机和电讯技术;它需要建立中心机构和编制实施网络的计划,而不是单纯地使馆际协调。它要求可观的经费,通常在用户与网络之间订有正式的合同,在大多数情况下,网络是一种法定的社团。"他的定义,是根据欧美图书馆的实践得出的,是一种采用多道联系的图书馆网。可以说,这是比较高级的图书馆网,而不能概括图书馆网的全部。就美国图书馆网的发展来看,恰恰经历了由初级到高级的过程。美国图书馆界人士 S. K. 马丁认为:在美国,松散的图书馆网在一个世纪以前已开始形成。当时,成立了美国图书馆协会,加强了国会图书馆在全国的活动。1901 年,国会图书馆开始生产目录卡片,并开展了发行业务。全国范围的图书馆网第一次得到了国会图书馆具有重大意义的联系件。现代意义上的网络化则是以电子计算机为基础的,是自动化的必然产物。自从俄亥俄学院中心建立第一个联机计算机网络以来,这种计算机网络已成为馆际间联络方面发展最快的一种形式。这是在新技术革命的推动下实现的。就我国目前的情况来看,一下子建立起电子计算机为基础的图书馆网有许多困难,我们应该从初级的工作做起。因为,应用电子计算机不是图书馆网的主要特征,进行计算机检索也只是图书馆之间在一定阶段进行联系的新手段,是从属于图书馆网的,没有电子计算机也可以初步实现图书馆网络化。

1957 年,在周总理直接领导下,国务院第 57 次会议通过批准了《全国图书协调方案》,组成了国务院科学规划委员会领导下的图书小组,建立了 2 个全国性(北京、上海)、9 个地区性的图书馆中心委员会,使我国各系统、各类型图书馆之间的协调与协作走上了由国家全面规划和统一管理的道路。另外,除了《全国图书协调方案》规定成立中心图书馆委员会的地区以外,河南、湖南、浙江、吉林、山西、青海、安徽、宁夏、新疆等省、自治区也先后成立了中心图书馆委员会或协作委员会,并开展了图书馆之间的协调与协作。此期间协作的主要内容有:藏书建设的协调与协作、编目方面的协作、书刊流通方面的协作、图书馆学研究方面的协作、培养干部方面的协作。可以说,那时我国的图书馆网已经初具规模,只是网点不够稠密而已。十年动乱中,我国的图书馆网毁于一旦。至今,图书馆网的建设还未恢复到以前的水平。记得刚粉碎"四人帮"后,有许多图书馆界人士曾为恢复过去的中心图书馆委员会而大声疾呼,然而收效甚微。当我们面临新技术革命浪潮冲击的新形势下,简单地恢复过去的工作更显得无能为力,也根本不能解决问题。同样,不切实际地一哄而起,去搞单打一的自动化也只能延误时机,造成浪费。本着稳扎稳打的原则,我们应该把建立和扩大图书馆之间的协作,建立相应的职能机构作为建网的首要任务。当然,随着我国科学文化事业以及社会生产力的发展,在我国实现计算机检索网络化也将为期不远了,到那时,不但不会废除协作,反而更需要加强协作。美国图书馆的情况就可以证明。从 60 年代起,美国图书馆的自动化工作就逐步展开,然而,由于最初没有全国规划,导致了数据库的建立重复浪费,网络错综复杂,各成体系,互相间的协作无法进行。

在美国图书馆协会所属"图书馆与情报技术学会"1982 年 9 月召开的讨论会上,许多进行系统研究的专家提出了将现有的许多联机系统进行综合的意见,其原因就是各个系统标准不一,缺乏合作与协调。专家们认为急需建立各个系统间的对话,然而这类问题也只能议而不决。更有甚者,作为联机计算机网络鼻祖的俄亥俄学院中心,则是反对将多系统编目联合起来的,因为这将减少它自身的收入。这些事实发人深省,我们有优越的社会主义制度,加上正确的规划与领导,一定会克服以上弊端。

我认为,立足现实搞好图书馆网的建设,应该做好以下工作:

第一,大力发展各种类型的图书馆。图书馆是建设图书馆网的基础,如果各级各类图书馆不健全,那么即使建立了图书馆之间的联系,也会由于网点不多而导致网的密度不够,不能满足社会的需要。新中国成立以来,我国图书馆的数量有了较大幅度的增长。以公共图书馆为例,50 年代,县以上公共图书馆有 55 个,1965 年发展到 1200 多个,1976 年减少到 600 多个,1982 年年底统计,又增加到 1889 个。但是,各级各类图书馆仍不健全。譬如,儿童图书馆在全国屈指可数,还有700 个县没有建立县图书馆,这与我国的经济、文化发展是不相适应的。我国国民经济和社会发展第六个五年计划规定:"尚无公共图书馆的省、市、县,要逐步地建立起来。在大中城市要建立儿童图书馆。"这就是我们近期努力的方向。

从我国经济不够发达、人多、地广的实际情况出发,我们在办馆过程中,要走国家办馆和集体办馆相结合的道路,这是与我国现阶段实行的两种形式的所有制相适应的。一方面,国家要有计划、有步骤地在全国各地办馆;另一方面,应当鼓励、动员、支持一切有条件的单位,包括工厂、农场、乡、镇、生产队以及各种群众性学术、文化、艺术、宗教团体以至个人,兴办各种类型的图书馆。这些图书馆分散在基层,恰好可以弥补国家办馆力不能及的弱点。而且由于它们接近群众,可以解决广大群众急需利用图书馆的情况。国家应对这些图书馆积极协助、扶持,促进它们的发展。在建设图书馆网中,要对这些馆一视同仁,充分发挥它们上通下联的作用。近年来的实践证明,这些集体和个人兴办的图书馆,由于产生于群众的迫切需求之中,因而具有强大的生命力,活跃在群众之中。

第二,运用协作的方式把现有图书馆联系起来。我国现有图书馆,主要有公共、高校、科研三大系统。这三个系统的图书馆在本系统内的相互联系,是借助于行政管理来实现的,是一种从上到下的纵向联系。这种联系一般包括一定的协作内容。而打破系统的图书馆之间的联系,或曰横向联系则基本不存在。只有纵向联系没有横向联系是构不成图书馆网的。因为,没有任何一个网是只由纵线联结起来的。因此,目前搞好图书馆之间的联系,应该把重点放在加强横向联系之上,而这种横向联系的最好方式就是协作。确定联系方式后,就要明确建网步骤。我国幅员辽阔,各地图书馆事业发展不平衡,而且各个图书馆的情况也有很大差别。在这种情况下,想要从上到下一下子建成全国统一的图书馆网是不可能的。我们应该采取自下而上,由小到大的建网方针,先从地区性的图书馆网抓起,逐步推广到省和全国。具体过程是,在自治区或省范围内现有的图书馆中,选择藏书比较丰富、人员配备充裕、图书馆业务活动开展比较好的图书馆,作为该省、自治区各级各类图书馆的联系中心。或者建立以其为主的中心委员会。它负责与图书馆的各个成员馆协商,制定协作规程,并随时处理各馆在协作中出现的问题,搜集成员馆对协作的进行与发展的意见,根据标准化的原则,统一各馆的业务规范,经常组织召开各馆联席会议,在巩固已有的协作基础上,不断扩大协作范围。这样,就使各省、自治区的各级各类图书馆之间建立了密切的联系,成为一个个独立的图书馆网。有了这样的基础,我们就可以考虑建设全国统一的图书馆网,通过国家图书馆,协调、统一组织建立各省、自治区图书馆网之间的联系,使这些分散的图书馆网之间,打破疆界局限,按照图书馆业务的客观联系,本着互助、互利的原则,扬长避短,互相促进,成为全国统一的图书馆网的有机组成部分。我们还要在不打破原来图书馆之间的纵向联系的基础上,用专业化协作来改变纵向联系的构成成分。只有这样,才能建成全国统一的、纵横交错的图书馆网,充分发挥图书馆的作用。

以上两点是从宏观上讲的。从微观上讲,具体到每一个图书馆在建网中的作用也是不容忽视的。这就引出了该做的第三项工作:对现有的图书馆进行体制改革,加强图书馆的科学管理。每一个图书馆在建设图书馆网中的作用不是被动的。单个图书馆自身的工作质量和服务质量的优劣直接影响到未来图书馆网的质量。首先,图书馆应该赋予各个业务部门更多的自主权,打破过去的金字塔式的等级体制,这样,才能在图书馆网中减少业务工作的程序,使协调、协作按专业化的途径展开。其次,对于图书馆网的协作以及未来的联机检索,图书馆工作人员都应做好业务上的准备。有条件的图书馆应积极进行电子计算机、缩微、视听等自动化技术在图书馆应用的可行性研究。同时,要推广标准化工作,整顿藏书,严格各业务环节的工作程序,对过去的疏漏要予以补足,采用多种手段揭示、报道馆藏。另外不应忽视的是图书馆工作人员对建立图书馆网的心理上的适应。例如,进行多种协调,比原来的各馆自己说了算要耗费更多的精力与时间,图书馆工作人员要克服怕麻烦的思想,还要克服藏书楼的影响,不要把馆藏不肯轻易示人。要做到这样,必须从现在起提高认识,广泛宣传图书

65

馆的社会性是图书馆的首要属性,使大家从社会的范围来看待图书馆网的作用,不是消极等待,而是积极做好准备,创造条件。这样,图书馆网的建设就成了水到渠成的事情,我们国家图书馆网的建设就可以尽量跟上世界的新潮流,适应新的形势。

参考文献

1 列宁全集,第 29 卷

2 A R 列尔涅尔.控制论基础

3 美国图书馆网.黑龙江图书馆,1978(4)

4 S K 马丁.图书馆网络 1976 — 1977

5 罗健雄.从加强横向联系谈图书馆体制改革.广东图书馆学刊,1981(3)

6 北大武大图书馆学系合编.图书馆学基础

7 谭详金.新的技术革命与图书馆现代化.图书馆学通讯,1984(1)

8 Library Journal,108(21)

附注:

本文撰写于 1984 年 5 — 6 月,发表于《山东图书馆季刊》,1984 年第 3 期,第 4 — 7 页。

论文献传递服务及其影响

1 文献传递服务的定义及类型

1.1 定义

从最简单的意义上讲,文献传递服务就是将文献传递给索要文献的人[1]。值得指出的是,在 20 世纪 90 年代中期以前出版的专业文献和参考工具书中,很难找到对文献传递的系统解释。一些大部头参考工具书,如《ALA 图书情报百科全书》中也没有文献传递服务的独立词条,只是在有关馆际互借的论述中附带提及图书馆所采用的文献复制与邮递业务。

笔者认为,台湾汉美图书有限公司 1995 年出版的《图书馆学与资讯科学大辞典》对文献传递服务做了比较全面的界定:"文献传递服务是应使用者对特定已确知的出版或未出版文献的需求,由图书馆或商业服务单位等资料供应者将需要的文献或其代用品在适当的时间内,以有效的方式与合理的费用,直接或间接传递给使用者的一种服务。"[2]

1.2 文献传递服务的 4 种类型

• 从传递服务的执行看,可以分为两类:由图书情报机构提供的文献传递服务和由商业公司提供的文献传递服务。前者从事文献传递的历史要早于后者。

● 从文献传递服务所采用的手段看,可以划分为以电子方式提供的文献传递服务和以非电子方式提供的文献传递服务。电子方式主要指通过传真及计算机网络进行的文献传递;非电子方式主要包括以传统的邮寄或专人、专车送达等方式进行的文献传递服务。

● 从文献传递服务的实施过程看,可以划分为中介性文献传递服务和非中介性文献传递服务。前者指在文献传递过程中,文献的最终用户,即使用者必须通过中介机构与文献的提供者建立联系,进而获取所需的文献;后者指在文献传递过程中,文献的最终使用者不经过中介机构便可直接向文献提供者索要并获得所需的文献。

● 从文献传递服务的性质看,可以划分为营利性文献传递服务和非营利性文献传递服务。总的看来,商业公司提供的文献传递服务都是营利性的,而图书情报机构提供的文献传递服务大都是非营利性的,即使收费也只收成本费用。但是,也存在一些图书情报构的服务向营利性服务转变的实例,如美国普渡(Purdue)大学图书馆技术信息服务部所提供的文献传递服务[3]。

2 文献传递服务的演进

2.1 图书情报机构提供的文献传递服务

从历史上看,由图书情报机构提供的文献传递服务是作为馆际互借服务手段出现的。馆际互借是图书馆协调合作工作的重要一环。图书馆之间相互借书的史实可以追溯至古代,不过那是非常个别、偶然发生的事件。到了近代,馆际互借从不固定的形式逐步发展成为有组织的、有明文规定的制度。例如,1917 年,美国图书馆协会就制订了馆际互借规则。1968 年对原馆际互借规则又做了修改,其中明确规定"一馆可利用他馆的资料供个人使用……包括提供复制品,以代替出借原件"[4]。

事实上,以馆际互借为主的文献传递服务在 20 世纪 60 年代的欧美国家非常盛行,上述馆际互借规则中规定的内容,就是此阶段文献传递服务的写照。服务项目包括图书借阅、资料复印,采用邮寄方式传递用户所需的文献。建于 20 世纪 60 年代的英国国家图书馆文献提供中心就是比较典型的代表。它凭借自身收藏的大量期刊、专著、报告、学位论文、会议录、地方文献、乐谱等为用户提供服务,至今仍享有盛誉[5]。

2.2 商业性文献传递服务的崛起

文献传递作为一种商业活动出现于 20 世纪 70 年代[6]。那时,一些计算机数据库的建立,向人们提供了远程信息检索的途径,一些缺乏馆藏的专门图书馆与公司成为商业文献传递的基本用户。那些能够通过远程数据库检索并确认文献线索,然后获取原文替代品,以收费方式传递这些文献的人或公司成为人所共知的信息经经纪人。

早期的商业性文献传递是在比较封闭的系统中进行的。70 年代至 80 年代,计算机数据库检索系统与传递系统呈分立状态,像 Dialog、OCLC 与 RLIN 都是以提供书目索引信息为主的检索系统,很少有全文数据库。这些系统的检索界面及命令对最终用户不太友好,检索起来比较繁杂。加上联机传输设备与技术等方面的限制,此阶段的文献传递服务有许多是以图书情报机构为依托进行的。可以说,此阶段的商业性文献传递服务与馆际互借范畴的文献传递服务都是在传统的资源共享框架中运作的,两者呈共容状态。

进入 90 年代,计算机技术、网络技术及数据库技术的不断进步,导致了文献传递服务的兴盛。面向用户设计的图形界面和自然语言检索提问方式,取代了原有的繁杂的检索方式。因 Z39.50 标准的推出,免除了检索者必须掌握不同专业数据库检索策略的需求,为用户检索提供了极大的方便。不仅如此,全文数据库、电子邮件与电子书刊的大量涌现也扩大了文献传递可用资源的范围。此时,一些新兴的联机服务商加入了文献传递服务的行列。商业性文献传递服务以其快速的市场反应能力,陆续推出了一系列便捷、面向最终用户的非中介性服务,在满足用户需求的同时,承揽到数量可观的文献传递业务,自身也不断发展壮大。

据美国华盛顿大学的琼·希普曼(Jean Shipman)1998 年的统计,美国已有 25 家商业性文献传递服务公司,其中比较著名的有:科罗拉多州研究图书馆联盟系统公司的 Uncover、费克森研究服务公司的 Faxon Finder 与 Faxon Express、联机计算机图书馆中心的 Contents First 与 Article First 以及研究图书馆组织公司的 Cita Del 等。为了便于获取有关商业性文献传递服务公司信息,琼·希普曼还制作了有关商业性文献传递公司情况的网页,分别列出了各个公司的名称、地址、收费标准、付费方式、服务范围、传递时限等信息。该网页自 1995 年建立以来,访问频率一直居高不下[7],这足以从一个侧面说明用户对商业性文献传递服务的需求。

2.3　文献传递服务的现状

商业性文献传递服务的兴盛,似乎给人一种感觉:馆际互借范畴的文献传递服务大有让位于商业性文献传递服务之势。人们不禁要问,由图书情报机构作为馆际互借服务手段提供的文献传递服务是否会退出历史舞台? 笔者认为,从整体情况看尚不能如此断言。因为,多年来,图书情报机构一直致力于采用新技术改进文献传递服务的速度与质量。从 70 年代放弃普通邮寄改用快递方式处理较紧急的申请,到采用传真机传递文献,直到美国研究图书馆组织开发出面向网络动态环境的 Ariel 数字传输系统,所有这些努力都使馆际互借范围的文献传递服务跟上了时代的潮流。

但是,也应当看到,馆际互借范围的文献传递是一种中介性传递服务,要经历用户—图书馆 A —图书馆 B —图书馆 A —用户的复杂过程。由于图书馆间办理传递所需的手续繁复,往往不能像商业性公司推出的非中介性传递那样省时。此外,馆际互借传递文献的费用也居高不下。据统计,传递一篇文献的平均费用为 29.55 美元[8],而商业性文献传递的费用均低于此数。因此,美国图书情报界有不少人撰文探讨向用户提供更快、更高效的馆际互借文献传递服务,甚至有人断言,图书馆成了阻碍文献快速传递的瓶颈[9]。美国著名的《图书馆杂志》的专栏作家怀特先生指出:"美国的馆际互借服务水平不高,其原因是缺乏外借服务的激励机制。因为图书馆总是将向其他馆提供文献放在次要地位,把服务于本馆的用户放在首位(这本无可厚非),由此导致馆际互信文献传递请求的回复率很低,这就为商业性文献传递服务商提供了充分的机会。"[10]

从目前情况看,馆际互借范围的文献传递服务仍是与商业文献传递服务并存的,不可能完全被商业性文献传递服务所取代。但是,要在激烈的竞争环境中有所作为,必然要求对馆际互借的管理与运作方式进行变革。许多图书情报机构正在顺应信息服务产业化的历史潮流,引进商业管理机制,拓展业务,以优质服务收回合理的报酬,在竞争中求得生存与发展。例如,英国国家图书馆文献提供中心每年收到的文献传递请求约 400 万件,其中 3/4 来自英国国内,1/4 来自英国以外的国家。该中心建有自己的查询数据库,期刊到馆后,工作人员在 72 小时内就可将其中的论文逐篇标引入库。用户通过检索数据库确认自己需要的文献后,向工作人员提出传递请求(可以在馆内,亦可通过电话、传真与网络传输方式提出请求),工作人员按用户要求提供文献。文献传递费用与商业公司的收费类似,由服务费和版税构成。传递时限有多种选择,包括 2 小时传真传递、12 小时传真传递、2 周邮寄传递,该中心还于 1996 年起与出版商协调进行网上电子信息传递服务[11]。

3 文献传递服务兴盛的原因分析

3.1 客观存在的用户需求

客观存在的用户需求是文献传递服务存在与发展的基础和推动力,具体表现在以下 3 个方面:

● 社会变化速度的加快,导致社会生活各个领域活动的节奏加快。这需要社会营造一个准确、快速、细致的信息服务的大环境,以利于社会成员从事各种社会活动。过去,用户依靠个人订购或图书情报机构获得整本的期刊及其他资料,这种粗放式的信息传播与服务方式不仅代价高,而且耗时,缺乏针对性,已不能满足用户对高效快速获取信息的需求,因而,具有针对性的个人化的文献传递服务就应运而生。

● 学科交叉与分化的日益加剧,使用户的需求范围日益扩大,对信息资源建设也提出了更高的要求。面对信息激增的现实,图书情报机构或个人均无法依靠自身的力量采购、收藏所需的资源,势必导致用户对外部资源的需求,文献传递服务正是以广泛的外部资源为依托的信息服务手段。

● 技术的进步为文献传递服务创造了有利的条件。各种书目网络系统、联机索引、摘要、全文资料库、联机合作流通系统、电子邮件等,有效地增强了最终用户与图书情报机构工作人员查询文献信息的能力,扩大了可利用资源的来源,使用户获取资源的手段呈多样化,同时,也刺激了用户利用文献信息传递服务的需求。

3.2 所面对的客观现实

图书情报机构所面对的现实是文献传递服务产生和发展的客观环境。事实上,用户的需求也是客观环境的一部分,但是,除此之外,图书情报机构还面对着与业务管理、自身运行条件有关的一系列现实问题,它们也是导致文献传递服务兴盛的原因。具体有以下两个方面。

● 连续出版物定购价格持续上涨,严重影响了图书情报机构的购买力。与此同时,许多图书情报机构的经费不断削减,使原本恶化的购买力进一步下降,即使许多机构制订出减书保刊的计划,也无法解决无力续订已入藏期刊的问题。因此,设法以文献传递服务提供的期刊文献替代品来满足用户的需求成为必然的选择。

● 有些用户的文献需求是暂时性的,需求量很少,不值得图书情报机构为满足这些需求订购原始期刊,此时,采用文献传递服务方式满足用户的需求不失为一种比较经济可行的手段。

4 文献传递服务对图书情报工作的影响

4.1 确立了新的馆藏策略

长期以来,尽可能收藏用户所需要的文献一直被视为图书情报机构最基本的职能,其他的服务也多是以收藏为基础展开的。引入文献传递服务后,即使图书情报机构自身不收藏任何原始资料,只要用户需要某种文献,就可以检索并获得所需文献。当文献传递服务的业务量较少时,它并未对传统的收藏观带来冲击。随着文献传递服务规模与数量的增长,许多图书情报机构要将原用于购买原始文献的一部分经费用于支付文献传递费用,因而引发了业内人士关于检索还是收藏的大讨论。有关资料表明,目前在美国,将拥有检索外部信息资源获得文献传递服务的能力视为一种新型收藏形式的人越来越多,甚至有人建议用于文献传递的经费最初至少要占整个预算的1/6,以后还应不断递增[12]。

在制订新的馆藏策略方面,许多图书情报机构都根据自己的实际情况,对各种载体类型、不同学科范围的文献通盘考虑,在确保不重复浪费已有资源的情况下,将文献传递服务的试验成果推广到诸多的电子出版物的收藏方面。例如,美国亚利桑那州立大学图书馆于1994年进行了非中介性文献传递服务试验,用户可以直接向图书馆选定的商业文献传递服务商提出请求,服务商直接将文献传给用户,费用由图书馆支付。在试验过程中发现,用户所索要的文献中有60%—80%都是图书馆已入藏的文献。之所以如此,是因为商业公司的电子检索系统比较方便。为了避免浪费,图书馆将自己的检索系统与商业公司的电子数据库进行链接,保证了用户通过一次性检索便可以从馆内和商业公司分别获取所需的资料。其中一些新型的电子出版物已被纳

73

入商业性文献传递的范围[13]。

4.2 拓展了资源共享的范围

文献传递服务的发展,尤其是商业性文献传递公司的加盟,使许多出版商、中间代理商与数据库服务商成为社会信息资源的提供者,扩大了对信息资源共享的认识,即资源共享并不局限于馆际互借,应当呈多元化,从外部获得多种用户所需的资源。借助于网络链接或共享技术,使用户有权以电子方式索取资料是信息资源共享环境中不可缺少的一部分[14]。

观念的变化导致了实践的变化,在经过慎重试验后,美国的许多图书情报机构都积极引进商业文献传递服务。据统计,研究图书馆协会中的90个成员中,目前已有87%的成员利用商业性公司为自己的读者提供文献传递服务[15]。

4.3 管理方面的变化

快捷的文献传递服务需要建立在信息资源数据库、计算机网络和现代传输设备的基础上,导致了对新增设备、专业人员及原有业务部门划分予以调整的需求。许多图书情报机构纷纷以任务为中心,对人员及业务部门进行职能重组,建立更加平面化的组织结构。例如,组建集检索、期刊管理、馆际互借、咨询服务为一体的大参考咨询部,以强化服务职能,提高管理和服务效率。

此外,许多有识之士还呼吁摒弃以藏书量为指标的评价体系,而代之以可检索获得的文献数量为指标来评价图书情报工作的质量。

5 结语

文献传递服务代表的是信息服务的新趋向。目前,我国已有一些高校和科研机构图书馆开展了商业文献传递服务,加上原有的馆际互借服务,势必会改善资源共享的环境,为用户提供更加便捷的信息服务。

参考文献

1,6　Robin Kinder. Introduction：four views of document delivery services. The Reference Librarian, 1999(63)

2　胡述兆. 图书馆学与资讯科学大辞典. 台北：汉美图书有限公司,1995

3　Suzanne M Ward, Marry Dugan. Document Delivery in academic fee – based information services. The Reference Librarian, 1999(63)

4　杨威理. 西方图书馆史. 北京：商务印书馆,1988

5,11　Richard Robin. INSIDE – an integrated search, ordering and delivery service// Lorcan Dempsey. Toward the Digital Library. London：British Library Board,1998

7　Jean Shipman. Document delivery suppliers web page. Journal of Interlibrary Loan, Document Delivery & Information Supply,1998,9(2)

8,10　Herbert S White. The cost of knowledge and the cost of ignorance. Library Journal,1995,120(11)

9　Jane Smith. Document delivery and beyond. Technical Services Quarterly,1998,16 (2)

12　Millie L Syring, Milton Wolf. Collection development and document delivery： budgeting for access//Thomas W. Leonhardt. Advance in Collection Development and Resource Management,1996(2)

13　Sheila Walters. User behavior in a non – mediated document delivery environment：the direct Doc pilot project at Arizona State. Computers in Libraries,1995, 15(9)

14　Sally J Cunningham. Collection development & management in the digital library// Thomas W. Leonhard. Advance in Collection Development and Resource Management,1996(2)

15　Marry E Jackson. Use of document delivery services. SPEC Flyer 204(Washington：ARL Office of Management Services, November 1994)

附注：
　　本文撰写于 1999 年 8 —9 月,发表于《图书情报工作》,2000 年第 1 期,第 42 —45 页。

美国图书馆界关于文献传递的研究与实践评析

近年来,文献传递服务成为美国图书馆界广泛关注的问题。一方面,许多专家学者撰文介绍与评介文献传递服务;另一方面,许多图书馆纷纷开展引进文献传递服务的试验,形成了文献传递服务研究与应用的热潮。

1 研究概况

从已发表的有关文献传递服务研究的论著看,20 世纪 90 年代是一个明显的分水岭。在此之前,研究文献传递服务的论著数量极少,而且也未成为比较稳定独立的研究主题。具体表现在,此前出版的专业文献和参考工具书中,很难找到对文献传递服务的系统解释。一些大部头的参考工具书,如《ALA 图书情报百科全书》中,也没有文献传递服务的独立词条,只在馆际互借有关的论述中附带提及图书馆所采用的文献复制与邮递业务。

进入 90 年代以后,情况发生了显著的变化。有关文献传递服务的研究论著数量急剧增长,研究文献传递服务的论文在连续出版物中的分布日益广泛,据笔者不完全统计,就有近 20 种,其中包括 Online、*The Reference Librarian*、*College & Research Libraries*、*Computers in Libraries*、*Computer World*、*Library Trends* 等比较有名的连续出版物。尤其值

得指出的是 *Journal of Interlibrary Loan & Information Supply*，将自己的名称更改为 *Journal of Interlibrary Loan，Document Delivery & Information Supply*。此外，*Computers in Library*、*Library Trends* 与 *The Reference Librarian* 这 3 种连续出版物分别于 1994 年、1997 年和 1999 年出版了文献传递服务研究专集。

就研究者而言，美国研究图书馆协会的玛丽．Z．杰克逊先后发表了"因特网上的文献传递"[1]"文献传递服务的应用"[2]"电子时代的资源共享管理"[3]"以最低的代价获得最大限度的检索"[4]等一系列论著，成为公认的研究文献传递服务的权威。

笔者通过对已有研究资料的分析发现，文献传递服务并没有多少高深之处，只是一种按需提供文献的活动或服务方式。但是，通过美国图书馆界对文献传递的应用，可以看出由此引发的一系列管理与服务观念和实践的变革，从而为我国图书馆管理与服务的发展提供镜鉴。

2 文献传递服务的应用

美国图书馆界对文献传递服务的应用分为两个范畴。一是馆际互借范畴的文献传递服务；二是超越馆际互借范畴的商业文献传递服务。

2.1 馆际互借范畴的文献传递服务

馆际互借在美国图书馆界有悠久的历史，文献传递是实现馆际互借与资源共享的具体手段。它的运作一般以各种馆际合作组织或图书馆之间签署有关的合作协议为基础。有合作关系的图书馆均可以按照协议，代表自己的用户向藏有用户所需文献的图书馆提出文献传递请求，由对方提供所需文献的原件或各种形式的复制品（包括印刷形式的复印件、传真件、缩微品、电子邮件等）。在此过程中，提供文献的图书馆会向对方收取一定的成本费用,如复制费、版税与传递费等,但费用的高低往往视所要求的传递时限、文献的长度、获得的难易程度等因素而变动。1993年,美国的研究图书馆组织与研究图书馆协会所进行的一项研究表明,采用馆际互借文献传递服务传递一篇论文的平均费用为29.55美元[5]。

长期以来,图书馆大多用专项资金支付馆际互借文献传递的费用,不向自己的用户收费,久而久之,这笔支出也相当可观,成为阻碍文献传递服务广泛开展的潜在因素之一。馆际互借文献传递服务的发展还受到其他一些因素的制约,主要是时效性差和较低的回复率。其原因在于,馆际互借文献传递服务是一种中介性传递服务,要经历用户—图书馆A—图书馆B—图书馆A—用户的复杂过程,手续较为繁杂,加上缺乏有效的激励机制,往往无法满足用户便捷、准确获取文献的要求。

美国的文献传递公司——Dynamic Information Corp的创始人兰德尔·韦思·马森科曾以自己的现身说法指出了80年代馆际互借文献传递的通病。他做研究生论文期间,需要一篇印度科学家的论文,图书馆提供的文献传递服务需要花费3—6个月的时间,他没有耐心等待,最终通过自己与那位印度科学家联系,在5天之内获得了论文的复印件。正是这一经历,才使他萌发了创立商业文献传递公司,以较低的价格和更快的速度提供文献传递服务的念头[6]。

应当指出的是,随着技术的进步,当今馆际互借文献传递服务的费用、时效性和回复率等均有所改进,在资源共享环境中,馆际互借中的文献传递服务仍发挥着不可替代的作用。

2.2　商业文献传递服务

文献传递服务作为一种商业活动出现于20世纪70年代[7]。那时,一些计算机数据库的建立,为人们提供了远程信息检索的途径,于是,一些缺乏馆藏的专门图书馆与公司成为商业文献传递服务的基本用户。但是,20世纪90年代以前,商业文献传递服务的规模和影响都十分有限,据统计,美国从事商业文献传递的公司不超过 10 家[8],而据 1998 年统计,美国的商业文献传递公司已有 25 家[9]。这些商业文献传递公司中,既有数据库生产商、目次表中间服务商、全文文献中间服务商,也有一些由图书馆合作组织起家的商业经营公司。比较著名的有:科罗拉多州研究图书馆联盟系统公司的 Uncover、费克森研究服务公司的 Faxon Finder 与 Faxon Express、联机计算机图书馆中心的 Contents First 与 Article First 等。

美国的图书馆界对商业文献传递服务的认可与接纳经历了一个渐进的过程,大规模的研究与应用始于 90 年代初。许多图书馆纷纷开展引进商业文献传递服务的试验项目。分析有关试验结果表明,商业文献传递服务在时效性、针对性等方面均较好地满足了用户的要求。此外,商业文献传递服务的平均费用往往低于馆际互借文献传递的费用,因此,许多图书馆也乐于为用户支付文献传递费用。据统计,美国研究图书馆协会中的 90 个成员中,已有 87% 利用商业性公司为自己的用户提供文献传递服务[10]。

3 文献传递服务对图书馆管理与服务的影响

3.1 确立新的收藏观与馆藏建设策略

长期以来,尽可能收藏用户所需要的文献一直被视为图书馆的最基本职能,引入文献传递服务的直接后果是,不依赖自身的收藏,依赖合作馆或商业公司来检索并获得所需文献。当文献传递服务的业务量较少时,它对传统的收藏观不会产生多大冲击。但是,随着文献传递规模与数量的增长,许多图书馆要将原用于购买原始文献的一部分经费用于支付文献传递费用,因而引发了一场检索还是收藏的大讨论。有关资料表明,目前在美国,将拥有检索外部信息资源获得文献传递服务能力视为一种新型收藏形式的人越来越多,甚至有人建议,用于文献传递服务的费用最初要占整个预算的 1/6,以后还要不断递增[11]。1995 年春季,一项对美国研究图书馆协会成员所做的调查中发现,有半数图书馆将购买图书资料的经费用于文献传递服务[12]。

在制订新的馆藏建设策略方面,许多图书馆都根据自己的实际情况,对各种载体类型、不同学科范围的文献通盘考虑,制定总体采购规划,在确保不浪费已有资源的情况下,将文献传递服务的成果推广到诸多电子出版物的收藏方面。

3.2　拓展了资源共享观念与实践

许多图书馆应用文献传递服务的初衷是弥补因期刊价格上涨而导致的停订对馆藏连续性的影响,并期望以馆际合作的方式实现资源共享。文献传递服务的发展,尤其是商业性文献传递公司的加盟,使许多出版商、中间代理商与数据库服务商及生产商成为社会信息资源的提供者,扩大了对信息资源共享的认识,即:资源共享并不局限于馆际互借,应当呈多元化。最重要的是从外部获得多种用户所需的资源。借助于网络链接或共享技术,使用户有权以电子方式索取资料是信息资源共享环境中不可缺少的一部分[13]。观念的变化,导致了实践的变化,目前,许多图书馆都在引进商业文献传递服务的同时,改进馆际互借文献传递服务,以多种途径实现资源共享。

3.3　图书馆管理实践的变化

快捷的文献传递服务需要建立在信息资源数据库、计算机网络和现代传输设备的基础上,这导致了对新增设备、专业人员及原有业务部门划分予以调整的需求。许多图书馆纷纷以任务为中心,对人员及业务部门进行职能重组,组建集检索、期刊管理、馆际互借、咨询服务为一体的大参考咨询部,以强化自身的服务职能,提高管理和服务效率。

此外,许多有识之士还呼吁摒弃以藏书量为指标的评估体系,代之以可检索获得的文献数量为指标评价图书馆的管理与服务。

4 文献传递服务离我们有多远

我国图书馆界早在 20 世纪 50 年代就开始进行馆际互借活动,但是,长期以来馆际互借多以提供图书为主,服务的范围和效率距广大用户的需求有很大差距。近年来,一些条件较好的科研机构与大学图书馆在积极开展馆际合作文献传递服务的同时,引进了国外一些商业文献传递服务项目。正在建设中的中国高等教育文献保障体系项目,也将文献传递列为"九五"期间的主要建设任务之中。然而,对大多数图书馆而言,由于管理观念和各种条件的制约,仍然对文献传递服务缺乏热情。

从美国图书馆界应用文献传递的经验看,尽管文献传递服务在图书馆服务中所占的比重有限,而且需要设备、人力及资金方面的支持,但是,它所代表的却是信息服务的新趋向,尤其在网络技术飞速发展的今天,它已成为个人化的以最终用户为服务目标的新型服务手段,也是图书馆强化自我生存能力的举措。因此,我国图书馆界应审时度势,努力创造条件,推进文献传递服务,使资源共享在自身的服务中变为现实。

参考文献

1 Marry E Jackson. Document delivery and the Internet. Online,1993,17(2)

2,10 Marry E Jackson, Karen Cronneis. Use of document delivery services. Washington DC:Association of Research Libraries, 1994

3 Anny Chang, Marry E Jackson. Managing resource sharing in the electronic age. New York:AMS Press, 1996

4 Shirley Baker, Marry E Jackson. Maximizing access, minimizing cost: a first step toward the information access future. Washington DC:ARL Committee on Access to Information Resources, 1994

5 Herbert S White. The cost of knowledge and the cost of ignorance. Library Journal,

1995,120(11)

6,8　Randall Wayne Marcinko. Issues in commercial document delivery. Library Trends, 1997,45(3)

7　Robin Kinder. Introduction: four views of document delivery services. The Reference Librarian, 1999(63)

9　Jean Shipman. Document delivery suppliers web page. Journal of Interlibrary Loan, Document Delivery & Information Supply,1998,9(2)

11　Millie L Syring, Milton Wolf. Collection development and document delivery: budgeting for access//Thomas W Leonhardt. Advance in Collection Development and Resource Management 1996(2)

12　Sewell R G. Library materials budget survey: source of funds and new commitments. ARL Newsletter,1995(10)

13　Sally J Cunningham. Collection development & management in the digital library//Thomas W Leonhard. Advance in Collection Development and Resource Management,1996(2)

附注:

　　本文撰写于 1999 年 10 月,发表于《图书馆杂志》,2000 年第 1 期,第 20—23 页。

论图书馆学教育研究的转变

新中国成立以来,尤其是近十年来,我国图书馆学教育有了长足的发展,但也不同程度地存有规模失控、层次不合理、教学质量偏低、培养的专业人才与实际需求脱节等问题。图书馆学教育研究正是在这一背景下逐步兴盛起来的。目前,这方面的研究水平和效能仍有待进一步完善,确实需要在研究的观念、方式、方法等方面做出一些转变。

一、图书馆学教育研究在图书馆学研究中所处地位应有所转变

长期以来,图书馆学研究者把较多的精力放在学科理论、技术方法等方面的研究上,而对教育研究所占比重偏低。从发表的图书馆学论文统计分析可窥见一斑。

1958－1979 年,图书馆学教育方面的论文只有 3 篇,占同期图书馆学论文总数(以下同)的 0.1%[1]。1979－1980 年,在全国图书馆学第一次和第二次科学讨论会提交的论文中,有 8 篇与教育有关,仅占 2.7%[2],1980－1983 年有 40 篇,占 4.77%[3]。据北京大学图书情报系编的《图书馆学情报学论著索引》统计,1987 年,全国 50 余种相关刊物发表与图书馆学教育有关的论文(以下同)214 篇,占 4.6%;1988 年,70 余种相关刊物发表论文 148 篇,占 3.3%;1989 年,70 余种相关刊物发表论文 144 篇,占 3.1%;1990 年,120 余种相关报刊发表

论文 137 篇,占 2.9% 。应当指出的是,尽管 1989 年和 1991 年召开的全国中青年图书馆学、情报学研讨会都将专业教育列为中心议题,但是,论文数量并没有上升。这种研究现状与我们目前拥有的庞大的教学机构、众多的执教人员、在校生以及图书馆工作人员是不成比例的。而大量教育问题的存在,也要求我们对此给予足够的重视。

除论文比重偏低外,专业教育研究在图书馆学研究中还没有获得比较独立的地位。例如,全国较有影响的《图书馆学文摘》,多年来一直把图书馆学教育方面的文摘分入图书馆学基础理论类。现有的图书馆学刊物,也有许多未设置专业教育栏目。更没有像美国那样,出版独立的专业教育刊物。凡此种种,反映了我们对专业教育研究在认识方面的不足。

事实上,图书馆学教育研究是图书馆学与教育学二者结合的产物,具有相对独立性。这种专业教育研究的重点、理论、方法以及发挥的功能,都有别于图书馆学理论研究。图书馆学教育研究,要为专业教育政策的制订提供依据,指导教育活动的开展,凭借良好的专业教育,使图书馆学知识顺利得到新一代专业人员的认同,培养他们从事各项工作的才能。换言之,图书馆学教育是图书馆学和图书馆事业发展不可缺少的环节。图书馆学知识体系只有转化为专业教育体系,再转化为受教育者的认知体系,才能为图书馆事业提供合格的人才。离开了从教育角度对图书馆学知识体系、专业教育体系以及受教育者如何建立认知体系的研究,离开了教育如何适应社会需求的研究,专业教育的功能就不能正常发挥。因此,我们应当遵从教育的一般原则,结合图书馆学及图书馆事业发展的实际,研究图书馆学教育问题,并为这一集理论与实践为一体的专门研究确立独立的地位。

二、图书馆学教育研究应由零散的表层研究向系统、深层研究转变

已发表的图书馆学教育研究文献,尤其是近年来发表的文献,在

内容上涉及了专业教育的各个方面,但缺乏系统性和应有的深度。此外,研究主题的分布也不平衡。

表1 1987—1990年图书馆学教育论文主题分类统计表

年度	教学内容与方法	教材研究与评价	教学辅导	教学机构介绍	图书馆人才研究	继续教育	发展研究(历史现状趋势)	综合研究(理论及教育各方面)
1987	66	33	32	5	21	7	15	26
1988	44	19	0	20	23	11	20	25
1989	36	24	1	13	27	9	13	27
1990	51	7	1	21	7	14	21	40
合计	197	83	34	59	78	41	69	118

资料来源:北京大学图书情报系编《图书馆学情报学论著索引》,制表时绝大多数核查过原文。

从上表中看,涉及教学内容(含课程建设)及方法的文献最多。但其中70%是研究文献检索课的,其他课程不多,教委规定的核心课程有一半以上未涉及。涉及最少的是教学辅导,其中90%是电大的教学辅导。有关发展研究和综合研究的文献数量虽在上升,但综述性文章多,对现实问题的具体分析和理论论证均不够充分。对一些根本性问题,如专业教育的本质、基础,与其他各项事业的关系等问题研究较少。同时,对教育质量、规模、结构层次、培养目标等问题的研究则不够系统、深入。此外,有关图书馆人才和继续教育的研究也比较薄弱。

上述情况不能不影响图书馆学教育的实践。多年来,尽管教育规模、投入不断扩大,但是总的来说,教育质量不稳定,培养目标落后于实际需求,出现了有些图书情报部门不愿意要毕业生,学生否定专业教育的现象[4]。如果任此种现象发展下去,在学科体系及市场需求剧烈变化的今天,图书馆学教育的前途将有违于我们的期望。

美国罗萨利图书情报学院院长凯尼格曾撰文分析美国芝加哥大学、哥伦比亚大学图书情报学院关闭的原因,认为这两所学校的关闭有两个主要原因,一是缺乏对专业教育与专业活动领域及外部世界的信息反馈和控制功能,二是专业教育面过窄[5]。这类问题在我们现实的专业教育中也不同程度的存在。目前,随着改革的进一步深化,教育要服务于社会需求的问题尤为突出,这就更促使我们要转变观念,深入系统地研究专业教育如何适应社会需求、与社会发展保持协调等一系列问题。图书馆学会和国家教委都应加强对这方面研究的组织和引导,集中力量讨论研究出可行性较强的对策,既应包括专业教育的体制、规模、层次结构、发展方向等宏观研究,又应包括具体的课程设置、教育过程、教学方法等一系列微观研究。当然,不能期望在较短的时间内将所有的问题研究深透,重要的是要有意识地增加研究的广度与深度,只有这样,才能使专业教育的存在与发展有坚实的基础,并且做到和社会发展保持同步甚至有所超前。

三、图书馆学教育的研究方法应由单一向多元化转变

图书馆学教育研究所达到的水平和研究中所采用的方法有很大关系。系统、深层研究能否实现,很大程度上依赖于专业教育研究方法的转变。

长期以来,专业教育研究中定性研究占主要地位,调查统计、比较分析、实验、评估、系统等方法没有得到广泛应用,致使理论研究失之笼统、空泛,实际研究缺乏可比性和精确性。有关教育规模和教育质量的研究就是例证。

图书馆学教育规模是近年来研究较多的问题。但是,许多研究者在指出应当控制教育规模的同时,并没有以精确的调查统计为基础,回答什么样的规模才是适度规模,如何控制教育规模,以及在总规模一定的情况下,各个教育层次的合理搭配应当怎样解决等问题。因此,研究中所提出的对策可行性比较差。

笔者认为,教育规模的研究应由一系列研究构成。应调查研究现有从业人员的知识技能与工作要求的协调情况,提出实际人才需求层

次和数量,而不能只以学历调查作为专业教育发展的依据,还要分析专业人才市场的构成与变化趋势,研究专业人才的使用标准等。这一切,都应以严密、系统的数据统计为基础。在这方面,美国的研究可以供我们借鉴。

1972年,美国劳工统计局、教育部所属国家教育统计中心和图书馆与学习资源局曾联合进行了80年代图书馆人力需求调查,并发表了题为"图书馆人力资源——供求研究"的报告。这种以人力资源分析为基础的研究,为教育规模的确立提供了依据。除这种集中调查外,美国图书情报专业劳动力市场的变化、职业分布与趋势、供求平衡状况等方面的调查统计都形成了固定模式,走上了程式化的道路。例如,著名的《图书馆杂志》每年第17期上都发表上一年度毕业生就业情况的调查报告,《图书馆与专业信息年鉴》定期刊登图书馆人力资源的统计材料,美国图书馆协会机关刊物《美国图书馆》也定期发表专业教育方面的专论[6]。

相比之下,我们的研究远没有做到如此细致的地步,国家计划集中管理的优势也没有发挥出来。总之,对专业教育规模的研究,不能只局限于教育自身,还应以系统的观点研究相关的问题,以往那种依据国外的有关情况,加上研究者的局部经验及期望来研究教育规模的方法,缺乏对我国社会经济、文化发展总体水平的综合考察,缺乏对图书馆人才市场、人员流动趋向、人事制度、管理水平等方面的具体分析,应当予以改正。

有关图书馆学教育质量的研究,也存在研究方法不当的问题。以往的研究价值判断的成分多,具体有理有据地分析、验证实际问题的少。除了指出教育质量不高、呼吁改变现状外,对教育质量的探讨多局限于从经验角度研究单个课程与教学方法。对影响教育质量的多方面因素的调查分析、旨在提高教育质量的多种措施的比较、实验和评估研究极为欠缺,甚至对教育质量低的原因分析也莫衷一是。许多人认为,办学点的增加和师资缺乏是主要原因,有人又认为是教材和教学组织不当所致等。笔者认为,教育质量受多种因素的影响,应当进行综合研究。它包括了教育目标、课程设置、教材、师资、教学方法、教学设施、受教育对象等多个方面,提高教育质量要考虑教育内在和外在的因素,要使理论与实践相结合,尤其是要分析出上述各方面影响教育质量的重要因素,找出相应对策。

近年来,有关课程设置、教材、教学方法的研究占有较大比例。但是研究方法和角度也有所不足。例如,研究课程设置时,往往只追求新颖和体系的庞大,忽略对课程群体协同功能的研究。虽然新学科、新技术课程越来越多,但是,它们大多缺乏和图书馆学的结合点,因而未能发挥预期的作用。不仅如此,目前的研究也不能圆满回答这样一个问题,即是否需要为图书馆学研究中新分化出来的许多分支学科——设置独立课程? 进行这方面研究的论著亦不多见,致使专业教育中许多课程冠以时髦名称,内容交叉重复,所提供的信息量和知识密度很低,而且这种现象正愈演愈烈。要改变这种状况,需要加强有关课程的实用性、知识密度、相互间协同关系的分析研究,采用调查、实验、对比的方法,选择有效拓宽专业、建立有机课程体系的结构模式。

此外,对于完整的教学环节来讲,课程设置并不起决定作用,还要靠好的教材、教学方法和教学实践,靠教师在组织教学的过程中赋予教材以新的内容和活力来保证教学质量。目前,对上述诸方面进行一体化研究的文献很少,一些有关教学方法研究的文献由于没有教学过程的观察记录,显得空泛,对于不同教学方法、教材使用效果的对比分析方法应用不普遍,只局限于少数几门课程。

笔者认为,每一个教师,都应是自己所讲授课程的研究者,应当以研究改进教学。除了对讲授内容的研究外,还要研究方法问题,这既包括教学方法,又包括研究方法。从这个意义上讲,专业教育研究还有广阔的领域等待我们开拓。

参考文献

1,3 吴慰慈,邵巍.图书馆学概论.北京:书目文献出版社(今国家图书馆出版社),1988

2 中国图书馆学会论文摘要编辑组. 中国图书馆学会第一、二次科学讨论会论文摘要. 北京:书目文献出版社(今国家图书馆出版社),1982

4 吴孔嘉. 对我国图书馆学教育的困惑与忧虑. 图书馆学研究,1989(1)

5 Michael E D Koening. Buttering the toast evenly. American Libraries,1990,21(8)

6 Allen Kent, Harold Lancour. Encyclopedia of library and information Science. Marcel Dekker INC,1971

附注:

本文撰写于 1992 年 10 — 12 月,发表于《大学图书馆学报》,1993 年第 3 期,第 39 — 42 页。

图书馆学教育：面向21世纪的变革与发展

变革与发展是人类社会永恒的主题。当21世纪即将来临之时，我国图书馆学教育正在经历一场前所未有的变革。如何认识、评价已经发生和正在发生的变革，怎样通过变革使图书馆学专业教育步入良性发展的轨道，本文将就上述问题进行探讨。

1 简短的回顾

我国图书馆学教育自20世纪20年代创办以来，在长达半个世纪的时间里，一直保持着面向图书馆培养专门人才的格局。80年代以前，无论办学规模还是课程设置均处在相对稳定的状态。进入80年代后，我国实施改革开放和科技兴国的战略，促使社会对图书情报服务的需求急剧增长。图书情报机构的规模扩大、数量大大增加，从而带动了图书馆学教育的迅速发展。这一时期的发展集中表现在三个方面：一是办学规模由小到大，教学点由少到多；二是引入情报学有关的课程，并开始将其作为专业方向；三是初步形成了集中专、大专、本科、研究生的教学体系。

上述变化令人瞩目，但是在笔者看来，它是以量的增加为主要特征的，教学指导思想、培养目标、课程体系等方面并无根本性的变化。因此，在评价面向21世纪图书馆学教育的变革时，并不将其包括在内,只将它们视为面向 21 世纪变革的重要铺垫。

2 面向 21 世纪的变革

(1)变革阶段的划分

图书馆学教育面向 21 世纪的变革始于 90 年代。其突出的标志是,自 1992 年 10 月北京大学图书馆学情报学系更名为信息管理系之后全国各院校相关名称的改变。彭斐章教授曾指出:以北京大学图书馆学情报学系改名为信息管理系为起点的全国改名潮,是专业教育领域的一场质变[1]。笔者在赞同上述评价的主旨的同时,更愿意把它看作是一场变革的开端,即:将系名的更改作为变革的初始阶段。目前,这场变革远远没有结束,正处于比较关键的中期阶段。它涉及更名之后教育的指导思想、培养目标、专业调整和课程体系的相应改变,只有在此阶段取得实质性的成果,才能顺利转入变革的最后阶段,即新型专业教育模式的建立阶段。这种模式应当将图书馆学教育纳入集成化信息学教育体系之中,为 21 世纪高度信息化社会培养所需的各类信息人才。

(2)变革的原因分析

图书馆学专业教育的变革发生于 20 世纪的最后 10 年,这并非只是世纪之交临近出现的时间上的巧合,而是一系列复杂因素共同作用的结果。

从表面上看,变革的起因很简单,似乎就是 1992 年 9 月召开的全国科技情报工作会议决定将"科技情报"改为科技信息所引发的连锁反应。因此,在专业杂志上看到业内人士发出"图书馆学情报学竟在一次会议的影响之下,一夜之间变得面目全非"[2]的感叹,亦在所难免。但是,将变革原因的分析只停留在表面上是远远不够的,甚至是有害的。还应当从专业教育和社会环境的变化两个方面进行具体分析。

从专业教育自身的发展状况看,80 年代图书馆学教育发展的模式在 20 世纪 90 年代遇到了挑战。一方面,由于正规、业余多层次专业教育规模的扩大,导致了原本比较狭窄的图书馆职业市场迅速趋近饱和;另一方面,专业教育作为职业教育的定位,导致了培养目标和课程设置的封闭性。教学内容老化、缺乏科学抽象及理论深度、不能满足学生旺盛的求知欲,产生厌学情绪在所难免。此外,国家教育改革过程中推出的双向选择就业、上大学收费的政策以及毕业生的价值取向和求职心态的变化,都使专业教育面临一系列新的问题。尤其值得指出的是,80 年代起,有关国外一些图书情报学院关闭的消息,使业内人士产生了忧患与危机意识,使教育改革的呼声逐渐高涨。加上随之而来的与社会调适的强烈愿望,形成了图书馆学教育在短时间里发生变革的内在动力。

从社会大环境看,信息技术的发展和应用,引起了信息加工、处理、传播、利用方式的变革。在全球信息革命浪潮的推动下,包括图书、情报、档案等信息服务业在内的信息产业在我国蓬勃发展起来。现代社会的信息需求也呈多样化趋势,涉及政治、经济、文化、科学、教育、生活、娱乐等各个方面。为满足各方面的需求而建立的大量新兴信息机构、公司等应运而生。与此同时,政府机构、企业、学校、医院等单位为了提高决策与管理水平,也积极应用先进的信息技术和产品,对自身活动相关的大量内部和外部信息实施科学管理。凡此种种,都将新的复合型信息管理、服务、研究人才的培养提上了议事日程。由于我国高等教育的专业设置过于细致并且落后于社会的发展,导致了社会急需人才的培养出现了断层和空缺,社会期待着高等教育做出顺应潮流的变革。

当我们认识到不同领域所进行的信息研究、加工、处理、传播、管理活动的本质是,相同的、广泛应用于图书、档案、情报机构的信息加工、组织、控制和传播的原则及方法只要加以合理的拓展和升华,便可以得到更为广泛的应用时,将传统的专业教育进行变革的时机也就成熟了。因此,无论从满足社会需求还是专业教育进一步发展来看,变革成为唯一的选择。

(3)变革的影响与评价

面向 21 世纪的专业教育变革并不是在有充分理论准备的条件下发动的。因此,变革伊始就引发了诸多的争议和困惑。但是,来自社会的现实需求极大地支持了变革,使之在充满观念阻力的情况下持续下来。《中国图书馆学报》1996 年第 1 期和第 3 期上,先后刊登了北大教师撰写的 2 篇文章,作者用大量统计数据和图表显示了,专业教育变革之后招生来源及毕业生分配去向的多元化,印证了变革的合理性[3-4]。

目前,尽管这场变革尚未完结,但是,已经产生的影响却不可低估。它改善了专业教育的生存环境,带来了专业教育观念的更新。更重要的是,随着变革的深入,对变革所引发的一系列连锁反应的认识,开辟了理论研究的新天地,为学科和专业教育的繁荣、发展奠定了基础。

首先,变革促使我们开始考虑专业教育与学科建设之间的关系,从而产生了有利于专业教育适应社会需求与社会同步发展的新观念。在 1995 年 12 月召开的全国图书馆学信息管理学教育与培训学术研讨会上,由更改系名而引发的学科定位的争鸣成为讨论的焦点[5]。分析围绕该不该更名所提出的诸多观点可以看出,赞同专业教育与学科保持一定距离、尊重专业教育与学科研究各自的运作规律、面对社会需求构筑专业教育模式的观念已经开始形成。这有利于克服满足于图书馆学在学科建设方面已有的成就(如作为一级学科列入国家教委颁布的专业目录之中)和忽视专业教育在市场经济条件下生存发展的社会基础的倾向。同时,也对改变历史上遗留的将专业教育的产生与发展作为学科确立与发展标志的传统有着重要意义。在旧的传统影响下,专业教育为突出学术性,不惜设置狭窄的专业方向,开设大量交叉重复的课程,造成教育资源的严重浪费。在计划经济条件下,这些弊端并不会危及专业教育的生存。然而，在市场经济条件下，教育资源的配置转向以社会需求为主的模式，因此，通过变革，最终确立专业教育与学科建设适度分离的原则和指导思想至关重要。我们应当明确学科建设和专业教育的存在有各自的规律性，它们的发展也不是严格对等的。教育要面向市场培养适用人才，又要承担学科研究的重任，在夹缝中生存实在不易。在目前专业教育仍以本科生为主体的情况下，对专业教育的社会需求更应给予较多的关注。事实上，传授相关学科知识、培养从事学科研究的人才与面向市场并无根本的矛盾，都应列入教育目标之中，但是，在实际运作过程中，只有使专业教育保持适当的独立性，才能拥有对社会需求做出及时反应的灵活机制。

其次，变革要求我们在共同的理论基础上实现系名与专业名称的有机融合，走出名实不符的窘境。因此，这就将认识、解释图书馆学、情报学、信息学、信息管理学的性质及相互关系提到了重要地位，使一度沉寂的基础理论研究再度受到关注。继许多研究者将图书馆学、档案学等进行整合，探讨图书馆活动与文献信息管理活动的规律之后，重新认识情报学与信息学的性质与关系成为最迫切的问题。

《图书情报工作》的1994年第2期发表了《以信息为基点的情报学研究》一文[6]，虽然未引起普遍的关注，但是，其影响不能埋没。笔者认为，由此出发分析情报学可以发现，情报学所研究的是处于特定状态和过程的社会信息活动的规律、理论及方法，其应用领域由军事、科学技术等向社会生活的其他方面扩散。正视这一现实，我们应当坦然地将其归入信息学中，而不是把它作为独立于信息学或与信息学并列的学科。这样做并非否定和取消情报学，而是为了促进情报学的规范化建设，使之走出以往界定的小圈子，获得新的发展空间。同时，此举又可消除国际交流的障碍，使我们免于为固守学科分野而挖空心思地做出许多牵强的解释，如用 intelligence 指情报，用 information 指信息等。只有当我们取消"门户之见"，将迄今为止情报学研究所取得的理论成果与当今广泛存在的信息现象以及各个领域、各种方式进行的信息活动的规律的研究融为一体的时候，才有希望实现我们对人类信息活动规律的完整的认识。

3 面向21世纪的发展

纵观历史,变革与发展作为社会进程,总是处于交织状态。从二者关系看,专业教育的变革不是最终目的,而只是促使专业教育建构在更加稳定的基础上,实现可持续发展的手段。因而,只有积极、富有理性、措施稳妥的变革才能推动专业教育步入良性发展的轨道。否则,将导致灾难性的后果。

需要指出的是,生存与发展的需求使专业教育变革显得必要,进而成为许多人的共识。然而,观念的进步和理论上的探索并不能代表发展目标的全部实现。要实现预期的发展,必须提出并实施一系列可操作的方案。从这个意义上讲,能否使专业教育在21世纪有新的发展,就取决于新型信息学及信息管理教学模式的设计、课程体系的重建以及教学组织管理工作做得如何。

笔者认为,在信息管理系下分设专业方向的路子是可行的。但是,目前一些学校的变革措施仍不到位。这表现在改系名后不考虑专业设置的特色,课程体系不做改动,仍按原有的模式组织教学,给人以换包装不换内容的感觉。再有一种情况是,对课程体系及专业做出小范围调整,如合并一些课程,增加部分现代技术方面的课程,但是,没有突破原有的框架。这只能视为权宜之计。如果上述状况不能迅速改变,我们就会坐失发展机遇。

面向21世纪实现专业教育的发展,最重要的就是选准方向,在建立集成化教学模式上下功夫,促成长期处于分立状态的图书、情报、档案等专业教育方向的有机融合。培养目标应当突破只局限于特定机构的格局,改变凡专业方向必带"××学"的传统,面向社会的实际需求,培养能从事各个领域信息生产、加工、研究、传播及服务活动的复合人才。

建立集成化教学模式,必须以推出信息学或信息管理学(包括图书馆学、情报学、档案学等在内)共用的核心课程为基础。而这绝不是只对原有课程作局部综合和拓展就能实现的,需要从课程讲授内容、结构,乃至概念网络等方面动"大手术",以信息为视角,挖掘图书馆学、情报学、档案学的共性,从通用层次上阐释人类信息生产传播活动的原理,探寻社会发展与信息资源开发利用的关系,介绍信息揭示、组织、传播、研究、检索等方面的技术方法及应用法则。可以说,这是体系的重建。

除此之外,可以根据各学校的专业特色及师资力量分设几组不同的选修课来区分专业方向。这种专业方向可以使用原有的名称以求教育的连续性,但笔者更倾向于专业方向的变化,即设置超出学科和机构的专业方向,像经济信息、政务信息、科技文化信息、信息系统设计与开发、医药信息等均可以作为考虑的对象。这一措施将有利于超出载体、传播手段及机构来研究和传授相关的信息管理知识与技术方法,改变原有专业教育课程交叉重复、知识含量不足的缺陷,为专业教育在应用层次上办出特色提供条件。不仅如此,灵活的专业选修课,会使学生增加学习的自主性,有利于按照社会需求进行学生的合理分流,增加择业的灵活性。

对于培养硕士生及博士生等高层次专业教育而言,这种模式既有利于对专门问题的深入研究,也为综合性研究提供了更加广阔的空间。这在国家教委大力推进教育改革,强调宽口径通才教育、素质教育的背景下,具有重要意义。

4　结语

社会的信息化趋势不可阻挡,在 21 世纪即将来临之际,我们必须以开放的心态和思维方式,打破拘泥于已有学科分野、面向少量社会机构培养人才的教育传统,将已经开始的专业教育变革深入进行下去,使专业教育在不断与社会的调适过程中获得新的发展。

参考文献

1 彭斐章.图书情报学教育与学科建设.图书馆工作与研究,1994(4)

2 马费成.规范学科名称促进学科发展.图书情报工作,1996(3)

3 董小英.我国图书馆学情报学教育的转型及其问题.中国图书馆学报,1996(1)

4 许诤.从图书馆学情报学专业毕业生就业去向看专业教育改革.中国图书馆学报,1996(3)

5 廖璠.图书情报学教育改革势在必行——全国图书馆学信息管理学教育与培训学术研讨会综述.图书馆工作与研究,1996(2)

6 周文俊,周庆山.以信息为基点的情报学研究.图书情报工作,1994(2)

附注:

本文撰写于1997年5月。专为1997年9月举行的北京大学信息管理系成立50周年专业教育研讨会而做。发表于《北京大学学报》1997年《信息管理系建系五十周年专刊》,第134—137页。

论信息组织教育的转型与发展

1 引言

20世纪80年代初,美国未来学家奈斯比特在其所著《大趋势——改变我们生活的十个新方向》一书中指出,在信息社会中"没有控制和组织的信息不再是一种资源,它倒反而成为信息工作者的敌人"。随着社会信息化进程的不断加快,信息组织在信息资源开发利用中的重要作用日益突出,信息组织理论素养、技能的培养也成为信息管理人才教育中不可忽视的问题。因此,探讨信息组织教育有关的问题,有益于改进信息管理人才的教育,为推动21世纪信息管理与服务的可持续发展提供必要的人才保障。

2 信息组织教育的转型及概况

20世纪90年代以来,我国信息管理人才的培养发生了诸多变化,首当其冲的莫过于许多图书馆学情报学系纷纷更名为信息管理系或信息资源管理系。在此之后,便是对原有课程设置,包括课程门数、教学内容、体系结构乃至名称等方面进行一些调整。直至1998年1月国家教委下发《普通高等学校本科专业目录(草案)》,将原有的图书馆学情报学等统一归入管理学门类,使我国的信息管理人才的培养模式全面步入了转型期。在这一过程中，许多院系都以精简原有的图书情报课程为起点，重构课程板块，将信息组织列为集原有的编目、分类、主题标引等课程为一体的基础课程。也有的院系将情报检索语言、科技文献学、文献检索与利用合并成为"信息组织与开发原理"。

从近几年的实践来看，信息组织教育的转型存在一些隐患。例如，笔者曾接触过一些院系的教师和学生，发现许多毕业生不具备信息的描述、分类与主题标引等方面的信息组织技能，不了解信息有序化组织对信息的有效传播利用的意义，眼高手低者大有人在。一些教师也竞相选择空泛时髦的课程，致使许多院系的信息组织教学力量呈相对薄弱的状况。无法满足新的信息环境下日益复杂的信息管理实践对专业人才的需求。

3　新的信息环境对信息组织教育的需求

21世纪的到来使人类社会变得更加复杂和相互依赖，具体到我们所面对的信息环境而言，则呈现以下特点：信息激增的趋势有增无减，信息技术的发展使信息载体多元化，除了传统的纸介质载体承载的信息继续膨胀之外，各种新型电子信息资源的数量急剧增长，加上遍布全球的信息网络，使信息的收集、加工组织、管理与服务活动涉及的范围更加广泛，也融入了更多的新技术成分。与此同时，信息用户则要求信息服务机构以更加便捷的方式，提供专门化、针对性强的多层次信息服务。在这种背景下，现有的信息组织教育面临一系列挑战，提出了进一步发展信息组织教育的需求。

3.1　对网上信息的描述、组织、控制技能的需求

纷繁复杂的信息网络给我们带来便捷的同时，也带来了信息的失控。因此，信息管理人才的重要任务就是通过一系列技术加工实现对网上信息资源的控制和管理。实现这个目标要求信息组织教育解决

以下两个方面的问题:一是网络信息的发现、挖掘、过滤、重组与再现所需要的信息组织技能的教育。比如,通过对网络资源的分类、主题标引及多层次描述(包括来源、内容、功能、表现形态、利用途径、相互关联等方面)建立各种索引及有针对性的信息资源导航系统,开展网上定题、定向服务;二是通过网络传播的各种信息产品的制作所需要的信息组织技能,要有能力利用网络发布、传递经过加工组织的多媒体信息。例如,为使信息广泛传播而进行网页的设计制作、进行网上信息的实时发布、各种网络化的数据库与全文检索系统的设计制作等。

3.2 对传统课程进行改造的需求

网络环境下的信息服务对信息组织技能的需求呈现多元化趋势,一方面传统的文献书目信息的描述与组织仍会存在,只是它的比重相对有所下降(但是,这并不意味着其质量要求的下降,现存的图书在版编目中的不规范问题令人担忧);另一方面,由于各种电子信息载体的出现和计算机应用日益普及,图书馆及其他信息机构的信息资源结构发生了显著的变化,呈现多样化。信息加工组织工作的对象和信息加工组织所使用工具的变化,要求信息组织课程在内容和技术支持手段方面做出相应的调整。例如,应当使学生了解纸介质信息记录与机读信息记录的相互转换对信息组织技术的要求,强化电子资源描述组织技能的培养与训练、使学生具有应用各种计算机自动化信息管理系统进行信息描述、分类和主题标引的能力。不仅如此,还要突破传统上以载体为描述组织单元的粗放的加工框架,摆脱载体的束缚,深入细致地揭示各种信息资源的知识内容与主题。若维持原有的体系,势必导致信息组织课程与实际需求脱节,直至出现它的重要性不断下降的结局。

3.3 培养复合型具有开拓能力的高层次信息组织人才的需求

从信息管理的实践看,信息组织技能是一切信息管理专业人员所必备的基本技能,虽然由于分工的不同导致并非所有信息管理人员都从事信息描述组织方面的具体业务操作,但是,任何一个合格的信息管理人员都应当对信息描述、分类与主题标引等信息组织的原理与它们在信息挖掘、传播、控制、检索等方面的实际应用有深入的理解,并且能够不断将基本原理与新的技术结合起来,创造满足新的信息需求的新应用。这是能在 21 世纪复杂的信息环境中从事信息服务的基础。

具体说来,在长期的书目信息的控制与管理实践中积累的信息组织技术与方法,可以与计算机技术相结合,在生产新的信息产品、信息检索系统乃至具有人工智能的代理软件方面发挥重要的作用。目前,因特网上流行的各种搜索引擎都采用了分类与主题检索的方法,一些从事人工智能研究的计算机专家所开发的网上信息与知识挖掘系统也离不开聚类、主题描述等方面的知识。信息组织在新的信息环境中不但不会失去效用,而会有更多更广泛的应用。只不过根据其应用领域的不同,信息组织的侧重点及表现形式会有所不同,但是,其性质与作用是不变的,它在信息与知识的检索、发现、整序、分析、存储、评估、统计、使用与传播方面仍将大有用武之地。

4 信息组织教育发展实施途径

4.1 丰富课程内容

在讲授传统书目文献信息组织的原理与技术的同时,增加多领域、多层次、多种类信息的组织原理与技术方面的内容。例如,各种数据库制作中应用的信息描述组织原理与技术、各种电子载体信息资源的描述组织理论与技术、网络信息的描述组织原理与技术,并且将对网络环境下出现的元数据、搜索引擎等新的信息描述与组织技术标准有关的进展纳入课程之中。注重基本原理的阐释与实际操作技能的训练。尤其重要的是,使学生以发展的眼光认识掌握信息组织原理与技能在信息管理与服务中的重要性。

4.2　增加课程的深度

在保证学生掌握多层次信息描述、分类与主题标引技能的同时，注重培养学生发现问题、解决问题的决策能力。在网络环境下，信息组织的社会化协作活动不断扩展，具体信息机构提供信息服务所使用资源的外源化趋势不断增强，因此，要在信息组织课程中跳出长期形成的以操作为主的单一的教学模式，增加从信息组织的角度对不同信息产品及信息检索系统效能的比较评价方面的教学内容，要将信息组织的原理和规则与用户的信息检索行为和用户的需求之间的关联讲清楚，使学生能站在较高的起点上，具有适应现实与未来的需求改进已有技术标准的自觉性，超越被动的现行规则执行者的单一角色，增加信息组织的创新动力。

4.3　加强课程基础建设，促进教师的知识更新

通过鼓励自学、进修与研讨等各种方式优化任课教师的知识结构，提倡具有不同知识背景的教师之间的合作与多门课程的互补性渗透。针对信息组织课程实践性强的特点，创造良好的实习条件（包括专项实习与综合实习、校内实习与校外实习），提供多种教学实习工具与设备，改变长期以来存在的手工操作与现代技术分离、信息加工与检索服务分离、网络信息处理与脱机信息处理、电子载体信息与印刷载体信息处理分离的状况。

4.4　采取灵活的授课形式

在开设统一的基础课的基础上，针对实际就业领域的需求增加选修课程。例如，美国丹佛大学附属学院的图书馆与信息服务系在硕士课程中，除了将信息组织课程作为核心课程之外，还应学生的要求于1997年增开两门选修课，它们是：描述编目和主题编目。前者内容涉及电子与因特网资源、连续出版物、印刷与非印刷资料等多种载体的

描述编目;后者则介绍采用多种类型的受控语言及分类体系进行主题标引的理论与实践。这两门课程学时各为 20 学时(每周 4 学时,共 5 周),由专职教师任课。课程的特色是学生为特定的用户群选择 20 种资料,自己开发一个目录文档,其中包括对可能利用这些资料的用户群的描述、对收录这些资料的联机检索系统的描述、这些资料在机读目录中的多种描述格式以及相应的分类与主题分析结果。

5 结 语

信息组织原理与技术发端并服务于人类的信息需求。它历经几千年的演变,在促进与保证社会信息资源的有效存储、控制、检索与传播方面发挥着不可替代的作用。21 世纪的信息环境要求对信息资源进行更加有效的管理,这离不开掌握信息组织原理与技能的信息管理人才。因此,信息组织教育应当得到不断创新与发展,为信息资源的管理培养输送合格的后备力量,创造信息服务由粗放走向精致、由分立走向融合互补的基础条件。

参考文献

1 郎诵真.论信息管理专业课程体系建设.图书情报工作,1999(2)

2 Connaway L S. A model curriculum for cataloging education:the library and information services program at the University of Denver. Technical Services Quarterly, 1997,15(1/2)

3 肖燕.信息揭示组织原理与方法.济南:山东大学出版社,1997

附注:

本文撰写于 2000 年 2 — 3 月,发表于《大学图书馆学报》,2000 年第 4 期,第 65 — 67 页。

文献分类标准化评析

一、引言

1978 年 9 月，我国作为正式成员参加了国际标准化组织——文献工作标准化技术委员会，并于 1979 年 4 月派代表参加了国际标准化组织文献工作标准化技术委员会第 18 届年会，我国的文献工作标准化技术委员会也于 1979 年 12 月成立。10 年来，我国文献工作标准化从无到有，先后颁布了文献用编码、符号及缩写标准、文字音译标准、文献工作用术语标准、目录著录标准、文献内容分类及主题标引标准、文献工作自动化标准、文献编辑及出版格式标准等一系列标准、标准草案或试行标准。回顾这些年文献工作标准化所走过的道路，一方面，对于所取得的成绩感到由衷的欣慰；另一方面，也发现在我国文献工作标准化进程中各个领域的发展极不平衡。不仅如此，这种不平衡导致的局部脱节，又使得文献工作标准化这一整体无法达到预期的目的。本文所要探讨的就是作为文献工作标准化一个重要方面的文献分类标准化问题，以期抛砖引玉，经过大家的共同努力，使之与其他方面的标准化同步发展。

二、文献分类标准化的指导思想

全国文献目录著录标准，曾提出将实行中外文统一、图书情报单位统一、各类型文献统一、各种目录载体统一作为文献著录标准化的指导思想。对于文献分类标准化来讲,是否也存在以上几个统一的问题呢? 在我看来,答案是肯定的,同时又是有所保留的。由于在文献工作部门的确存有中、外文文献分类的不统一、不同部门对文献分类的不统一、同一类型文献分类的不统一等现象,因此,文献分类标准化应当从实际出发,有针对性地解决以上问题,但是,它不能照搬文献著录标准,实行泛泛地统一,而应当区分不同情况,进行不同类型、不同层次的统一。具体有以下几个方面:

第一,实行中、外文分类统一。这一点是不言而喻的。因为,文献的分类首先是内容的分类,不是文种的分类。作为文献次要特征的文种,应当从属于文献的内容。实行中、外文统一的症结在于分类工具的选取。在国外,文献的分类均采用比较流行的《国际十进分类法》《杜威十进分类法》《美国国会图书馆分类法》等作为分类工具,而我国并没有直接使用以上分类法。在这种情况下,要做到中、外文统一,首先要区分分类对象。对一些技术性较强的文献,如专利、产品样本等,可以考虑直接采用国际统一的分类工具,实现世界性的统一。与此同时,还应当考虑到文献分类还有受社会意识形态影响的一面,对所有的文献强求中、外世界性大统一比较困难,也不现实。因此,应当力争做到在本国范围内选取统一的分类工具,来处理所有的中、外文文献。尽管这种统一比起目录著录标准的大范围统一逊色,但仍不失为一种实际的选择。

第二,实行各个文献工作部门文献分类统一。这是一个比较突出的老大难问题。长期以来,图书、情报、档案等文献工作部门的文献分类一直呈各自为政的状态。不仅隶属于不同系统的单位如此,隶属于相同系统、类型相同的图书、情报、档案等单位的文献分类也各行其是。这些不统一,一方面表现为使用不同的分类工具。比如:有的用《中图法》,有的用《科图法》,有的用《档案法》,有的用自编的分类法。更有甚者,即使用《中图法》的单位,其使用的版本也不尽相同。有的用1960年草案本,有的用1973年试用本,有的用1975年第1版,有的用 1980 年第 2 版。不统一的另一方面还表现为各个单位对于分类标引规则各有各的处理方式,随意性很大。要改变这种状况,应当对各个文献部门的文献分类统一有一个正确的理解。首先,不同的文献部门若有明显的差异,可以允许其保持自己的特色来处理特定文献,与之相适应的,可以提出几种标准分类工具。但是,应当注意这种差异不应以行政隶属关系衡量,而应以其从事文献工作的性质、发展趋向、读者群的使用习惯等作为区分依据。因此,这方面的统一也是有条件的。但是,分类标引规则的统一则应是无条件的。大家都应遵守。

第三,实行同一类型文献的分类统一。由于文献分类中对于同一类型文献的分类也存有严重的混乱,因此,在解决好上述两个统一的同时,也应注意这个问题。一般说来,各种不同类型的文献在收集、整理、利用方面存有明显的差异,而同一类型的文献则功能相同。像目录著录标准那样要求各类型文献的统一,往往会抹杀其个性,给利用带来不便。譬如:专著、期刊、舆图、档案等采用同样的工具分类显然不能达到分类所应起到的条理、有序、方便利用的目的,最好能按不同的类型分别统一。值得注意的是,这些类型的统一,都应在前两个统一的基础上实现,其既包括分类工具的选取,也包括了分类标引规则方面的要求;既要依靠选出统一的分类工具作为分类依据,也要靠分类标引规则加以规范。

三、文献分类标准化的立足点及发展阶段

文献工作标准化是文献工作领域为适应现代化大生产而对自身工作进行科学管理的必然产物,是克服文献利用障碍,逐渐扩大信息交流规模的客观要求。文献分类标准化作为文献工作标准化的一个重要方面,应当立足于现实,着眼于未来,逐步分阶段实现。

目前,我国文献分类标准化仍处于初级阶段。其标志是,仅仅提出了以《中图法》作为国家文献分类标准的试用本,而没有颁布相应的

分类名词术语、标引规则等。尽管《中图法》1981 年就作为文献分类标准试用本在全国予以推广，但由于缺乏法律效力和与之配套的其他标准，文献分类从总体上讲仍是一种无政府状态，与文献著录领域方面的标准化相比较，更突出了分类领域的不足。这种状况不能不引起许多有识之士的思考。为配合 1989 年国际标准年活动，推动我国分类法、主题法标准化工作的开展，全国文献标准化技术委员会第五分会、《中图法》编委会与中国图书馆学会学术委员会分类与主题分委会拟于年内联合召开"全国分类法主题法标准化学术研讨会"。这标志着我国文献分类标准化即将进入新的发展阶段。我们期待着会议结束后，文献分类标引规则以及正式的国家标准分类法将尽快公之于世，从而满足文献分类的迫切需要。

应当指出，如果以上期望变为现实，文献分类标准化工作也并不是实现了其最终目的。因为，制定标准与宣传、贯彻、执行标准之间，仍需要做大量的艰苦细致的工作。比如：文献分类人员的培训、不同类型、不同层次文献分类统一的过渡和衔接，直至成为一个有机的整体，都需要经过长期的努力才能完成。在着手写此文章之前，我曾尽己所能地查阅了一些国内外资料，希望能够找出目前世界文献分类领域标准化的系统资料。然而，在一些零散的资料中，我发现直至 80 年代中期，文献分类方面并不存在系统的标准体系。除了国际标准化组织提出的"分类细目组配指南"和"多语种分类细目组配指南"二项分类标引标准之外，文献分类标准多是一些标准的分类法而已。值得指出的是，各国以及国际文献联合会推荐的标准分类法并不统一。比如，有《国际十进分类法》及有关各版、《杜威十进分类法》《美国国会图书馆分类法》《国际专利分类法》《苏联图书馆目录分类法》《ISO 信息网络分类法》《概略分类法》《美国国立医学图书馆分类法》，等等。以上事实无疑说明文献分类标准化在世界范围内仍是一个有待进一步开拓的领域，也使我们深刻认识到我国文献分类标准化工作既有摹写性，同时也是一种开创性工作，值得花大力气去完成。

四、我国文献分类标准化应解决的问题

第一，建立完整的分类标准体系表。

从标准化工作的要求讲，在实施标准化的各个领域，应当首先用图表的形式，将一个部门或一个专业已有及应有的各种标准，按照标准的类别、性质、适用范围和标准之间的从属关系、协调配套关系分层排列成图表。通过该表清楚地看出该专业已有哪些标准，正在制订哪些标准，还需要制订哪些标准，哪些标准是基本的，哪些是从属的，哪些是通用的，通用范围有多大，哪些是专用的，专用于哪一领域，以及各种标准的配套关系等。这是一项十分重要的基础工作。早在 1981年，全国文献工作标准化技术委员会曾委托武汉大学起草制订了《文献工作标准体系图》。该图主要依据 ISO/TC 46 所公布的正式标准或标准草案，同时针对国内图书情报档案工作的发展需要补充了一些项目，归纳了我国文献工作领域已经制定和将要制定以及长远考虑的标准，该图将有关文献分类标准归入了文献收集与处理标准系列，但是，图中只列出了《中国图书馆图书分类法》和《中国图书资料分类法》使用规则。在术语标准部分，虽然列出了文献收集和处理标题，但没有指出具体的项目。几年来先后出台的有关文献收集和处理方面的术语标准也没有分类方面的。不仅如此，该图中没有列出分类标引规则，也没有提出有关同类文献的进一步区分方面的标准。凡此种种，都说明在文献分类标准化工作中，解决标准体系的构成是一个突出的问题。之所以这样讲，是因为制定各种标准之前，需要把握全盘，否则，在无计划的状态下，盲目开展标准化工作，各项标准不能协调，自然难以发挥应有的功效。

第二，从实际出发，破除"大一统"思想，制定不同类型文献的分类标引规则，并提出与之相适应的标准化分类工具。

有关分类标引规则的制定，应考虑文献类型、其使用、收集、利用

方面的共性及差异,仿照文献目录著录规则,采用分层次的处理方式,制定出文献分类标引总则与分则,以反映多种类型文献的共性、个性、统一性与变异性,并使不同层次的标准互相制约、互相补充,构成有机的整体。比如:将分类标引总则与分则分别制定为单项标准,在总则中集中概括各种类型文献分类的通用性标准,分则中,则具体规定各种类型文献的分类标引规则。与之相适应的是,提出各种可以单独考虑的文献分类时采用的标准分类法。技术性强的文献可以选用国际通行的分类法作为标准工具,其他方面的文献则应在充分论证的基础上,组织力量对国内现有的较好的分类法进行修订,以作为正式的分类标准工具加以颁布。分类工具的选择,应当统筹规划,既要有综合性的,也要有专科性的,既要有通用的,也要有适用于某一种特定文献的,做到分布合理,没有遗漏。

总之,将分类标引规则和分类工具的统一,作为文献分类标准化的表现形式,其目的是消除由于不必要的多样性而产生的混乱,为文献工作建立共同遵守的秩序。但是,统一是相对的,不能用绝对化的思维方式理解。本文所提出的分等级分类型的统一,尽管不如"大一统"来得彻底,但其不失为使文献分类由放任自流,到逐步有章可循的有效措施,也符合文献类型及使用多样性这一客观规律。

第三,开展对国家标准试用本《中图法》(包括《中资法》《中图法简本》《中图法期刊分类表》)的调查研究,对其作为国家正式标准的可行性进行论证。

《中华人民共和国标准化管理条例》第 12 条指出:"国家标准是代表一个国家科学技术和工农业发展水平的。"按照这个要求,应当对国内目前流行的分类法进行比较研究,然后再做出最终选择。比较中,除了考虑分类法自身的质量因素,也要考虑全国的使用情况、发展趋向等因素。尽管有关部类设置及大类排列的孰先孰后问题往往成为一些学者的争论焦点,但是,评价分类法的着眼点应当放在类目的兼容性与表达性上。依本人之见,《中图法》近年来在此方面有了长足的进步,另外,国内尚无任何一部分类法在使用总量和适应多种单位、多种类型文献的分类上超过《中图法》,因此,从实用角度出发,考虑使用部门和文献服务对象的利益,按照全局性、通用性、衔接配套、技术先进的原则衡量,《中图法》作为国家正式标准还是有优势的。但是,这并不意味着《中图法》就十全十美了,仍然存在完善《中图法》的问题。

作为国家标准,《中图法》仍应进行大幅度增补。最为明显的是,除了增补新学科的有关类目之外,作为一部综合性分类法,还应针对使用单位综合性与专业性的不同特点,增加各个学科(尤其是各工科)的专业细目表,以适应专业文献单位细分文献的需要,增强分类法的伸缩性与适应性。据调查,在一些使用《中图法》的专业文献单位中,有许多编有自己增设的细目表,产生了一些新的不统一。另外,对《中图法》编委会来讲,还应注意加强对《中图法》零星增补类目的通报工作,使之既保持先进性,又在动态中求得相对稳定,避免与使用单位脱节。值得指出的是,《中图法》作为国家标准后,也并不能适用于一切类型文献的分类,只能作为主要的分类工具,如以上第二点所述,其他特殊类型文献的分类则应选定相应的标准分类法。

第四,尽快着手制定名词术语标准,并探讨同类文献进一步区分的标准方案。

名词术语规范化是文献分类标准化的前提之一。其不仅反映了文献分类学术研究的水平,而且也是指导文献分类实践的重要依据。长期以来,由于没有统一的名词术语,使文献分类的教学、研究和实际工作都无法避免语义混乱而带来的许多不便和无谓争端。这不能不说是一种极大的浪费。更有甚者,即使一些比较统一的术语,也存有不符合逻辑、定义不当的现象,大大降低了文献分类的科学性。因此,统一规范名词术语,就成为文献分类标准化所必须尽快解决的问题之一。

此外,比较突出的问题是用于区分同类文献的书次号和辅助区分号的统一问题。多年来,在同类文献区分中,著者号、种次号、出版年代号并驾齐驱,其优劣也莫衷一是。结果,即便使用同一分类工具进行文献分类的单位,其文献的组织仍不统一。西方国家在历史上也有过以上区分方法的并用阶段,但是,经过标准化工作,现在多使用著者标志来区分同类文献,而且有比较流行的《克特著者号码表》作为取号依据。实践证明,上述三种号码中,最有利于统一的是著者号,只需要编制出统一的著者号码表就可以实现统一。遗憾的是,多年来,我们一直没有组织力量编出统一的高质量著者号码表,以至许多文献单位使用种次号来区分同类文献,有的干脆用流水号。这种以一个单位的文献收藏加工顺序为依据取出的号码,其规范性根本无从谈起,如此继续下去,势必成为标准化的一大障碍。尽管汉字比西方文字复杂,造成了编制著者号码表的许多困难,但是,随着汉字信息处理及自动化工作的开展,应用电子计算机技术,应当能够编制出比较适用的著者号码表,以解决全国的统一问题。

五、结论

以上论述建立在这样一个基础上,即在我国文献工作标准化进程中,文献分类标准化是一个薄弱环节,而文献分类的标准化,又是一个多种因素复合体,绝非颁布一个标准分类工具就能妥善解决,还需要做多层次、多方面的工作。目前,要使文献分类标准化的工作有所改观,就要扎扎实实地从每项标准的制定做起,各项标准既要与目前文献工作的实际状况吻合,又要有所超前,适应从手工到自动化的发展趋向,推动文献分类标准化工作进入新的发展阶段。

参考文献

1 朱南.文献工作标准化.//北京大学图书馆学系.1981年学术报告集,1981
2 全国文献工作标准化技术委员会.我国文献工作标准化的现状和规划.广东图书馆学刊,1982(10)
3 朱南.我国成立全国文献工作标准化技术委员会.图书馆学通讯,1980(1)
4 凌凌.国外文献工作标准化活动概述.广东图书馆学刊,1981(3)

5 李春田.标准化概论.北京:中国人民大学出版社,1982

附注:

本文撰写于 1990 年 6 —7 月,发表于《山东图书馆季刊》,1990 年第 4 期,第 37 —41,31 页。

《杜威十进分类法》与《中图法》修订技术比较研究

1989 年、1990 年，《杜威十进分类法》（以下简称 DDC）第 29 版和《中图法》第 3 版相继问世。无论是 DDC 还是《中图法》，作为当今有效的分类工具，其生命力均来源于不断修订。为此，特撰此文，从修订原则、修订重点、修订中为方便分类法的使用而采取的辅助措施、修订工作的组织与管理等四个方面，将 DDC 与《中图法》第 3 版进行比较，以期为完善我国分类法的编制技术提供有益的借鉴。

一、修订原则

1876 年，DDC 的创始人杜威曾在 DDC 第 1 版中，作过今后 DDC 的基本大类结构不再变动的许诺。100 多年过去了，人类知识的激增和科学的重组分化，已远不能再用过去的体系予以再现。但是，DDC 却仍然保持着过去十大类的等级体系结构，并在一次次的修订中获得生存的可能，这不能不使我们追溯 DDC 的修订原则所起的指导作用。

DDC 的修订原则是由它的编辑政策委员会确立的。概括地说有以下三点：第一，照顾号码和等级制的学科体系的完整性；第二，跟上新知识发展的步伐；第三，使分类法更为实用和易于理解。不难看出，这些原则之间存有潜在的矛盾，用一个早已过时的体系来囊括新的知识，只能使以上原则同时受到损害。尽管如此，这些原则仍在坚持着，

113

久而久之,负责修订工作的编者亦成为平衡多方面需求的高手。难怪一些西方人士将 DDC 第 20 版称为一种改变的愿望与传统结构持久不变偏好的混合物。

无独有偶,像 DDC 修订中的两难境地对《中图法》的修订者来讲亦是不陌生的。笔者认为,以上对 DDC 的评论也是适用于《中图法》的。但是,就修订原则来讲,《中图法》第 3 版似乎更加保守和模棱两可。其修订原则是:"在第 2 版体系结构和标记制度基本不变的基础上,进一步充实、完善和提高。"这里面既没有明确提出反映新的学科知识的愿望,也没有使分类法更为实用的企求。正是在这样的指导思想下,《中图法》第 3 版较之第 2 版,在对新学科的处理问题上并无多少重大变化,因而受到许多抨击。也许,这是由于修订者和许多人一样,倾向于接受既成事实,将维持原状理解为实用的结果。从字面上看,《中图法》第 3 版的修订原则不像 DDC 那样充满矛盾,但是,等级列举式分类法的僵化体系与多角度反映新学科知识的固有矛盾,丝毫不会因此而减轻。相反,只能使修订倾向于更加保守,加剧固有矛盾。退一步讲,即使坚持一个矛盾的修订原则,只要努力平衡各方面的需求,也是一种客观的态度。这种态度对于分类法的修订者来讲是必须具备的。

二、修订重点

如果说以上关于修订原则的比较是抽象的,那么,考察一下 DDC 和《中图法》的修订者在各自的修订原则指导下做了哪些出色的工作,就是一个具体的问题了。

一般说来,DDC 和《中图法》的修订措施,不外乎原有类目的扩充、删除、合并、调整以及增设新的类目。但是二者的修订重点还是有明显差异的。为了比较方便,以下选择时间比较接近的几版作为实例。

1971 年,DDC 第 18 版问世,此时,恰逢《中图法》第 1 版编辑工作开始。在此之前,DDC 各版均以类目的扩充、删除、调整为修订重点。然而,从第 18 版起,DDC 的修订重点转向复分表和那些陈旧过时的类目表,表现出了少有的打破既定修订原则的魄力。请看以下事实:第 16 版之前,DDC 只有一个"标准复分表";第 17 版增加了"地区复分表";第 18 版除了大幅度扩充原有的两个复分表外,又新设了五个复分表。它们是"文学复分表""语言复分表""人种、种族、民族复分表""语种复分表""人物复分表"。从而使复分表的数量由 2 个增至 7 个。在此之后的第 19 版、20 版中,又为文学复分表进一步细分出 3 – A、3 – B、3 – C 三个二级复分表。这些复分表的设立,不仅使复分的方法固定下来形成规范,而且,说明编者有意吸收分面分类的成果,使从更多方面揭示图书的主题和形式成为可能。这是 DDC 为使自己适应时代要求而采取的一项重要措施。

另外一项与修订重点相联系的重要措施,就是对原有陈旧类表实行彻底改编。这种做法被编者自诩为"凤凰表"。从第 18 版起,DDC 以平均每版两处的速度改编类表,先后改编了 340 法律、510 数学、301 –307 社会学、324 政治过程、004 – 006 数据处理与计算机科学、780 音乐等类。尤其是第 20 版中改编的 780 音乐类表,是由两位英国人完成的。尽管这种做法常常遭到一些保守的分类法用户的非议,但是,事实上,正是这种做法,使 DDC 得以反映当代新学科知识的发展。正如 DDC 第 20 版的编者 J. P. 科马罗米指出的那样,"凤凰表是考察 DDC 的重要方面。尽管这种方法违背了标记政策的完整性,但它紧跟知识的发展,尤其重要的是,它使分类法与知识的重新组合保持同步状态。它不仅表明我们接受新事物,而且新的类表也提供了观察世界的新方法"。在笔者看来,以上两个方面,都反映了 DDC 的编者在处理修订问题上的明智与魄力。

《中图法》是怎样做的呢?《中图法》第 3 版的修订基本上是保守的,修订中虽然将类目做了不同程度的加细,扩大了一些组配类目,但是没有明确的重点;虽然增加调整了一些复分表,但是,与 DDC 相比,复分表的细分及功能强化问题,仍然留有较大余地,值得再下功夫。另外,对于以上提到的 DDC 中全部改编的类目表,《中图法》也不同程度地存在过时的情况。但是,修订却没有表现出应有的魄力。许多人津津乐道的法律类第二体系虽属创新之举,可是,它与原有的第一体系在实际使用中是互相排斥的。第一体系依然如故,其中存有的列类及号码编制上的混乱现象,并不会因为第二体系的出现而改变,在许多单位仍然沿用第一体系的情况下,第二体系的实际效用大打折扣,远不如彻底改编原有体系效益大。再如:社会学类,第 3 版经过增补类目之后,仍然不能全面反映该学科的发展情况,就类目平衡原则看,给予一个独立的学科如此少的类目也是不恰当的。政治类的问题更加突出。类表中仍然存有受政治风潮和形式主义影响而划分的类目,如"世界政治"和"中国政治"部分的类目,不仅内部存有混乱,而且与社会学、历史等其他类的交叉没有统一的处理规范,实在有改编的必要。当然,这些问题并不能希望《中图法》的编者在一次修订中全部解决,可是,至少应当有起码的设想,表现出不甘落后于科学发展的勇气。

三、为方便分类法使用而采取的辅助措施

实践证明,分类法不间断地修订,尤其是大幅度修订往往使用户感到恼火,甚至产生使用的抵触情绪。为了减缓这种抵触情绪,减轻分类法修订给藏书带来的混乱和改编工作所承受的工作量,使分类法用户迅速、准确地使用新版,分类法的编者必须采用一些行之有效的辅助措施,使新版变得易于理解并辅导用户使用新版。在此方面,DDC 有一套成熟的经验。

第一,DDC 每一新版的类表中,均在原处用方括号注明已删除不用的类号,并在类目下标出最近一次使用的版次。例如:第 19 版中,160 逻辑学类下的 163、164 均用方括号括起来,在 163 下注明第 17 版

中使用过,164 下注明第 18 版中使用过,使人对类目的删除一目了然。

第二,在每一版的编者序言中,用表格形式对照列出各类改动类目的数量。例如:第 19 版编者序言中,就分别列出了各类类目调整的数目表和各类类目扩充数目表。

第三,在分类法第 1 卷后,附有相邻两版调整、删除类目的类号对照表和一些彻底改编类目的新、旧类号对照表。

第四,DDC 第 20 版,将原独立出版的《DDC 使用手册》并入第 4 卷,使之成为 DDC 的有机组成部分。甚至连与 20 版同步出版的仅 857 页的 DDC 节略版中,也收入了该使用手册。

以上措施并不复杂,但是,客观上的确为分类法的正确使用提供了便利途径。借助于它们,具有一定分类知识的人完全可以独立掌握新版。

相比之下,《中图法》第 3 版没有为自身的宣传、使用提供这样便利的途径。关于类目的改动,只在修订说明中概括地举例,无法从中得到确切的数字,更无类号的对照。致使一些人在统计修订幅度时,做出不同的解释,出入在所难免。另外,原有的《中图法》使用说明亦不能与新版一起更新。尤其是第 3 版的宣传、推广,仍然采用浪费人力、物力的层层辅导方式。事实上,即使参加了这类辅导,许多单位仍然不得不花费一年半载的时间逐一对照新旧版本的差异。这样,就使制定使用本的过程变得非常艰巨,新版自然就无法迅速投入使用了。由此看来,《中图法》的修订者今后若能为方便用户做些切切实实的具体工作,定是大快人心之举了。

四、修订工作的组织与管理

DDC 修订工作的组织与管理较之《中图法》也具有以下鲜明的特色。

第一,以常设机构保证修订有计划地连续进行。由于杜威本人的远见,生前就将 DDC 的修订工作委托给普拉西湖教育基金会,该基金会组织的"十进分类法编辑政策委员会"(EPC)每两年召开一次会议,听取并讨论由设在美国国会图书馆内的 DDC 编委会提出的修订建议。编委会作为修订工作的执行机构,负责写出修改草案。不仅如此,该机构还是 DDC 的最大用户。每年平均用 DDC 为机读目录和国会图书馆的卡片标出十万多种文献的分类号,使 DDC 的修订切实建立在文献保证原则基础之上,并能迅速反映科学知识的最新发展趋向。同时,也正是由于以上机构的正常工作,使 DDC 的修订呈现连续性。虽然已出版的 DDC 的 20 个版本的修订间隔由 2 年到 12 年不等,但平均修订周期均在 10 年以内。而且,往往是新版问世不久,就积极着手下一版的修订工作了。例如:1990 年 10 月,"十进分类法编辑政策委员会"就举行会议,讨论 DDC 第 21 版的修订问题,并计划在 21 版中,将 570 生命科学和 370 教育两类予以彻底改编。

《中图法》亦设有常设机构——《中图法》编委会,但是,各版的修订缺乏计划性和连续性。具体表现在:每次修订编委会均有较大变动。新版问世后,编委会的职能随之削弱,从未预计下次修订的重点及内容是什么。如果翻检一下《中图法》第 2 版和第 3 版的修订说明就不难发现,修订的决定都是被动做出的。这种状况是与有计划修订相悖的。尽管《中图法》第 3 版修订过程中,编委会做了大量的调查、研究工作,并在修订过程中组建了专业修订小组,使修订工作的组织及质量均有所提高,但是,仍然需要巩固和发展。要使修订保持有计划地连续进行,必须大力强化修订组织机构的职能。

第二,建立用户与分类法编者的正常通讯渠道。为使用户及时了解 DDC 的修订情况,对将要出现的变动有思想准备,DDC 编委会编辑,由森林出版社出版不定期刊物《杜威十进分类法补充注释与决策》,借此传递各版之间的少量修订信息,将做出的彻底改编计划通知用户,并刊登用户的询问和编者的解答。此刊物免费寄发给所有 DDC 的用户,甚至包括购买简本的用户在内。这种措施从 1959 年一直延续至今,成为 DDC 编者与用户之间有效的通讯媒介。

《中图法》以往曾出有少量类目增补简报,但是,寄发范围十分有限,而且没有始终如一地坚持下来。应当继续做好这方面的工作。

第三,高科技在分类法修订工作中的应用。1988 年 8 月,DDC 的出版者森林出版社,加入了美国著名的俄亥俄联机图书馆网络中心。从此,开始了 DDC 应用于联机检索系统的测试应用研究,建立了 DDC 数据库。DDC 第 20 版就是借助于微机编辑支持系统(ESS)和联机数据库编制的。微机编辑支持系统在 DDC 的修订中发挥了极大的作用,使类目和标记符号的增补、删除、调整等得以高效率、精确地完成。不仅如此,联机数据库提供了迅速查找类目的途径,使 DDC 的出版周期较之前大大缩短,过去从定稿到出版需 2—3 年时间,DDC 第 20 版只用了不到半年时间。随之而来的是 DDC 物质形态由印刷型扩展到缩微型和机读型。

在以上方面,手工为主编辑的《中图法》自然处于劣势。但是,笔者认为,尽管我国总体科技水平落后于美国,可现有的技术水平足以胜任此方面的工作。近年来,我国在编辑、出版自动化方面许多成功的先例就是最好的证明。希望《中图法》编委会及早准备,将自动编辑《中图法》作为课题,建立、完善《中图法》微机编辑支持系统和数据库,鼓励专业人员进行有益的尝试。

五、结语

通过以上比较可以看出,DDC 的修订在许多方面有值得《中图法》借鉴之处。从历史上看,DDC 的成功,一方面借助于编者杜威在图书馆的声望和不懈的推广宣传工作,另一方面则归功于 DDC 的实用和一切方便用户的修订措施。正是这些因素,使 DDC 在竞争中立于不败之地。目前,《中图法》在我国使用范围比较广泛,作为国家标准试用本也有十年的历程。但是,这并不意味着自身的完善。应当注重每一次修订,注重每一项看起来微不足道的方便用户的措施,不断吸取其他分类法的合理成分,使之成为图书分类中得心应手的工具。

参考文献

1 J P Comaromi,M P Satija. Revising the Dewey Decimal Classification. International Classification,1988,15(1)

2 M P Satija. Book Review. International Classification,1990,17 (2)

3 Winfriend Gödert. Book Review. International Classification,1990,17(1)

4 刘国钧. 现代西方主要图书分类法评述. 长春:吉林人民出版社,1980

附注:

本文撰写于 1991 年 5 — 6 月,发表于《大学图书馆学报》,1991 年第 6 期,第 33 — 36 页。

走出象牙之塔，综览科学新潮

——《新学科文献分类手册》评介

近年来，围绕《中图法》第 3 版的修订及使用，我国文献分类研究出现了可喜变化。广大研究者和实际分类标引工作者日益关注文献分类标引工作的质量、分类工具的评介以及分类方法的宣传辅导等问题。1989－1991 年，公开出版的关于《中图法》第 3 版使用的参考工具书就有 5 种，它们是：马志鑫主编的《查类手册》，李怀智、郭友主编的《图书分类实用技术——〈中图法〉三版详解》，《中图法》编委会编辑的《〈中图法〉第 2 版与第 3 版修订类目对照表》《〈中图法〉、〈资料法〉第 3 版使用手册》以及宛福成等编写的《〈中图法〉（第 3 版）理论与分类实践》。1992 年，此类书的出版情况仍蔚为可观。中国图书馆学会秘书处主编、中国科学技术出版社出版的《图书馆和情报机构工具书系列》又推出了两部重头著作：李兴辉、陈树年、戴维民编著的《新学科文献分类手册》（以下简称《手册》）和侯汉清主编的《图书馆分类手册》。前不久，幸读《手册》，阅闭深感该书具有以下突出的特色。

一、面向实际，顺应需求

使用《中图法》标引文献的过程中，我们经常遇到分类法对新兴学科列类不全或类目划分与现时文献表述体例不一致等方面的问题。许多情况下，我们将这种现象归结为分类法（尤其是传统的等级列举式分类法）与生俱来的缺陷。于是，有人希望采用阮冈纳赞的分面分析与综合方法编制分面组配式分类法，或寄希望于对旧版分类法的不断修订。事实上，且不说目前我国对分面组配分类法的接受程度和研究水平尚不足以推出取代《中图法》地位的综合性分类法，就是有了分面组配式分类法以及对旧版分类法的频繁修订也不能根绝这种现象。正如《手册》的编者在该书后记中指出的那样，"当代科学技术发展日新月异，新的学科不断萌芽、诞生，反映新学科研究成果的文献也不断涌现出来，任何文献分类法都不可能全面及时地把这些新学科纳入自己的类目体系"。面对这一无可辩驳的事实，我们既不能全面否定分类法，也不能置分类法落后于新学科发展的现象于不顾，而应当采取一种比较现实的态度，在修订旧分类法的同时，致力于寻找一种缩小文献分类的实际需求与分类法滞后所产生矛盾的补救措施，在这方面，《手册》做出了有益的尝试。

20 世纪 80 年代以来，许多新事物、新学科、新主题概念潮水般涌入国内，这对于成书于 70 年代的《中图法》构成了巨大的冲击。尽管历经两次修订，但由于每次修订都坚持了维持原有体系基本不变的原则，所以，新学科文献的分类一直是所有《中图法》用户遇到的老大难问题。1985 年，中国图书馆学会、中国情报学会及《中图法》编委会在安徽铜陵召开《中图法》第 3 版修订工作研讨会，会上有两个主题：组配方法在体系分类法中的应用和综合性学科如何列类。这两个主题的提出都与新学科文献的分类有直接联系。《中图法》第 3 版问世以来，全国范围内举办了一系列有关的辅导班，开展了疑难问题解答活动。其中，新学科文献的分类问题占有显著地位。就笔者从事教学与研究的实践来看，由于新学科文献涉及面广，且情况多变，短期教学辅导难以解决文献标引工作和教学活动中不断出现的与之相关的大量问题。其原因有以下三点：一是《中图法》对新学科采用的分散列类与集中处理原则呈多样化；二是缺乏具体分析和解释《中图法》有关新学科列类及归类方法的参考书；三是有些分类标引人员自身知识有限，加之案头没有相关新学科介绍的工具书而无法弥补知识的缺陷。于是,就出现了"分类标引人员在类分新学科文献时,常常举棋不定,难以选择类属的现象"。《手册》正是编者为满足文献标引的实际需求而辛勤劳动的结晶。它也是90年代以来,我国图书馆学界由注重纯理论研究,转向现实问题研究的又一成功例证。

该书编者之一李兴辉先生,系《中图法》编委会元老。历任第一届编委会首席编委、第二届编委会副主任、第三届编委会副主编。陈树年先生为《中图法》第三届编委会委员。戴维民先生近年来一直活跃在分类教学与研究领域且有大量著述。他们三人联手完成了这项《中图法》第3版应用的后续与配套工作,不仅是对现有《中图法》使用说明的有益补充和深化,也是对我国文献分类标引工作规范化的一个贡献。

二、集众家之长,刻意求新

与上述所列举已出版的各种有关《中图法》第3版的参考书相比,《手册》具有选材集中、内容全面的特点。例如:比较权威的《〈中图法〉、〈资料法〉第3版使用手册》,仅在第6章用8个页码的篇幅概括地讲述了"综合性科学的编列与分类问题"和"关于新学科文献分类问题"。其叙述比重仅占该书总页数的1/40,而《手册》正文263页,以条目形式列出新学科、新主题概念535条,加上众多同义词的解释,基本上搜罗了目前文献分类标引中涉及的绝大多数新学科和新主题概念。

《手册》在参考《中图法》第三版分类规则及当代各种有关新学科介绍的参考工具书的基础上,将新学科及一些新主题概念的定义、解释与具体的归类方法有机结合起来。正文中的每一条目都包括释义和归类辨析两部分,从而集诸多有关新学科介绍的参考工具书和分类指导书的功能为一体,并有所创新。这样,一卷在手,便可在类分新学科文献时,免却翻检大量质量参差不齐、内容各异的新学科参考工具书和查阅有关分类规则的烦恼。

　　笔者在阅读《手册》时,曾将其中的学科释义部分与书后所列的新学科参考工具书中的释义做了一些比较,结果发现《手册》中的释义较那些工具书更为凝练、全面。《手册》对《中图法》中新学科、新主题概念的列类方法、具体文献的归类思路等的解释有总有分、有理论有实例、充分详细、深入浅出,有独到之处。这集中体现于以下几点:

　　(一)对条目中每一新学科、新主题概念在《中图法》中的列类情况均给予简要介绍。根据不同情况,指出靠类标引、上位标引、分散标引、集中标引、互见分类等一系列方法,并指出其在《中图法》第3版中的类目及分类号。借此缓解了一些新学科、新主题概念在《中图法》中无专指类目所造成的归类困难。

　　(二)对那些《中图法》中同时采用集中与分散两种方式列类的新学科、新主题概念,《手册》除指出集中归类方法外,还详细列举分散于各部分的类目及分类号。例如:在"未来学""景观美学""等离子科学""社会主义科学""模糊学""系统科学"等条目下,各列举出8—11个分散处理的类目及分类号;"管理科学"列出的分散类目竟多达34个。

　　(三)对于那些在《中图法》中属于不同的类目,但其中存有交叉和关联的一系列学科和主题概念,《手册》则在给出一个类目及分类号的同时,指出与之相关的其他类目及分类号。例如:"脑科学"条目下,列出了"神经系统""思维科学""人工智能"等8个相关类目;"地貌学"条目下,以表格形式列出了综合研究与专题研究所形成的不同的类名及类目对照表;"海洋生态学""影视学"条目下,除指出一系列相关类目外,还通过建立参照指引读者查阅有关文献。这对于改变目前许多地方忽略目录参照的状况,提高文献检索效率有积极意义。

　　(四)对于许多容易引起归类歧义的新学科、新主题概念,《手册》在解释几种不同的归类思路后,往往指出最佳归类方法,同时指出容易误入的类目,以减少标引误差。其中,"动物思维学"条目就是一例。

　　(五)用客观的态度和发展的观点解释《中图法》的列类及归类方

法,着眼点比较高。对于《中图法》目前列类不全和体系划分不适应新学科发展现状的地方,《手册》除指出按目前体系归类的方法外,还对其不足加以分析评价,并指出《中图法》今后修订应采取的对策,如对"工业气象学""管道运输经济学""应用人类学""行为经济学""心的哲学""家政学""系统动态学""尊严死""环境伦理学""生物工程学"等条目的处理。这种做法即使《手册》保持了一定的研究水准和深度,又可以使读者从实用的角度对《中图法》中有关新学科、新主题概念的处理方法有更清晰的认识,有利于正确标引,还可以从理论研究的角度评价其不足,为进一步完善《中图法》而努力。

三、体例完备,方便实用

作为《图书馆和情报机构工具书系列》的有机构成部分,《手册》的编辑体例与其他有关《中图法》第3版使用的参考工具书有明显不同。主要体现在:

(一)全书正文条目有按汉语拼音顺序排列的词目表。——指出条目所在的页码。正文后有长达192页的关键词轮排索引。用户可通过以上任何一种途径迅速查找有关新学科、新主题概念的释义以及采用《中图法》标引有关文献的具体方法。

(二)它采用题外关键词轮排方式编制,每一索引条目包括按汉语拼音音序排列的入口词、新学科、新主题概念名称和《中图法》第3版中有关这些新学科、新主题概念的分类号。入口词下的各索引款目,再按学科、主题概念的汉语拼音音序排列。

(三)索引的收录范围并不只局限于《手册》正文所列出的条目,还收录部分学科、主题的同义词、《中图法》编列的交替类目、组配类目及分类号。在《中图法》中有多属性的新学科、新主题概念亦分别以限定形式——列出。它还包括《中图法》中作为独立类目和未列类的新学科和一些有检索意义的新主题概念。整个索引条目(包括轮排条目在内）多达 11000 多条，远远超出了《手册》正文的条目，成为在较大范围内查找新学科、新主题概念在《中图法》类目体系中位置的有效工具。整个索引采用计算机辅助编制，这在国内亦不多见。

四、功毕一役，白璧微瑕

在我国文献分类历史上，编制《手册》这样的工具书尚属首例。在《中图法》第 3 版出版后不到 2 年时间里编成此书，正如编者自述的那样，"是一项难度很大的工作"。《手册》不仅内容实用新颖，而且印刷精良，封面设计及色彩凝重、典雅。《手册》给文献标引实践和教学研究工作带来的便利，将随着时间的推移被越来越多的人所感到，而且定会成为广大图书情报工作者必备的案头工具。但是，由于新学科、新主题概念名称处于多变状态，加之原始资料繁杂和翻译上的差异甚至讹误，《手册》中亦有以下几点需要改进之处。

（一）正文条目应加注英文名称并在正文叙述中涉及的外国人名之后注明原文。这样，一是可以为许多使用《中图法》标引英语文献的图书情报单位直接查找类目提供方便；二是可以减少因译名不统一造成的理解错误。例如：《手册》中的 3 个条目"科学哲学""零碎工程学"和"世界 1、2、3"都提到了英国哲学家 Karl Popper，但却使用了不同的译名，其中两处译作"波普儿"，一处译作"波珀"。又如《手册》正文同时列出"传播学"和"交流学"两个条目，但是"交流"与"传播"的英文名称都是 Communication，虽然《手册》给出的释义不同，但是在"交流学"条目中作为核心内容提出的"五 W 模式"，就是传播学条目中指出的早期学者拉斯韦尔的著名模式。显然，若加注英文名称和原文，就可以避免这种现象。此问题亦可看作是术语控制方面需要改进的地方。

（二）个别条目的学科释义不完整。例如："现象学"是 1764 年德国哲学家拉姆贝特在其著作《新工具》一书中首次提出的。但是《手册》对"现象学"的解释中只指出了《新工具》一书系德国哲学家所著，却未提到著者的姓名。紧接着又提到了康德、黑格尔等哲学家，容易引起误解。

（三）条目的归类辨析部分有不统一现象。例如：绝大多数情况下只指出《中图法》的归类方法，少数条目则既包括《中图法》又包括《资料法》的归类方法。与法律有关条目下，有些同时指出《中图法》第3版中法律类的两个体系的类目及分类号，有的则只有第一体系的分类号。

（四）排印疏漏。笔者阅读中发现，《手册》在第73页、88页、193页和306页等处，分别有漏排和错排现象。当然，在一部洋洋45万字的书中，这一差错率是极低的。尽管如此，我想无论是编者还是广大用户都会希望以上问题在《手册》再版时予以更正。

参考文献

1,3,5 李兴辉，陈树年，戴维民.新学科文献分类手册.北京:中国科学技术出版社,1992

2 《中图法》编委会.《中图法》修订研讨会会议记录.图书馆工作,1985(1)

4 《中图法》编委会.《中图法》、《资料法》第三版使用手册.北京:书目文献出版社,1991

6 马志鑫.查类手册.北京:光明日报出版社,1989

7 李怀智，郭友.图书分类实用技术——《中图法》三版详解.长春:吉林教育出版社,1990

8 《中图法》编委会.《中图法》第二版与第三版修订类目对照表.北京:书目文献出版社,1991

9 宛福成等.《中图法》(第三版)理论与分类实践.北京:机械工业出版社,1991

附注：

本文撰写于1992年8—9月，发表于《中国图书馆学报》,1993年第4期，第42—45页。

20 世纪我国信息检索研究的历史回顾

1 引言

信息检索是指信息用户为处理解决各种问题而查找、识别、获取相关的事实数据、知识的活动及过程。作为人类社会活动不可分割的一部分,信息检索有着悠久的历史。信息检索研究则是伴随着信息检索活动的开展而兴起的研究领域。其主要研究范围包括:信息检索理论、信息检索语言、信息检索工具或信息检索系统的建构及评价、信息检索技术与方法等。

20 世纪中叶以前,信息存储传播主要以纸介质为载体,信息检索活动也围绕文献的获取和控制展开。因此,信息检索研究关注的是如何检索利用文献中记载的信息,从而导致文献检索成为信息检索的同义词。早期的文献中不使用"信息检索"这一概念。20 世纪 50 年代以后,社会信息传播与存储载体呈现多元化,人们不再拘泥于载体研究信息检索,于是,开始广泛使用情报检索一词。由于汉语中"信息"一词较"情报"一词的含义更为宽泛,加上英文的词汇 information 可以概括"情报"与"信息",因此,近年来,人们越来越倾向于将情报检索研究和文献检索研究称为信息检索研究这一更具兼容性的概念,以便将各种不同的检索综合起来,使该研究领域取得更多、更为实用的研究成果,对信息检索实践起到更全面的指导作用。本文的论述将在集成性信息检索概念基础上展开。

2　信息检索研究的历史分期与特点分析

20世纪,我国信息检索研究的发展大致可以划分为初创阶段、初具规模阶段与全面发展阶段,分述如下。

2.1　初创阶段(1900—1949)

此阶段的信息检索研究均与特定的文献检索工具的研究相关。据统计,1908年至1949年9月,共发表工具书研究论文249篇,其中有117篇探讨排检法问题。例如:《民粹学报》1908年12号总第49期登载缪荃孙撰写的《永乐大典考》,《东方杂志》1915年登载的陆尔奎撰写的《辞源说略》均为代表性研究成果。此阶段的另外一些成果常常作为工具书的附属物出现,以工具书的序、跋、凡例等居多。蔡元培撰写的"商务印书馆新字典序"、吴敬恒撰写的"商务印书馆新字典书后"等均属此例。

更引人注目的是,1910年,林语堂在《创设汉字索引制议》一文中,首次将"索引"一词从日文引进中国,此后,我国出现了以提倡编制索引为中心的"索引运动"。在索引这种新型信息检索工具的编制及相关理论研究的带动下,我国的信息检索研究有了良好的开端,也取得了令人瞩目的成果。据统计,1949年以前,国内共编印中文书籍索引141种,期刊索引217种,报纸索引10种。其中比较重要的事件及成果如下:①1921年,蔡廷干为老子《道德经》编纂语词索引《老解老》,被后人视为最早的古籍索引;②1925年,中华图书馆协会在执行部下设立索引委员会,负责制定中国索引条例,宣传索引的功能,组织力量为新旧书籍编制索引;③1925年,杜定友在其编著的《学校教育指导法》一书中附设索引,次年还主编了《1925年时报索引》,这两个索引被视为我国现代最早编制和出版的书后索引和报纸索引。

④1925年,何炳松发表《拟编中国旧籍索引例议》一文,提出了一个宏大的编制古籍索引的设想;⑤1926年,林语堂在《语丝》杂志发表《图书索引之新法》一文,随后,刘半农、袁同礼等学者先后撰文就索引排检法的方案进行讨论;⑥1928年,万国鼎在金陵大学开设"索引与序列"课程,这在国内尚属首次,并于同年发表《索引与序列》一文;⑦1929年,中华图书馆协会在北京召开第一届年会,会上成立了索引检字组,并通过了万国鼎、李小缘提出的《通知书业于新出版图书统一标页数及附加索引案》的决议。同年,历史学家洪业筹办哈佛燕京学社引得编纂处,提出编制索引的宏大计划;⑧1929年,叶圣陶率全家编纂《十三经索引》,于1931年正式出版;⑨1930年9月,洪业创办中国历史上第一个现代索引编制机构——哈佛燕京学社引得编纂处,于1931—1951年间出版了《汉学引得丛刊》(Sinological Index Series),其中包括逐字索引、要词索引、传记资料索引、书名(篇名)索引、引书索引、期刊论文索引等共计64种81册;⑩1942年,中法汉学研究所在北京成立通检组,在聂崇岐先生的主持下,自1943年至1947年,该所共出版古籍索引8种。1947年以后,该机构更名为巴黎大学北平汉学研究所,至1950年,又出版古籍索引5种。

除索引外,专门报道检索科技成果的专题目录也出现于此阶段。例如,1935年地质学家杨遵义先生编制的《中国地质文献目录》。

2.2　初具规模阶段(1949—1989)

此阶段信息检索研究的内容较第一阶段大为拓展。除工具书外,情报检索系统、情报检索语言、情报检索方法及检索策略等均成为研究重点,并推出了一大批研究成果。

据统计,1949—1989年,国内发表情报检索语言研究论文4871篇,出版著作约60种,编制分类表和词表近200种。此外,1949—1987年,我国近90种图书情报专业刊物上共发表情报检索论文1700多篇,研究主题分布在情报检索系统、情报检索方法、情报检索策略、情报检索工具的编制与研究、情报检索效果评价、文献检索课教学与研究等方面。

在检索工具编制方面,各种索引大量问世,编制手段由于工向计算机辅助编制转变,效率大大提高。吴嘉敏主编的《中国期刊文献检索工具大全(1949－1989)》共收录期刊文献检索工具 1500 种。其中,除大型综合性检索工具《全国报刊索引》《报刊资料索引》及《内部资料索引》外,绝大多数是各学科领域比较专门化的篇目索引。

此阶段,我国的科技情报检索体系初具规模。截至 1987 年,我国出版的科技情报检索刊物达 229 种。另一个突出的特点是,情报检索体系的自动化从无到有,经历了由印刷型手工文献检索工具到非印刷型自动化计算机检索系统的演变。1975 年至 1988 年年底,我国引进国外文献数据库磁带约 50 种,自建数据库 80 多个,建立国际联机检索终端近 70 个,可检索的数据库超过 500 个,可检索的文献量超过 2 亿篇,建立国内联机检索终端 40 多个,可供检索的数据库容量超过 400 多万篇。

与此同时,许多国外先进的信息检索理论与技术,如模糊检索、向量检索、概率检索、布尔检索、相关反馈检索、文献内容自动分析与自动标引等被介绍到国内,为下一阶段的研究与发展奠定了坚实的基础。

2.3 全面发展阶段(1990－1999)

信息社会理论的传播与新的信息技术的不断涌现,使社会对信息作为重要的战略资源这一观念有了前所未有的认同,而信息生产与传递数量的激增,使及时获取与利用信息面临巨大的困难。因此,探讨信息有效的检索与控制成为非常迫切的问题。在这种背景下,此阶段信息检索研究呈现前所未有的繁荣局面。信息检索理论研究和实际应用研究齐头并进,不仅研究内容空前广泛,而且数量急剧增长,质量也不断提高。

据统计,1990－1996 年,国内共出版信息检索教材、专著及译著148 部,发表信息检索研究论文约 2300 篇。其中,涉及手工及自动化检索系统利用与研究的论文约占论文总数的 1/2 以上。信息检索策略、检索效率、检索方法等方面的研究,越来越多地涉及计算机自动检索、光盘检索、联机检索等内容。作为计算机检索支持手段的数据库建设在此阶段受到重视,国内自建的数据库数量由 1992 年的 806 个,增长到 1995 年的 1038 个,还有不计其数的图书情报机构、企业、事业单位等自建的小型数据库在提供服务。

值得指出的是,网络信息环境的出现,使信息检索研究的对象和范围不断扩大,研究队伍也突破了原有的以图书情报领域的专家学者为主的框架,众多的信息公司加入到研究开发信息系统的行列。尤其是 1994 年因特网引入我国后,信息检索研究又掀新高潮。网上信息资源的收集利用、检索方法的研究、基于网络的信息挖掘技术、基于网络的信息搜索引擎的建构及其检索效率的比较研究,越来越受到关注,在今后相当长的一段时间里都将是热点问题。

3 结 语

纵观近百年来我国信息检索研究的发展历程可以看出:为了解决社会信息资源的不断增加而产生的控制、利用信息的难题,诸多学者及从事信息服务与研究的专业人员始终坚持以应用为导向的原则,进行信息检索领域有关问题的研究。不断拓宽研究范围,深化研究内容,采取多种手段引进现代技术与方法,探索信息检索活动的机制与原理,提出有效的信息检索与控制对策。信息检索理论体系也从无到有逐渐建立起来,应用领域呈不断扩大的态势,为信息的有效控制与利用创造了良好的条件。上述研究成果也成为不可多得的宝贵财富。展望未来,随着人类改造社会、改造自然的活动不断扩大和深化,新知识和新技术层出不穷,信息激增的态势也有增无减,人类将处在更为复杂的信息环境之中。因此,关注信息的高效获取、存储、控制、检索及利用的信息检索研究,仍将有着重要的理论和现实意义。

参考文献

1 张怀涛,曹培根. 文献检索课教学研究手册. 北京:海洋出版社,1996

2 侯汉清. 索引法教程. 南京:南京农业大学,1993

3 纪昭民,陈源蒸. 我国情报检索的回顾与展望. 图书馆学通讯,1989(3)

4 吕建辉. 我国科技文献检索体系建设 40 年. 福建图书馆学刊,1991(2)

5 康耀红,任志纯. 现代情报检索理论研究的现状与发展趋势. 情报学报,1990
   (8)

附注:

　　　　本文撰写于 1999 年 7 - 8 月,发表于《图书馆学研究》,
1999 年第 6 期,第 58 - 60 页。

美国《数字千年著作权法》及其对图书馆的影响

1 引言

　　1998 年 10 月 12 日,美国第 105 届国会通过了《数字千年著作权法》(Digital Millennium Copyright Act,简称 DMCA),同年 10 月 28 日,美国总统克林顿签署该法,从而结束了长达 5 年的立法争执,使之成为针对现代数字信息技术和网络技术的影响,规范调控著作权持有人的权利与社会公众权利的法律。由于美国在全球数字信息生产、传播和应用中居于领先地位,因而该法律的制定与实施受到各界的普遍关注。其中的许多内容也与图书馆的工作息息相关。本文将在介绍该法律的产生背景、具体内容的基础上,分析其对图书馆的影响。

2 《数字千年著作权法》的立法回顾

　　《数字千年著作权法》的立法准备工作始于 1993 年。克林顿政府入主白宫后,将国家信息基础设施(National Information Infrastructure,简称 NII,亦称"信息高速公路")的建设列为重要任务,而与此相关的法律的制定、调整和改革也就列入了重要的议事日程。1993 年 2 月,政府成立了以美国前商业部长布朗(Ronald H. Brown)为主席的"国家信息基础设施特别工作组"。该工作组由电信政策委员会、应用与技术委员会和信息政策委员会组成。每个委员会的活动具体通过它下属的工作小组进行。

信息政策委员会下设的知识产权工作小组,由美国商业部副部长及专利和商标办公室主任莱曼(Bruce A. Lehman)任组长,负责审查信息基础设施的知识产权应用情况,并就美国知识产权法律和政策的相应变化提出建议。1993年11月,该工作小组召集了公开听证会,有30位证人提供了证词,之后,又向社会征集书面意见,截至当年12月10日共收到70份书面意见。经过对公众意见和有关问题的分析研究后,该工作组于1994年7月以印本形式和电子公告板形式发布了题为《知识产权与国家信息基础设施》的工作报告草案,即"绿皮书"。继"绿皮书"之后,该工作组于1994年9月,在芝加哥、洛杉矶和华盛顿召集了4天的公开听证会,并在持续4个月的公众评论时间里,收到了由150多个个人和组织,代表425000多名成员提交的评论意见。在此基础上,于1995年9月公布了正式工作报告,即"白皮书"。该报告强调美国的著作权法基本上适用于处理数字环境下出现的最重要的问题,但是,它就像一套已经陈旧的外衣,需要做些修补才能穿着合体。

"白皮书"提出了一些立法建议,其中比较重要的有以下4点:①将著作权持有人的专有权予以扩展,将传输权包括在内;②更新著作权法第108条的内容,允许图书馆制作同一著作的3个复本,不仅可以制作缩微、复印本,也可以制作电子文本;③禁止用于破解保护著作权持有人权利的技术以及影响识别最新的著作权管理信息的设备与服务;④对盲人用著作的复制提出新的限制。

"白皮书"中提出的问题引发了有关著作权问题的大讨论。1996年,美国国会继续就著作权法如何改革举行听证会。当年年底,世界知识产权组织(WIPO)在日内瓦召开了国际著作权外交会议,会议审议了3个公约草案,它们是:

(1)《关于保护文学艺术作品若干问题条约(草案)》,其主旨是,

为了在数字世界的著作权问题上取得全球一致,提议按照"白皮书"确立的原则修改伯尔尼公约;

(2)《保护表演者及录音制品制作者权利条约(草案)》,意在对录音制品的表演者和生产者提供新的保护;

(3)《数据库知识产权条约》,主张对数据库的保护提出新标准。

1996 年 12 月 20 日,上述 3 个草案中的前两个作为 WIPO 的新公约在会上正式缔结,正式更名为《世界知识产权组织著作权条约》(WIPO Copyright Treaty,简称 WCT)和《世界知识产权组织表演与录音制品条约》(WIPO Performances and Phonograms Treaty,简称 WPPT)。

作为上述 2 个条约的签约国,日内瓦会议后,美国国会抓紧了立法的工作。禁止破解技术保护措施、保护著作权信息管理系统、修订著作权法使之符合已通过的世界知识产权组织公约的要求等问题,均列入了国会的重要议事日程。1998 年,美国国会参议院司法委员会主席哈奇(Hatch)将《履行世界知识产权组织公约立法》重新命名为《数字千年著作权法》,以此强调该立法对美国著作权政策的重要性。该议案成为有关著作权问题立法辩论的焦点。其中,争议最多的是联机服务提供者(Online Service Provider,简称 OSP)的责任限制、反破解、数据库保护、图书馆的豁免以及著作权保护期限的延长等问题。在第 105 届国会期间,美国国会众议院和参议院通过协商解决了部分有争议的问题,在闭会之前通过了《数字千年著作权法》。但是,由于难以就数据库保护和远程教育议案达成共识,故将它们列入第 106 届国会的首要议事日程。

3 《数字千年著作权法》内容简介

《数字千年著作权法》共分为 5 章。第 1 章为"履行世界知识产权组织著作权公约、表演与录音制品公约法案",围绕履行世界知识产权组织的 WCT 和 WPPT 这两个公约,对美国原有的著作权法进行了一些技术修订,并增加了一些条款;第 2 章为"联机著作权侵权责任限制法案",对联机服务提供者从事的特定类型的活动,制定了著作权侵权责任限制条款。第 3 章为"计算机维护竞争保障法案",对出于维护和修复的目的,复制计算机启动程序设立了豁免条款;第 4 章为"综合条款",其中的 6 个条款分别涉及了美国版权局的职能、远程教育、著作权法中非营利性图书馆和档案馆的豁免、制作临时录音节目的豁免、因特网播放录音制品的豁免以及电影权利转让情况下集体议价协定责任的适用性等内容;第 5 章为"轮船船体外观设计保护法案",对船体外观设计设立了新的保护条款。现将该法前 4 章中比较重要的内容分述如下:

3.1 为履行世界知识产权组织两个公约对原著作权法的技术修订

世界知识产权组织的 WCT 和 WPPT 要求,每一个成员国对其他成员国的作品所提供的保护程度,应不低于对本国作品的保护程度。据此,《数字千年著作权法》的第 102 条(b)和第 102(d)修正了原著作权法第 104 条和 411 条的内容,并对原著作权法第 101 条增添了新的定义。从而扩大了对外国作品的保护,免除了外国著作权持有人须先在美国版权局进行著作权登记方可提起著作权侵权诉讼的规定。

3.2 为履行世界知识产权组织两个公约对原著作权法的增补

根据世界知识产权组织的 WCT 和 WPPT 中关于对著作权持有人为行使自己的权利而采用的技术保护措施(Technological Protection Measures,简称 TPMs)提供适当的法律保护,并对破解技术保护措施(Circumvention of Technological Protection Measures)造成的损失进行赔偿的规定,《数字千年著作权法》的第 103 条对美国法典第 17 部分增补了新的章节第 12 章。其中共有 1201、1202、1203 和 1204 等 4 个条款。

3.2.1 第 1202 条的内容

第 1201 条将技术保护措施分为两类。一是为防止对受著作权保护的作品非法存取而采取的措施;二是为防止对受著作权保护的作品非法复制而采取的措施。制造或销售用于破解以上两类技术措施的设备和服务在特定情况下都是不允许的。就破解行为本身来看,该条款禁止破解用于防止非法存取的技术措施,并不禁止破解用于防止复制的技术措施。

这种区分保证了公众继续拥有合理使用受著作权保护作品的能力。由于在一些特定的情况下,作品的复制属于合理使用,所以该条款并不禁止破解用于防止复制的技术措施。与此相反,由于合理使用并不能为非法存取作品的行为提供保护,所以为存取作品而破解技术措施是不允许的。值得指出的是,第1201条中还规定了对上述禁令的一些例外条款,它们分别是:

(1)第1201(a)规定设置动态的行政法规制定程序,评估禁止破解存取控制措施行为所产生的影响。因此,这种对破解行为的禁止在2年内不会生效。一旦生效,其中就要包括对一些特定类型作品的使用者的豁免。条件是这些使用者在非侵权使用过程中,受到或有可能受到上述禁令的影响。此种豁免的实施由国会图书馆的馆员经过一个时期的法规制订程序,在听取著作权登记员建议的基础上决定(注:之所以如此,是因为美国版权局设在美国国会图书馆。按照新的法律规定,国会图书馆必须在2000年10月28日之前,公布控制特定类型的作品的存取的法规)。

(2)第1201(e)规定,执法、情报及其他政府活动不受以上禁令的限制。

(3)第1201(d)规定,非营利性图书馆、档案馆和教育机构,出于确认是否希望获得对作品的合法存取的目的而破解技术措施,可享有例外。

(4)第1201(f)规定,在著作权法允许的范围内,享有合法使用计算机程序复制品权利的人,出于识别与分析程序要素,以便实现与其他程序相互匹配的目的而破解技术措施,可享有例外。

(5)第1201(g)规定,允许为了找出加密技术的缺陷和弱点,开发破解存取控制措施的技术方法以及为了进行加密研究而破解存取控制措施。

（6）第1201（h）规定，考虑到破解技术与防范未成年人从因特网上存取资料技术融合的必要性，允许法庭部分或全部应用此禁令。

（7）第1201（i）规定，当技术措施或它所保护的作品，有能力收集或传播关于一个自然人联机活动的个人身份信息时，允许对其进行破解。

（8）第1201（j）规定，允许计算机、计算机系统和计算机网络的合法所有者或操作者，出于测试机器、系统及网络的安全性的目的，破解存取控制措施以及开发用于此类破解的技术措施。

3.2.2　第1202条的内容

根据 WCT 第12条和 WPPT 第19条的内容所增加的第1202条，意在保护著作权管理信息（Copyright Management Information，简称 CMI）的完整性。其保护范围分为两个方面，前者涉及对虚假著作权信息的规定，后者涉及对删除和更改著作权管理信息的规定。具体分为以下5条：

（1）第1202（a）规定，禁止故意提供或传播虚假著作权管理信息，此行为被视为诱导、授权、帮助或隐秘侵权。

（2）第1202（b）规定，禁止不经许可故意删除或更改著作权管理信息，禁止在已知著作权管理信息被删除或更改的情况下，传播著作权管理信息或作品的复制品。

（3）第1202（c）规定，著作权管理信息为标识性信息，其中包括作品、作者、著作权持有者，在某些情况下，还应包括表演者、导演以及作品的使用期限与条件等著作权登记所必需的信息。有关作品使用者的信息不包括在内。

（4）第1202（d）规定，执法、情报以及其他政府活动享有例外。

（5）第1202（e）规定了在非故意诱导、授权、帮助或隐秘侵权的情况下，广播电台和有线电视系统删除或更改著作权管理信息的责任限制。

3.2.3 第 1203 条和 1204 条的内容

第 1203 条和 1204 条是《数字千年著作权法》针对违反第 1201 条和 1202 条的行为而设立的民事赔偿和刑事处罚条款。第 1203 条规定,任何受到第 1201 条和第 1202 条违法行为损害的个人,均可向美国联邦法院提起民事诉讼。法院有权判决违法者向受害者给付类似于著作权法规定的赔偿金。在违法者证明自己未意识到并且没有理由认为自己的行为构成违法,法院认定其为无知违法的情况下,法院有权减少或免除损害赔偿金。若非营利性图书馆、档案馆和教育机构无知违法,可全部免除损害赔偿金。

此外,第 1204 条规定,为了商业利益和私人营利蓄意违反第 1201 条或第 1202 条的行为属于刑事犯罪,对初犯者处以高达 50 万美元的罚金或多达 5 年的监禁;对屡犯者处以高达 100 万美元的罚金或多达 10 年的监禁。对非营利性的图书馆、档案馆和教育机构,可完全免除刑事处罚。

3.3 联机著作权侵权责任限制

《数字千年著作权法》的第 2 章,在原著作权法中新设立了第 512 条,对联机服务提供者(OSP)的著作权侵权责任提出了 4 个方面的限制,它们是:①对临时传播的限制;②对系统集存的限制;③对用户储存在系统或网络中的信息的限制;④对信息搜寻工具的限制。此外,还包括了有关的限制条款在非营利性教育机构应用的特殊规定。

3.3.1 对临时传播的限制

第 512(a)条提出的对服务提供者的责任限制适用于以下情况,即当联机服务的提供者仅行使数据通道的职责,应其他人的请求,将数字信息从网络的一点传输到另一点的情况。此处的限制所包括的行为有:转发、接通指定线路或者为信息以及网络操作过程中自动生成的中介和临时的复制品提供连接。服务提供者的活动只有符合以下条件,才能受这一限制条款的保护。

(1)转发必须是由服务提供者以外的人发起的;

（2）转发、接通指定线路、提供连接或复制必须是由自动化技术处理过程完成的,没有经过服务提供者对材料进行选择;

（3）服务提供者不必决定材料的接收者;

（4）除了所期望的接收者外,任何中介性复制品在正常情况下,必须无法被他人存取,而且保存时间不能超过所需的合理时间;

（5）所转发的材料内容必须不经过任何修改。

3.3.2　对系统集存的限制

第512（b）条提出的对服务提供者的责任限制适用于以下情况,即由服务提供者以外的人上网传输的材料,在短时间内由服务提供者保存其复制品,随后又按照该人的指定,传输给一位用户。服务提供者保留这些材料是为了通过传输保留的复制品满足日后对同一材料的需求,而不必从网上的原始出处检索该材料。此处的限制包括了由自动化技术处理过程执行的中介性和暂时存储行为。享受该限制条款的保护须符合以下条件:

（1）所保存的内容必须不被修改;

（2）当规定执行普遍采纳的产业标准数据通信协议时,服务提供者必须执行利用原始地址的材料更新材料并替换所保存的复制品的规定;

（3）当技术满足特定要求的情况下,服务提供者必须不干预将合适的信息退还给张贴材料的人所采用的技术;

（4）服务提供者必须按照张贴材料的人所要求的存取条件（即口令保护）,限制用户存取该材料;

（5）一旦服务提供者接到通知,未经著作权持有人同意而张贴的材料,已在原始网站上删除、封存或已被下令删除或封存,服务提供者必须立即将其删除或封存。

3.3.3　对用户储存在系统或网络中的信息的限制

第512（c）条规定了对服务提供者自己主办的网站（或其他存储设施）中的侵权材料的责任限制。为了享有此限制的保护,必须符合以下条件:

（1）服务提供者必须不了解侵权行为的必要知识；

（2）如果服务提供者有权利和能力控制侵权行为，它必须没有从侵权行为中直接获利；

（3）在接到指称侵权的通知后，服务提供者必须撤销该材料或封锁对该材料的存取途径。

此外，服务提供者必须任命一位代理人负责接收指称侵权的通知，并将任命代理人的情况在版权局备案，版权局提供任命代理人的推荐表，并在版权局的网站上公布代理人的目录。

第512条还规定了通知程序及其生效的规则[512(c)(3)]。据通知撤销程序的规定，著作权持有人向服务提供者指定的代理人提交附有伪证罚金及具体细节的通知。不切实履行法律的要求意味着在决定服务提供者所具有的必要知识时对该通知不予考虑。如果服务提供者一接到正当的通知就立即删除通知所指出的材料或封锁对该材料的存取途径，便可以免于处以罚金。此外，服务提供者可以不承担任何人对已撤销的材料所提出的权利主张的责任[512(g)(1)]。

针对可能出现的错误通知或欺诈性通知，第512条提供了一些保护条款。512(g)(1)给用户提供了利用提出反通知对通知与撤销做出反应的机会。为了有资格因撤销材料获得责任保护，服务提供者必须立即通知用户自己已经撤销该材料或阻止对该材料的存取。如果用户按照法律的要求提出反通知，其中指出该材料系由于错误或识别有误而被删除或阻止其存取，那么，除非著作权持有人采取行动要求法庭对用户发布命令，服务提供者在接到反通知后，必须在10－14个营业日之内恢复该材料。

无论在通知或反通知中进行实质性的故意错误表述都要受到惩罚。任何故意实质性的错误指出材料侵权或材料因错误或识别有误而被删除或封锁的个人，都要对所导致的一切损失负责（包括诉讼费用和律师费），无论损失是由被指称的侵权者、著作权持有人或其许可人还是服务提供者都不能例外[512(f)]。

3.3.4 对信息搜寻工具的限制

第512(d)条的内容与超链接、联机指南、搜索引擎等信息搜寻工具有关。对利用信息搜寻工具将用户引向或链接到含有侵权材料网站的行为,如果满足以下条件,就可以享有责任限制:

(1)提供者必须不了解材料侵权的必要知识。必要知识的掌握标准与前述在信息系统和网络中储存信息的限制类似;

(2)如果提供者有权利和能力控制侵权活动,提供者必须没有直接从侵权活动中获利;

(3)在接到指称侵权的通知后,提供者必须立即撤销该材料或封锁对该材料的存取途径。

除了通知要求有差异外,其他条件基本上与适用于前述限制的条件相同。

3.3.5 有关非营利性教育机构责任的专门规定

第512(e)条决定在什么情况下教职员工或行使教学研究职能的研究生雇员的知识和行为会影响非营利性教育机构享有上述四种责任限制之一的合法性。在临时传播或系统集存的情况下,教职员工或学生应当被视为个人而不是提供者,以避免失去机构的合法资格。在其他限制的情况下,教职员工和学生的知识或认识不能归咎于机构。非营利性教育机构要享有上述责任限制,应当满足以下条件:

(1)教职员工或研究生的侵权行为未涉及过去3年推荐或指定的课程材料的联机存取;

(2)机构在过去3年未收到2次以上教职员工或研究生侵权的通知;

(3)机构向所有用户提供说明及促进履行著作权法的材料。

3.4 计算机维护或修复有关的规定

DMCA第3章扩大了对著作权法第117条现有关于计算机程序的豁免范围。原有的豁免允许计算机程序拷贝的所有者在必须联同计算机一起使用该程序时制作复制品或改制品,新修订的著作权法允许计算机的所有者或租用者在维护或修复计算机时制作或授权制作计算机程序的一份复制品。该豁免只允许在激活计算机时自动制作一份复制品,而且只有当该计算机已合法装有该程序的授权复制品时才可以制作复制品。新制作的复制品不能以其他任何方式使用,在维护或修复过程结束后必须立即销毁。

3.5 综合条款的内容

3.5.1 对版权局职权的阐述

DMCA 第 401(b)条对著作权法第 701 条添加了有关版权局职权的阐述内容,明确版权局的职权是依据其现有的综合职权继续行使几十年来所承担的政策与国际职能。

3.5.2 广播用临时录音制品

在实施 DMCA 之前,著作权法第 112 条赋予临时录音制品制作的豁免权。这些录音制品的制作是为了方便传播。例如,根据这一豁免权,广播电台可以从原声 CD 中录制一组歌曲并用该录音播出。第 112 条允许传播机构制作一份复制品并且保留 6 个月。

1995 年的录音制品数字表演权法案(Digital Performance Right in Sound Recordings Act,简称 DPRA)在美国著作权法中首次规定了录音制品的有限公共表演权。该权利仅包括采用数字传输方式的公共表演权并且享有数字广播的豁免权。

DMCA 的第 402 条将第 112 条的豁免权扩大到包括为了便于录音制品的数字传输而制作的录音制品,条件是该传输符合 DPRA 规定的数字广播或法定许可。为了使机构制作临时录音制品,第 112 条的修订还允许在一些情况下,对存取控制技术措施进行破解。

3.5.3 远程教育研究

在考虑 DMCA 的过程中,立法者表示了对修订著作权法促进远程教育的兴趣,此点可以通过第 110(2)条教学广播豁免权的拓宽体现出来。DMCA 的第 403 条责成版权局与受影响的各方协商并就如何通过数字技术促进远程教育向国会提出建议。版权局必须在法律颁布实施的 6 个月内向国会提交报告。

版权局应考虑的问题有以下几点：①对新的豁免权的需求；②包括在豁免范围内的作品范畴；③享受豁免权时可以使用的作品比例的恰当的定量限制；④哪些团体有资格享受豁免权；⑤哪些团体应当是符合豁免规定的远程教育材料的合法接受者；⑥技术保护措施使用到何种程度才能作为豁免的合格条件；⑦在评估豁免资格时，应当考虑许可的可获得程度；⑧其他适宜的问题。

3.5.4 非营利性图书馆和档案馆的豁免权

DMCA 的第 404 条对著作权法第 108 条中有关图书馆和档案馆的豁免条款进行了修订，以容纳数字技术和不断发展的保存实践。在 DMCA 实施以前，第 108 条允许这类图书馆和档案馆为了保存或馆际互借制作作品的一份仿真（非数字化）复制品。修订后的著作权法第 108 条允许制作 3 份复制品，其中包括可以制作数字复制品，但条件是数字复制品不能向图书馆以外的公众传播。此外，如果作品的原始形式已经过时，阅读作品所使用的机器设备已不生产或者无法在商业市场上合理获得，就允许图书馆或档案馆制作该作品的新形式复制品。

3.5.5 对录音制品数字表演权应用于网络广播的修正

1995 年，国会通过的 DPRA，规定了局限于数字传输之内的录音制品表演权。该立法提出了 3 个范畴的数字传输：①可以获得表演权豁免的广播传输；②一般享有法定许可的预定传输；③享有充分专有权的按需传输。

按照 DPRA 的规定，广播传输是由 FCC 许可的地球上的广播电台进行的。

在过去的几年中，许多实体开始利用声频流技术在因特网上进行录音制品的数字传播。这种行为不属于 DPRA 所提出的 3 个范畴。于是 DMCA 对 DPRA 进行了修正，将预定传输的法定许可扩大到包括网络广播，将其作为一个有资格的非预订传输范畴。除了拓宽法定许可的范畴外，DMCA 还对实体为获得许可资格必须满足的标准做出了修订。还修订了结算费用约因，提出依法成立仲裁小组以公平的价格結算版稅。

DMCA 的條款還為製作暫時錄音節目設立了新的法定許可條款。如上所述，第 402 條對原著作權法的第 112 條進行了修正，允許為便於享有 DPRA 規定的廣播豁免權或法定許可的錄音製品的數字傳輸而製作一份臨時錄音。那些希望製作超過一份經第 112 條全面豁免許可的錄音製品的臨時錄音的傳輸機構，現在享有製作另外的臨時錄音的法定許可資格。此外，新的法定許可適用於享有數字表演權豁免的廣播機構之外的傳輸機構製作臨時錄音節目，這些機構並未包括在第 402 條擴大的豁免條款之內。

3.5.6　電影權利轉移合同責任的承擔

第 416 條提出了在製片人無法支付報酬的情況下，作家、導演和演員因使用電影而獲得報酬的能力的問題。該行業集體議價協定目前需要製片人在特定情況下從發行商處獲得承擔責任協議，發行商借此承擔製片人支付報酬的責任。有些電影公司沒有始終堅持這種做法，致使無法用合同關係使當事人從發行商處得到報酬。DMCA 在美國法典第 28 章中增加了新的章節，令受讓人承擔支付報酬的責任。

4　《數字千年著作權法》對圖書館的影響

4.1　有利的影響

從以上對 DMCA 主要內容的介紹可以看出，該法律中明確針對圖書館的規定分別出現於以下幾處：

（1）第 404 條對原著作權法第 108 條的修改；

（2）第 1201(d) 規定，非營利性圖書館、檔案館和教育機構，出於真誠地確認是否希望獲得對作品的合法存取的目的而破解技術措施，可享有豁免權；

（3）第 1203 和第 1204 條針對違反第 1201 條和第 1202 條有關破解技術保護措施、更改傳播虛假著作權管理信息的行為所制定的懲罰措施,对图书馆因无知所犯过失做出了免除民事和刑事处罚的规定。

这些都是对图书馆在数字环境下提供服务实现自身发展有利的因素。尤其值得强调的是,第404条对原著作权法第108条的修改有两大进步:一是将原来只能制作1份复制品增加到3份复制品,一份用于存档,一份作为母本,一份作为使用本;二是取消了对制作作品复制品使用的介质和技术手段的狭隘限制。以往只能使用纸介质或感光介质制作作品的仿真本,如传真件、缩微品或复印件,不能采用数字技术制作数字或电子版,新的法律允许采用数字技术制作数字版。

DMCA第512条中有关联机著作权侵权责任限制的条款,虽然没有指明与图书馆的关系,但是,由于数字图书馆建设活动日益扩展,图书馆在进行网络信息传播方面所涉及的工作许多都类似于法律所定义的联机服务提供者,所以,当图书馆作为联机服务提供者,著作权持有人要求其为网络用户的侵权行为承担责任时,一方面可以获得法律的免责保护,另一方面也要求图书馆重新为自己的服务模式定位。如果选择服务提供者的角色,就要为获得免责保护而遵守法律的各项规定。不仅自己不从事侵权活动,而且要对用户进行遵守著作权法的教育,及时终止用户利用网络进行的侵权行为。否则,将会处于极为不利的地位。

4.2 不利的影响

DMCA第404条虽然对著作权法第108条进行了修订,将数字复制品纳入了合理使用的范畴,但是,第404条对数字版复制品的传播范围进行了严格的限制。例如,出于保存目的制作的公开出版的作品的数字版复制品可以借给合法拥有该作品原件的图书馆,然而,任何图书馆都不能将该数字版复制品借出馆外,只能在馆内使用;未公开出版的作品的数字版复制品均不能以数字形式传播,只能在馆内使用。图书馆为保存而制作复制品也仅限于原作品损毁、丢失、失窃或原有形式过时,无法以合理的价格从市场获得等情况。

DMCA中关于技术保护措施和禁止破解技术保护措施的规定可

以鼓励出版商以加密形式出版发行数字作品，因而导致数字作品的发行更多地采用许可方式进行。许多数字作品的许可合同往往只允许图书馆获得作品的数字存取使用权，没有属于自己的硬拷贝，所以，数字存取只能是有限制的存取，不可避免地出现图书馆或用户为每一次使用付费的情况。不仅如此，丧失作品的保存权对图书馆的打击尤其严重，会对图书馆有史以来所发挥的保存人类知识与文化遗产的功能产生巨大的负面影响。

4.3　图书馆界对著作权立法变化的反应

1995 年以来，国际图联和全球图书馆界人士一直极为关注数字时代著作权法的变化趋向。例如，国际图联作为非政府机构派代表参加了 1996 年 12 月在瑞士召开的世界知识产权组织成员国外交会议，并发挥了积极的作用。会上否决了一些极大地阻碍图书馆促进信息社会所有领域信息的广泛传播的极为专门的条约议案，促使会议最后通过的条约及相关解释中采纳了国际图联向与会代表提出的中心思想，即：数字时代的知识产权政策必须反映保护作者和创作者的作品以及促进发达和发展中国家人民对信息最广泛的存取之间的谨慎平衡。

美国图书馆界人士自始至终关注并积极参与了 DMCA 的立法过程，为保障数字信息的合理使用进行了不懈的抗争。美国图书馆协会、美国研究图书馆协会、美国法律图书馆协会等组织机构的代表于 1994 年起参加了由美国专利商标局主持的由著作权持有人、图书馆、教育机构和学术界等多方代表参加的合理使用会议（Conference on Fair Use，简称 CONFU），在经过长达 32 个月的讨论之后，"合理使用会议"于 1997 年 5 月 19 日正式结束。由于与会各方的立场不同，没有产生一致认可的合理使用指导方针，只能采取必要的立法措施解决这类问题。DMCA 中许多对图书馆有利的条款就是长期不懈努力的结果。但是，已有的法律规定仍然与图书馆界的期望有很大的差距。根据 DMCA 的规定，远程教育和设置动态的行政法规制订程序，评估禁止破解存取控制措施行为所产生的影响，其中都要包括对一些特定类型作品的使用者的豁免。为了获得豁免权,美国图书馆界人士正在参与具体数据的调查统计工作。

由于著作权法的修订是一个长期的过程,而著作权法又与图书馆的生存与发展息息相关,相信图书馆界参与著作权立法活动的热情和努力,将会继续下去。来自图书馆界的呼声也将使著作权法的修订不偏离著作权法的初衷,这就是:实现保护著作权持有人的利益和保障公众获取利用信息权利之间的平衡。

参考文献

1 Bruce A Lehman. Intellectual Property and the Information Infrastructure:the report of the working group on intellectual property rights. Washington D C:Information Infrastructure Task Force,1995

2 U. S. copyright Office. Summary of the Digital Millennium Copyright Act of 1998. http://lcweb. loc. gov/copyright/legislation/dmca. pdf

3 Arnold P Lutzker, Esq Lutzker,Lutzker LLP. Primer on the Digital Millennium. http://www. arl. org/info/frn/copy/primer. html

4 The Digital Future Coalition. IFLA Success at 1996 WIPO Copyright Treaty Conference in Geneva. IFLA Journal,1997,23(5/6)

5 The Digital Millennium Copyright Act (the full text). http://www. dfc. org/assets/ images/2281 enrolled. pdf

附注:

本文撰写于 2000 年 3 — 6 月,发表于《大学图书馆学报》,2001 年第 1 期,第 24 — 30 页。

美国远程教育著作权豁免法案评析

2002 年 10 月 3 日,美国国会众议院通过了旨在为远程教育提供著作权豁免的法案《技术、教育与著作权协调法案》(Technology, Education and Copyright Harmonization Act,简称 TEACH 法案)。2002 年 11 月 2 日,该法案作为美国司法部 2002 财政年度拨款授权法案,即 H. R. 2215)的一部分,经美国总统布什签署后立即生效[1]。[注:上述司法部法案的全称为《21 世纪司法部拨款授权法案》(*21ST Century Department of Justice Appropriations Authorization Act*)]笔者认为,此法案的生效,使远程教育领域有条件、自由免费使用受著作权保护的作品成为现实,为利用新技术进行教育创新提供了一定的方便。对我国著作权法的修订和网络著作权保护条例的制定有借鉴价值,值得我们关注。

一、远程教育著作权豁免法案的立法回顾

(一)《数字千年著作权法》与遗留问题的解决途径

美国的著作权法采取滚动修订的方式不断更新。在 1998 年 10 月颁布实施的《数字千年著作权法》(DMCA)中,对 1976 年著作权法的内容进行了多处修改,针对网络与数字作品传播与使用方面的一系列新特点,在加强对著作权人利益保护的同时,同时修订了著作权法中关于图书馆复制与使用数字作品的相关条款。但是,鉴于与远程教育有关的诸

多利益群体对待网络传播的立场大相径庭,《数字千年著作权法》未对1976 年著作权法第 110(2)教学使用作品的豁免条款做出相应修改。

面对来自教育界、图书馆界、学术界等社会团体的强烈呼声,美国国会参众两院表示了对修订著作权法促进远程教育的兴趣。《数字千年著作权法》第 403 条规定,美国版权局在《数字千年著作权法》实施的 6 个月内,必须与著作权人、非营利性教育机构、非营利性图书馆和档案馆等各方代表协商,在保持著作权人的权利与用户利益适度平衡的同时,就如何通过包括交互式数字网络在内的数字技术促进远程教育,以报告形式向国会提出具体的建议,所提出的建议可以包括对现行著作权相关条款进行变更的内容。

美国国会要求版权局围绕以下问题进行专门研究:①对新的豁免权的需求;②包括在豁免范围内的作品范畴;③享受豁免权时可以使用作品的适当的数量;④哪些团体有资格享受豁免权;⑤哪些团体应当是符合豁免规定的远程教育资料的合法接受者;⑥技术保护措施使用到何种程度才能作为豁免的合格条件;⑦在评估豁免资格时,应当考虑许可的可获得程度;⑧其他适宜的问题。

(二)远程教育著作权豁免听证会与研究报告

遵照国会的要求,美国版权局于 1998 年 10 月至 1999 年 3 月,展开了大规模的调研活动,对修订著作权法的需求进行了全面研究。

1998 年 12 月 23 日,版权局在其主办的网站发布通告,以“通过数字技术促进远程教育”为主题,向社会各界征集书面意见和参加听证会的相关利益团体代表。据美国版权局发布的公告统计,首批收到来自教育、广播、出版、电视、图书馆、档案馆、著作权管理、网络传输等领域的机构和专业行业协会的 59 份书面评论[2];此后,又收到 110 份反馈评论[3]。1999 年 1 月至 2 月,美国版权局先后在华盛顿、芝加哥、洛杉矶举行了三次听证会,了解各利益团体的态度和立场。其中,1999 年 1 月 26 日,约翰霍普金斯大学图书馆馆长詹姆斯·尼尔博士代表研究图书馆协会、法律图书馆协会、美国图书馆协会、大学与研究图书馆协会和医学图书馆协会,参加了美国版权局举办的"数字技术远程教育"听证会并提交书面证言,建议修订著作权法中与教育有关的豁免条款,将数字技术的应用列入豁免范围,以便采用最新技术组织教学活动和与之有关的图书馆服务[4]。

在听取各方面意见和综合研究的基础上,美国版权局按照《数字千年著作权法》的要求,于1999年5月向国会提交了《著作权与数字远程教育报告》(*Report on Copyright and Digital Distance Education*)。报告认为有必要修订著作权法使之与目前的技术相适应,并提出了修订远程教育豁免条款的具体建议。该报告连同附录总共169页,于1999年5月25日在版权局的网站公开发布[5]。报告发布的当天下午,美国国会参议院司法委员会举行了对版权局报告的听证会,版权局的版权登记员(Register of Copyrights)玛丽贝斯·皮特斯(Marybeth Peters)作为唯一的证人出席了听证会。在听取了版权局的陈述后,所有参加听证会的参议院议员对版权局所做的工作给予高度评价,表示将密切关注报告所提出的建议[6]。

版权局报告中提出的著作权法修订建议主要包括以下几点:①取消著作权法关于实体课堂教学(即面对面教学)的限定条件;②允许将资料存储在服务器中以方便学生进行异步使用;③扩大可以使用的作品类型,允许使用声像资料、戏剧作品和录音制品合理有限的部分;④扩大网络传输的豁免权,以避免教育机构承担非故意侵权的责任。

版权局还提出了对远程教育使用的受著作权保护的数字资料的保护措施:①网络传输资料的接收者仅限于经过注册的学生;②所使用的资料只适用于中介式教学活动(类似于面对面课堂教学);③采取技术措施防范接收者将所接收的资料进行再次传播;④将可以播放的作品限制为合理有限的部分。

(三)远程教育著作权豁免议案的形成与通过

从1999年5月版权局向国会提交远程教育报告算起,TEACH法案在美国国会的酝酿与通过,足足花费了近3年的时间。先是2001

年 3 月,美国参议院议员提出了 TEACH 议案(S487)[7]。该议案基本上采纳了版权局报告中提出的建议。此后,经过一系列讨论,参议院于 2001 年 6 月 7 日通过了经过修改的 S487 议案。继参议院通过 TEACH 议案之后,美国国会众议院议员雷克·鲍彻尔(Rick Boucher)起草了一份类似的议案(H. R. 2100),提交给美国国会众议院司法委员会,2001 年 7 月 11 日,美国众议院司法委员会下设的法庭、因特网与知识产权分会审议通过了上述议案[8]。但是,此后该议案一直搁置在众议院。在长达 1 年多的时间里,各个利益集团进行了积极的院外游说活动。美国图书馆协会就是推动与支持该议案的中坚力量之一。经过各方的激烈较量,TEACH 法案于 2002 年 10 月在众议院获得最后通过[9]。

二、远程教育豁免法案的主要内容

从内容上看,远程教育豁免法案仅仅是对原 1976 年著作权法 110 条款和个别与 110 条款有关的条款的修改。为了介绍远程教育豁免法案的主要内容,有必要将原 110 条款和经过修改的 110 条款加以对照。

(一)著作权法原 110 条款的规定

在以前的面对面课堂教学环境下,尽管对复制作品的合理使用一直存在争论,但是,1976 年的著作权法 110 条款,仍然对出于非营利教学目的的使用作品做出了比较明确的规定[10]。1976 年著作权法 110 (1)规定,在面对面课堂教学活动中,非营利教育机构的教师或学生,可以不经著作权人许可,在教室或类似的场所播放或展示受著作权保护的作品(电影和其他视听作品除外)。允许播放或展示以合法方式复制的单独的影像作品,不允许播放或展示不按本法规定复制负责播放作品的工作人员已知,或有理由认为系非法复制的单独的影像作品。

1976 年著作权法 110(2)规定,播放非戏剧性文字作品或音乐作

153

品,或展示作品,必须符合以下条件:

(A)播放和展示必须是政府机构或非营利性教育机构系统性教学活动的常规构成部分。

(B)播放和展示必须与所传输的教学内容直接相关并对教学内容有资料支持作用。

(C)传输主要适用于以下三种接收情形:

①在教室或用于正规教学的类似场所接收;②接收者因残疾或其他特殊情况无法到教室或用于正规教学的类似场所学习;③政府机构的官员或雇员为完成自己的岗位职责或执行公务而接收。

(二)远程教育豁免法案对110条款的修改

TEACH 法案基本沿用了美国1976著作权法110(1)的规定,但是,对第110(2)的内容做出全面修改[11]。

其中规定,通过数字网络传输方式播放非戏剧性文字作品、音乐作品,以及其他任何作品的合理有限的部分,或者以与面对面课堂教学相同的数量展示作品,符合以下情况便可予以著作权侵权豁免:

1. 播放与展示由教师本人实施、由教师安排,或者在教师的实际监管下进行,作为政府机构和非营利性教育机构开设的系统化中介性课堂教学不可分割的一部分。

2. 播放与展示的作品与所传输的教学内容有直接关联,或者具有资料支持价值。

3. 传输对象单一,利用目前可行的技术条件。传输的接收者仅限于以下两类人群:

(1)正式注册学习该课程的学生;

(2)政府机构官员或雇员,其接收传输内容系为了履行公务。

4. 传输团体或机构:

(1)制定著作权政策,为教师、学生及相关人员提供信息资料,对与著作权有关的美国法律做出准确描述,并促进相关法律的实施。向学生发布通告,指出课程中使用的资料受著作权保护。

（2）在数字传输情况下应当做到：

第一，采取技术措施，合理防止下述两种情况的发生：①接收者以可存取的方式将从传输团体或机构接收的作品进行超过教学时限的保存；②接收者未经授权以可存取的方式将作品进一步提供给他人。

第二，不允许干预著作权人用于防止超期保存或未经授权进行进一步传播的技术保护措施。

此外，TEACH法案中还在第110条款的末尾添加了对该条款涉及的以下相关术语和权限的注释：

（1）有资格以数字传输方式播放或展示作品的中介式教学活动指：教学活动所使用的作品作为课堂教学不可分割的构成部分，作品的使用由教师控制，或受到教师的实际监管，与面对面课堂教学环境下的播放或展示类似。

中介性教学活动不包含以下行为：一门课程在整个学期或多个学期以数字传输方式使用上述作品；以数字传输方式播放或展示应由学生自己购买或自备的教科书、教学参考资料或其他媒体资料的复制品。

（2）对教育机构的认可：经过认可的非营利性教育机构，一是由美国高等教育认证委员会或教育部承认的地区级和国家级认证机构确认的高等教育机构；二是经过州一级的认证或许可授权程序承认的初等教育和中等教育机构。

（3）政府机构和经过认可的非营利性教育机构对上述法律条款授权的数字资料自动传输过程进行的临时存储不承担侵权责任；存储在由传输机构或教育机构管理或控制的网络或系统中的资料，只能供法律明确规定的接收者存取，而且资料复制品的存储时间不能超过为便于传输而适度需要的时间。

（三）远程教育豁免法案对其他与110相关条款的修改

TEACH法案在对著作权法110（2）做出修订的同时，对原著作权法112条做出了局部修改。一方面，保留了112条中关于允许教育机构在特定时期内，为进行教育传输保存录像带复制品的条款；另一方面,新修订的112(f)(1)明确规定,在保证不对保存的复制品进行再次复制的情况下,允许教育机构保存符合110(2)规定条件的,包含受著作权保护资料的数字传输内容的复制品,但是,所保存的复制品只能用于符合110(2)所规定条件的传输。

三、远程教育著作权豁免法案的影响

(一)为远程教育提供自由免费使用作品的机遇

TEACH 法案的通过与实施,在著作权法顺应时代潮流发展方面具有积极意义。该法案是美国教育界、图书馆界、学术界等长期共同努力的重要成果,也是立法机构对远程教育领域以数字传播方式使用受著作权保护作品的需求、可能性与合理性进行全面系统分析、思考的结果,是朝向实现著作权保护与使用之间的平衡这一最基本目标而采取的举措之一,是网络环境下著作权立法的可喜进步。

具体说来,TEACH 法案在方便作品使用方面的进步可以归纳为以下几点:

(1)在规定作品的使用数量限制(即不能通过数字传输方式播放展示整部作品)的同时,放宽了允许自由免费使用作品的范围。

(2)取消了对接收场所的限定,使得教育机构可以将远程教育课程以数字传输方式,传输给处于课堂和其他场所的学生。

(3)允许教育机构在一定时期内(以不超过开设课程的学期为限)复制并保存远程教育传输内容,以便于学生存取。

(4)当无法从市场上获得某些作品的数字化版本时,允许自行将模拟作品制作为数字化作品进行传输。

(二)在允许作品使用的同时,保护著作权人的利益

考虑到远程教育网站上的数字化作品,可以在全球范围传播,且容易被下载、转换,或可以被学生和其他用户再度通过网络进行传播

的现实,TEACH 法案对远程教育使用作品的含义、方式等具体细节进行了严格的限定,以避免上述行为威胁到著作权人的利益。

分析 TEACH 法案的具体法律条文可以发现,这些限定条件可以概括为以下三个方面:

(1)对大学等教育机构政策制定者的要求:教育机构必须经过认可;制定著作权政策;向教师、学生和相关工作人员提供著作权方面的信息资料;在所传输的资料中发布著作权通告;网络传输资料只能限于正式注册该远程教育课程的学生存取,不能扩大为其他用途。

(2)对信息技术人员的要求:对传输方式、存取期限、学生下载或共享受著作权保护内容的实际能力进行技术控制;采用技术措施防止学生超过课程期限保存相关资料,即学生在超过指定的时间后,便无法存取相关资料。此外,还要采取技术措施防止学生将所存取的相关资料进行擅自传输。不仅如此,如果以数字方式传输的远程教育课程资料中,包括著作权人用于控制该作品存储和传播的数字权利限制代码或其他嵌入式著作权管理系统,不得进行干预上述技术措施的活动。

(3)对教师的要求:未经著作权人许可,将受著作权保护的作品作为远程教育资料使用时,选择法案明确允许使用的作品,即教师只能在远程教学中部分使用受著作权保护的作品,或者在类似于常规教学形式的条件下使用;任课教师本人播放或展示资料,按照任课教师的要求播放或展示资料,或者在教师的具体监管下,播放或展示资料;禁止播放或展示违反著作权法规定而制作或获取的作品的复制品;所使用的受著作权保护的资料必须与所传输的教学内容直接相关,并且对所传输的教学内容有实质性的帮助。

我国的远程教育正在蓬勃发展,许多大学图书馆的数字化图书馆建设项目也已经开始启动。远程教育引发了复杂的著作权问题。这些问题即涉及现存资料的合理使用问题,也涉及新创作的用于远程教育的一系列作品的所有权问题。考虑著作权法的历史和现状,我国的著作权法应当对网络教学使用受著作权保护作品予以一定程度的豁免。这方面,美国的做法是值得借鉴的。

参考文献

1 21st Century Department of Justice Appropriations Authorization Act(STAT. 1758)
   (Public Law 107 – 273). http://www. copyright. gov/legislation/pl107 – 273. html
   #13301

2 Promotion of Distance Education Through Digital Technologies. Federal Register No-
   tice – 63 FR 71167 Docket No. 98 – 12A. http://www. copyright. gov/disted/com-
   ments. html

3 Promotion of Distance Education Through Digital Technologies. Federal Register No-
   tice – 63 FR 71167,Docket No. 98 – 12B. http://www. copyright. gov/disted/reply/

4 Testimony of James G. Neal. http://www. arl. org

5 Report on Copyright and Digital Distance Education. http://www. loc. gov/copy-
   right/copypub/de_rprt. pdf

6 Washington Office Newsline. May 27,1999. http://www. ala. org/washoff/alawon/
   alwn8050. html

7 S487. http://thomas. loc. gov/cgi – bin/bdquery/z? d107 :s. 00487

8 http://www. ala. org/carl/legalis. html#distance

9 The TEACH Act Finally Becomes Law. http://www. utsystem. edu/ogc/inteellectu-
   alproperty/teachact. htm

10 http://www. copyright. iupui. edu/section110. htm

11 http://www. copyright. iupui. edu/sec110(2). htm

附注:

本文撰写于 2003 年 5 — 6 月,发表于《中国版权》,2003
年第 5 期,第 45 — 48 页。根据我国著作权法的规定,版权与
著作权同义。笔者的论文原稿均使用著作权这一术语。论
文发表时期刊编辑则使用版权法替代著作权法。选编此文
时按照作者的习惯仍使用著作权法。

数字图书馆建设与服务相关的著作权问题探讨

1 问题的提出

20世纪90年代以来,随着计算机技术、远程通信技术、网络技术、高密度存储技术的飞速发展和相互间的渗透结合,特别是因特网的普及应用,全球出现了研究、建设数字图书馆的热潮。

数字图书馆在内容建设和服务方面,都要以使用和传播受著作权保护的大量作品为基础,必然与著作权立法和执法有密切的关联,甚至引发侵权风险。2001年12月,北京大学法学院教授陈兴良在"中国数字图书馆"网站上发现可下载的网上作品中,包括自己的三部作品《当代中国刑法新视界》《刑法适用总论》和《正当防卫论》。遂以数字图书馆有限责任公司侵犯了自己的信息网络传播权为由,诉至北京市海淀区法院,请求判令其立即停止侵权并赔偿经济损失40余万元。2002年6月27日,法院公开判决数字图书馆有限责任公司停止在网站上使用陈兴良的作品,赔偿陈兴良经济损失8万元及因诉讼支出的合理费用4800元[1]。数字图书馆建设者忽略著作权问题所付出的沉重代价由此可窥见一斑。因此,迫切需要了解数字图书馆建设面临的法律环境,研究、解决一系列相关的著作权问题。

2　数字图书馆建设面临的法律环境

近年来,国际组织和一些国家纷纷修订原有的著作权法,将数字产品与网络传播纳入著作权法保护的范围。从我国的情况看,为了履行加入世界贸易组织的承诺,我国已经开始实施对网络传播的知识产权保护。2001 年 10 月修订颁布的我国现行著作权法,参照《WIPO 著作权条约》的规定,明确了作品上网传播的法律定性问题,新设立了未加任何限制的信息网络传播权和对未经许可通过信息网络传播作品行为的惩罚条款(参见著作权法第 10 条第 12 款、第 47 条第 1 款、第 47 条第 6 款、第 47 条第 7 款)。最高人民法院于 2000 年 12 月公布了对审理网络有关的著作权侵权案件的司法解释,规定未经著作权人许可,擅自将其作品上传到网上传播属于侵权行为[2]。2000 年 12 月 29 日,全国人大常委会第 19 次会议表决通过了《全国人民代表大会常务委员会关于维护互联网安全的决定》。该决定共有 7 条,其中第 3 条规定:利用互联网侵犯他人知识产权,构成犯罪的,依照刑法有关规定追究刑事责任[3]。

凡此种种,表明了建设数字图书馆的法律环境并不像我们所希望的那样宽松。不仅如此,由于现行著作权法第 58 条规定,网络著作权保护的具体办法由国务院制定,而国务院目前尚未发布相关规定。今后发布的网络著作权保护办法是否会增加对信息网络传播权的限制条款也悬而未决,这更增加了数字图书馆建设和服务过程中处理著作权问题的复杂性。

3　数字图书馆建设与服务应注意的著作权问题

与数字图书馆建设与服务相关的著作权问题主要集中在资源建

设与网络服务两个方面。其中心问题是：对受著作权保护作品的使用——数字化加工、建设数据库和网络传播，是否征得著作权人的许可，是否按照许可的约定，在规定的范围内、以适当的形式使用有关作品。因为，将处于著作权保护期内的馆藏和非馆藏资料的实质性内容数字化并上网传播，主要行使的是著作权人的两项专有权——复制权和信息网络传播权。如果著作权法不对著作权人的这两项专有权同时进行限制，那么，向著作权人征得许可便是数字图书馆的资源建设与网络服务无法回避的问题。对数字图书馆建设者而言，最好根据数字图书馆的定位研究相应的著作权解决方案。

3.1　数字图书馆的定位问题

根据国外的经验，数字图书馆的定位不同，在资源建设与网络服务方面需要处理的著作权问题就有所不同。将数字图书馆定位于提供非营利性信息服务，就可以在网络传播的许可以及制作保存复制品的许可问题上享有不同程度的优惠，乃至合理使用的豁免。但是，如果将数字图书馆进行公司化运作，资源建设的数字化和网络服务就面临大量的许可和支付费用的问题。因为，公司化运作会改变图书馆的非营利性质，使图书馆无法享有合理使用的豁免。因此，以公司化运作的数字图书馆在资源建设和服务过程中，应严格遵守著作权法的规定，以获得著作权人的许可并支付报酬作为唯一的著作权解决方案。

3.2　数字资源建设有关的著作权问题

从数字图书馆资源建设环节看，涉及了传统作品的数字化加工和对已有数字资源的整合问题。就资源建设的具体操作来看，均可以从两个方面进行，一是自己拥有所有权的资源的建设，主要是传统作品的数字化转换与数据库制作；二是自己不拥有所有权的数字网络资源，即仅能存取资源(或称虚拟资源)的建设，主要涉及数字资料的采购与许可等。

3.2.1 自有资源的数字化加工

（1）图书馆可以自行将不属于著作权保护范围的资料和超出著作权保护期的资料进行数字化转换和相关的使用，但是，应注意不侵犯著作权人的署名权等人身权利。

（2）如果需要数字化加工的馆藏资源处于著作权保护期内，首先应考虑著作权解决方案。我国现行著作权法规定，作品的保护期为作者有生之年外加50年，对已出版作品的版式保护期为10年。目前，从立法和司法实践方面，都将传统媒体作品的数字化，归属于对作品的复制行为。因此，无论是将一部作品全部数字化，还是部分数字化，都会涉及著作权人的复制权、署名权、修改权、保护作品完整权、使用权和获得报酬等权利。如果需要进行数字化加工的作品不属于著作权法所规定的合理使用的几种情形的范畴，必须经过著作权人的许可，并向其支付一定的报酬。值得指出的是，这不排除著作权人自动放弃相关权利，允许非营利性教学、科研单位、图书馆等不经许可，免费对自己的作品进行数字化加工的情形。此时，仍应注意不侵犯著作权人的人身权利，保持作品的完整性和著作权人的署名等。但是，在没有经过著作权人的确认或查看著作权声明的情况下，不能简单推定著作权人允许图书馆擅自使用自己的作品。如果著作权人拒绝图书馆将馆藏作品进行数字化转换，图书馆只有在该馆藏作品著作权保护期满后，才可以自行将其进行数字化转换。

3.2.2 数字化加工的著作权许可对策

从我国现行著作权法第22条关于图书馆合理使用的规定看，允许出于展示和保存的目的对馆藏作品进行有限的复制。国家版权局于1999年12月9日公布、2000年3月1日起施行的《关于制作数字化制品的著作权规定》明确指出，复制包括作品的数字化形式。因此，笔者认为，图书馆采用数字技术转换馆藏作品，并不一定都要得到著作权人的许可并支付报酬才能进行。应当对数字化问题做具体分析。

（1）从本质上看，对作品进行数字化只是借助数字技术将人类的自然语言或其他符号转换成计算机可识别的机器语言，其阅读使用仍然要借助于计算机等设备。这种因符号转换构成的对作品的使用，如果控制在一定范围内，本身并不会对作品的正常利用和著作权人的利益产生太多影响。这正如图书馆制作馆藏作品的缩微品一样，只要不将这些复制品进行市场销售和大范围传播，就应当享有合理使用的豁免。

（2）现实中，数字化对作品的正常利用和著作权人的利益产生严重影响的情形，往往出在对数字化复制品的再次复制、大范围传播和商业性使用等环节上。尤其是以营利为目的的大量复制，会严重影响著作权人的合法权益。比如，未经著作权人的许可，将从网上下载的作品制作成光盘销售；或者，将作品数字化转换后，上传到商业化运作的网站向公众传播；更为常见的是，大量复制正式出版发行的数字化作品，以盗版形式谋取暴利。显然，上述行为都是与数字作品的发行和商业性传播密切相关的。相比之下，非营利性图书馆对自己所收藏作品的数字化，是在新技术条件下对作品的新型展示和保存所必需的，只要坚持不涉及数字作品的发行和商业性传播，而且将数字作品的传播控制在一定范围，就不会过多损害著作权人的权益。

（3）针对现行著作权法只允许图书馆复制本馆收藏作品的规定，在进行数字图书馆的建设中，还可以采取多个图书馆结成共同体的方法规避著作权风险，即将需要进行数字化的作品按照馆藏情况进行分工，共同体中的各个成员馆分别将有价值的馆藏作品数字化，最终借助于馆际互借或口令限制等非公共网络传播的形式提供服务。由于利用网络进行馆际互借的行为不属于向公众传播，这样一来，图书馆就可以在不违背著作权法的前提下，利用网络传播实现一定范围的资源共享。从国外的情况看，美国《数字千年著作权法》允许图书馆以数字方式复制并保存馆藏作品，而且允许图书馆以电子方式将复制品出借给其他图书馆。图书馆界极为珍视自己积极参与著作权法修订所争取的这一豁免权，美国图书馆协会驻华盛顿办公室执行主任卡罗尔·亨德森（Carol Henderson）对《数字千年著作权法》允许数字复制品的馆际互借，给予了充分肯定[4]。

163

当然,上述对策所涉及的是用户借助图书馆的中介服务获取信息的模式,离最终用户自主通过网络访问并存取所需信息的设想仍有差距。但是,在著作权保护日趋严格的条件下,这样做可以避免侵权风险,也可以减少图书馆花费在著作权许可方面的人力和资金。

(4)从现实需求看,数字图书馆建设的本意绝不是建立局限于单个图书馆馆藏的相互孤立的数字化文库。数字图书馆是分布式数据库与网络技术结合形成的新型信息系统,作品的数字化只是其中的基础性工作。除此之外,还要建立各种数据库,通过网络将各种分布式的资源联为有机整体,最终形成集信息存储、加工、组织、管理、检索、发布、提供为一体的集成系统,使用户既能在网上自主查询信息,浏览、下载所需的资料,也可以通过电子邮件等方式,请图书馆工作人员提供所需的服务。

如果将数字图书馆的服务模式定位为非中介服务模式,即实现最终用户自主通过网络访问并存取所需的信息,那么,就要解决作品的数字化转换与上网有关的著作权问题。严格按照著作权法的规定,征得著作权人对数字化加工和网络传播的许可。

3.2.3　数字资源的集成建库

数字资源的集成建库,主要涉及在自建的数据库中集成存储由他人制作的数字化作品,或者从网上或其他数据库中拷贝各类信息建设自有资源库的情况。这种做法虽然不涉及对传统作品的数字化加工,但是,实际上也是在对已有的数字化作品进行电子复制。由于数字化作品与传统作品一样享有著作权保护,电子复制并未超出著作权人享有的复制权的权利范围,因此,大量复制数字化作品,原则上必须经过著作权人的许可。合理使用(未经著作权人许可、不支付报酬使用作品)只适用于非营利性教学科研单位以及个人使用等少数特定的情形。

目前,网上的确有许多可以免费使用的资源。图书馆在使用他人制作的数字资源建设数据库时,为了避免侵权,应注意以下四点:第一,坚持非营利使用;第二,不改变数字资源的内容和所附带的著作权信息;第三,尽可能核查确认著作权归属并注明资源的制作者和出处;第四,在数据库起始界面添加著作权通告,提醒用户按照著作权法的规定使用该资源。

3.3 网络服务有关的著作权问题

3.3.1 上载资料应承担的责任

数字图书馆为提供网络服务而上载资料引发的著作权问题分为两种情况:一是图书馆自己上传的资料,二是用户利用图书馆的网络服务设施上传的资料。总的说来,对图书馆自己上传的资料而言,如果法律没有规定特殊的免责条款的话,一切责任都要由图书馆承担。对用户利用图书馆的网络服务设施上传的资料,若图书馆在接到侵权通知后立即撤除有关资料,就不必为用户的侵权行为承担责任。

具体说来,图书馆自己上传的资料又分为以采购方式获得的数字资料和自己制作的馆藏作品的数字化制品两种类型。

(1)图书馆能否将自己采购的数字资料上网?如果按照以往适用于印刷作品的著作权穷竭或著作权一次用尽原则推论,这似乎没有问题。但是,由于国际和包括我国在内的许多国家的著作权法设立了新的网络传播权,因此,数字作品的上网问题就变得复杂起来。图书馆能否将自己采购的数字资料上网,最终要取决于采购或许可合同的约定。在数字网络环境下,许多出版商和数据库生产者采用合同方式销售数字产品。按照合同的约定,有的数字产品可以利用 WWW 服务器上传到因特网,更多的数字产品则不允许上传到因特网,只允许脱机使用或在局域网内使用。图书馆只要注意不违反采购合同约定的传播范围和传播方式,就不构成侵权。

(2)图书馆能否不经过著作权人的许可,将自己制作的馆藏作品的数字化制品上网进行公开传播?目前,无论是国际著作权公约还是各国的法律,都没有针对图书馆的情况就网络传播做出明确的豁免规定。按照我国现行著作权法的规定,任何组织和个人未经著作权人许可,擅自将其受著作权保护的作品上网向公众传播,就会侵犯著作权人的信息网络传播权。已经出现的北大教授诉数字图书馆侵权案例足以让我们警醒。因此，为了规避风险，对需要上网进行公开传播的受著作权保护的资料，图书馆应事先有计划地与著作权人或者著作权人委托的著作权集体管理机构联系，解决许可问题。如果著作权人拒绝图书馆将自己的作品上网，图书馆只有在该作品著作权保护期满后，才可以上传到网上提供服务。

随着数字图书馆建设活动的不断拓展，今后将有更多的图书馆面临作品上网的问题。采取不经过许可先将作品上网，遇有著作权人反对，再从网上撤除该作品的做法，属于违反著作权法的短期行为，不能盲目效仿。因为，一方面，现行著作权法规定的图书馆合理使用条款并不包括此方面的内容。另一方面，从最高人民法院《关于审理涉及计算机网络著作权纠纷案件适用法律若干问题的解释》看，其中虽然规定：接到著作权人的通知后，网络服务提供者采取移除相关内容的措施，即可不追究网络服务提供者的侵权责任。但是，它仅适用于作品系网络服务提供者之外的其他人上传到网络的情况[5]。甚至对属于图书馆和教育机构范围的网络服务提供者比较宽容的美国《数字千年著作权法》，也只对无知侵权责任进行豁免。可见，图书馆在了解上网作品受著作权保护的情况下，仍然自主决定将其上网，即便有办理许可困难等客观原因，也无法摆脱主观上不可推卸的责任。之所以如此，是因为无论从实施上网行为的主体，还是从该行为的性质看，都具有了承担侵权责任的构成要件。这也符合有的学者在提出网络服务商承担侵权责任的判定标准时所采用的分析思路[6]。

2001年6月，北京市第二中级人民法院审结的一起案例可以清楚地说明，网络服务提供者在何种情况下应对作品上网承担责任的问题。

据新华网2001年6月22日报道，北京市第二中级人民法院当日正式审结了杨建诉四家网站侵犯其在网上发表文章的著作权纠纷案。案由如下：2000年12月1日，杨建以"海杨"为笔名在网易网站发表了题为《演艺圈同性恋知多少》的文章，并声明不得转载。但不久，杨建就发现北京青年报网络传播技术有限公司(简称北青报公司)、北京笔电新人信息技术有限公司(简称笔电新人公司)、找到啦因特网(中国)有限公司(简称找到啦公司)和北京千龙新闻网络有限公司(简称千龙网公司)的网站都登载了这篇文章。杨建认为这四家公司的行为侵犯了他的署名权、使用权和获得报酬权,请求法院判令四家公司赔偿不少于人民币500元的经济损失;在网站上刊登更正声明;承担诉讼的有关费用。

北青报公司在法庭上辩称,其网站刊载的文章来源于一署名"虎骨酒"的网民的帖子,但北青报公司未能提供证据证明;笔电新人公司和找到啦公司则辩称,他们不知海杨就是杨建,否则会支付报酬;千龙网公司则称,这篇文章是网友发表在留言版上内容,由于留言版上的内容不通过网站的编辑模板,所以网站无法控制。并且在知道此事后,千龙网已将文章移除,所以不应承担责任。

北京市第二中级人民法院知识产权庭审理此案后认为,此案不仅涉及网络著作权纠纷中经常遇到的电子证据的效力如何认定的问题,而且还涉及网络服务提供者对于网友发表在留言板或电子公告栏上的侵权内容是否应当承担法律责任的问题。法院最终判决北青公司、笔电新人公司和找到啦公司未经合法授权,在其网站传播他人的作品,侵害了作者杨建的署名权、使用权和获得报酬权,因此各赔偿杨建经济损失人民币300元,北青报在其网站主页上刊登署名更正声明。而千龙网公司网站刊载的涉案文章,系网友自己发表在留言板上的内容,对此,网络服务商应移除侵权作品,而不应承担侵权赔偿责任,所以判决驳回杨建对千龙网公司的诉讼请求。

以上案例可以看出,网络服务提供者未经授权或许可,便将受著作权保护的作品上网传播,是违反著作权法的侵权行为。若要享有侵权责任的豁免,必须符合网络服务提供者免责条款的规定。

当然,现实中也存在其他没有侵权风险的作品上网方法,即图书馆可以经过筛选,先将一些属于公共领域(超过著作权保护期限或不属于著作权保护范围)的有价值的作品上网。由于对这类作品的使用,不经过许可,不支付著作权使用费,也不构成著作权侵权。所以,全球有许多图书馆网站和其他组织机构主办的网站,都在因特网上提供此类作品。其中,最著名的当属由美国伊利诺斯的迈克尔·哈特(Michael Hart)发起的古腾堡项目(Project Gutenberg)。该项目的最终目标是在作品进入公共领域后不久,便提供电子文本。该项目从制作《独立宣言》的电子文本起,已经以最简单的纯文本形式在网上提供了数千种文学、政治、历史、哲学等领域的作品,并于2001年年底之前建成包括10 000种作品的古腾堡项目电子公共图书馆[7]。

3.3.2 合理使用的适用范围

网络服务涉及的著作权问题较之数字资源加工所涉及的著作权问题更加棘手。这是因为,网络传播的合理使用条款尚不明晰,著作权人对网络传播的控制远远大于传统传播。即使图书馆以保存的名义,或经著作权人许可制作了馆藏作品的合法复制品,擅自将这些复制品长期放在网上也是有侵权风险的。国内外的情况都是如此。

一般而言,在著作权法没有设置合理使用条款的情况下,将大量自己加工或他人加工的受著作权保护的数字资源进行网络传播,都必须征得著作权人的许可,甚至支付相应的著作权使用费。正如美国加州大学伯克利分校图书馆的数字图书馆研究开发部项目经理罗伊·坦南特(Roy Tennat)所指出的那样,合理使用的原则不适用于那些为了长期在网上存取而将资料转换为数字形式的数字图书馆项目,这些项目都需要得到著作权人的许可。但是,合理使用原则适用于特定的有限使用的情形,例如,数字化教学参考资料,在课程结束时这些资料就会被移除[8]。

据文献报道和笔者2002年对美国的纽约州立大学布法罗分校图书馆(Library of University,The State University of New York at Buffalo)、康涅狄克大学图书馆(University of Connecticut Library)、亚拉巴马大学图书馆(University of Alabama Library)和佛罗里达大学图书馆(University of Florida Library)所做的网络跟踪调查,从20世纪90年代中期开始,美国的许多大学图书馆纷纷建立电子教参系统,将教师指定的教参资料(仅局限于图书的个别章节、单篇期刊论文)进行数字化加工，并通过图书馆的主页向注册该课程的学生提供网络浏览和下载打印服务。也有一些数字图书馆项目是征得著作权人的许可后，将一些与教学有关的作品上网服务[9]。

3.3.3 网上资源的重组、传播服务

我国现有的一些数字图书馆建设项目，都涉及利用数字技术和网络技术提供更多、更及时的信息服务，其中包括通过网络向用户推荐网上专题资料、选择汇集网上的特定内容、音频视频节目点播、发布信息等。由于上述主动传播服务都使图书馆的行为更接近出版或发行行为，其优势越多，所承担的风险就越大。因此，较之数字化加工，网络服务要更加慎重。

比如，一些图书馆在做"知识导航"时，常采用下载粘贴的方法，将其他网站允许下载的有关信息下载后，经分类整理，集中在自己的网页中提供，此举属于可以获得合理使用豁免的复制行为。但是，有的网站并未说明是否允许下载其中的内容，此时若要复制其中的内容，并将所复制的资料添加到自己的网站长期存储，作为自己所提供的内容进行再传播，则应当征得著作权人的同意。否则，如果著作权人发现图书馆的再传播行为导致了自己的经济损失，就会起诉要求赔偿。在这种情况下，尽管图书馆可以依据自己提供的是非营利性服务，应当享有合理使用所允许的豁免为抗辩，但是，一旦涉及诉讼案件，将会影响图书馆的社会形象，而且要为应诉付出时间和金钱的代价。

解决网络服务著作权问题的原则是，图书馆要尊重著作权人的声明，对网上资源的选择、重组和发布持慎重态度，坚持非营利、特定范围传播，而且应当在图书馆网页的显要的位置发布著作权声明，告诉用户应按照著作权法的规定使用作品，尤其不能将从图书馆网站获取的数字型作品擅自制作多份复制品、进行大范围网络传播，或进行大规模商业性复制，以免因用户的侵权行为受到牵连。

具体说来，图书馆无论以下载方式复制网上的资料还是将其他网站上的作品收入自己的网站进行二次传播时应注意，所传播的资料应

尽量用于特定范围的服务或临时使用。比如,在网络环境下所开辟的面向特定用户的"资料推送"服务,要求不违反著作权法关于合理使用的规定和已经签署的作品使用合同。如果"资料推送"服务涉及著作权人声明不允许复制的作品,为了避免侵权,则应当放弃全文推送,只向用户通报该作品的线索或出处,指引用户到原始网站或亲自到图书馆浏览获取该作品。

4　结语

目前和今后相当长的时期内,数字图书馆的建设与服务都会处于比较复杂的法律环境之中。面对新的法律环境和严酷的现实,数字图书馆的建设者要充分利用数字技术和网络的优势提供各种服务,就不得不考虑面临的著作权制约。只有了解著作权法的相关规定,认真解决著作权问题,才能规避数字图书馆建设与运行的风险,使数字图书馆的建设与服务步入健康发展的轨道。

参考文献

1　毅君,海波.法学专家状告网站侵权一审获赔八万元.北京青年报,2002 - 07 - 09

2,5　最高人民法院关于审理涉及计算机网络著作权纠纷案件适用法律若干问题的解释.最高人民法院审判委员会第 1144 次会议通过,2000 年 12 月 20 日公布,2000 年 12 月 21 日施行

3　全国人民代表大会常务委员会关于维护互联网安全的决定. http://203. 93. 31. 72/dzb/app/dtxx/dt_contentl. stm?

4　Rogers Michael, Norman Oder. New Copyright Laws Reflect an Online World. Library Journal,1999,24(4)

6　陈建民.网络服务商在什么情况下承担侵权责任.电子知识产权,2000(5)

7　History and Philosophy of Project Gutenberg. http://www. Gutenberg. net

8　Roy Tennat. Copyright and intellectual property right. Library Journal,1999,124 (13)

9 Leah G McGinnis. Electronic Reserves at the University of North Carolina: Milestones and challenges in implementing a new service. Journal of Interlibrary Loan, Document Delivery & Information Supply, 1999, 9(4)

相关大学网址:http://ublib. buffalo. edu/libraries/creserve/

http://www. lib. uconn. edu/ECR/

http://www. lib. ua. edu/services/reserves/#eres

http://web. uflib. ufl. edu/reserve. html

附注:

本文撰写于 2003 年 1 月,发表于清华大学出版社,2003 年 11 月出版的《继承、创新、发展——清华大学图书馆成立 90 周年论文集》,第 416—424 页。

期刊论文数据库建设
应注意的著作权问题
——从美国一起汇编作品著作权
侵权案的审理说开去

随着网络应用的普及,越来越多的数据库公司涉足将印刷期刊论文收入数据库,制作光盘销售或利用网络提供检索、浏览等服务。由此导致汇编作品著作权纠纷不断增多。2000 年以来,国内先后出现了期刊出版单位和论文作者状告数据库公司的著作权纠纷[1-3]。如何看待和处理汇编作品的著作权问题,美国 2001 年 6 月审结的前美国作家联盟主席 Jonathan Tasini 为首的自由作家诉 New York Times 等出版机构侵权案,可以为我们提供借鉴。

1 诉讼缘由与焦点

电子网络媒体普及之前,作家向出版机构投稿时,所签合同只明确指出许可出版机构以印刷形式出版其作品。随着数据库公司的出现和传统媒体向电子媒体的转型,许多出版机构在未征得作家同意,也未向作家付酬购买电子许可的情况下,将作家的作品出售给数据库公司,或自行出版相关作品的电子版。出版商声称,自己获得传统媒体出版许可,就意味着自动获得了电子再版权。

1993 年 12 月 16 日,Tasini 等自由作家因自己的文章被擅自收入数据库,向法院提起民事诉讼[4],状告时代出版集团和2家数据库公司侵犯自己的著作权,要求明确自己的权利,判被告停止侵权、赔偿损失。涉案的期刊出版商和数据库公司则引用美国1976年著作权法201(c)规定的汇编作品的复制发行权进行抗辩。

本案的诉讼焦点是作家所创作作品的电子复制权的归属问题。长期以来,此问题一直困扰电子和网络出版业。

原告认为,尽管电子复制权是随着电子出版与网络传播出现的新问题,但是,答案并不是新的。按照公认的著作权法原则,如果作家没有明确表示将电子权利转让,或者为转让自己的权利签署合同,那么,作品的电子复制权就归作家所有,既不属于印刷媒体出版商,也不属于那些声称已出资向印刷媒体出版商购买电子复制权的数据库公司,更不属于传播或销售这些作品的数据库服务商。

2 诉讼过程与结果

诉讼始于1993年,审理过程一波三折。直至最高法院2001年6月做出终审判决,历时8年,被称为美国历史上里程碑式的诉讼案。

1993年起诉方为Jonathan Tasini等11位自由作家(其中包括《纽约时报》专栏作家Mary Kay Blakely,记者Barbara Belejack等),涉及32篇文章,有争议的金额超过5万美元。被告为美国时代出版集团的三家出版公司(New York Times Company, Newsday Inc. 和Time Inc.)以及两家数据库公司(Mead Data Central Corp所属的Lexis/Nexis 和University Microfilms Inc.)。1993年12月,美国纽约南区地方法院受理此案,立案号为93 CIV 8678。

经审理,纽约南区地方法院于1997年8月做出了有利于时代出版集团与数据库公司的判决。法院认为,著作权法201(c)适用于数据库复制,电子格式属于201(c)所许可的改编版。由于数据库公司将期刊内容转换为电子格式的同时保持了论文的原貌,因此,期刊的电子版仅仅是汇编作品的改编版,不能视为新作品[5]。法院还强调,有必要鼓励电子格式的开发,鼓励出版商以电子形式提供服务。此判决意味着允许出版商和数据库公司未经作者许可,不向作者支付额外报酬而创建数据库。

一审败诉后,以 Jonathan Tasini 为首的 6 位作家不服法院的一审判决,于 1998 年 2 月向美国联邦第二巡回上诉法院提出上诉[6]。此时,涉及文章 21 篇。其中 12 篇发表在《纽约时报》,8 篇发表在《每日新闻报》,1 篇发表在同属于时代集团的《体育画报》。

1999 年 9 月,第二巡回上诉法院推翻了纽约南区地方法院的一审判决。三位法官一致认为:时代出版集团和两家数据库公司未经作家许可,未向作家支付报酬,擅自复制作家的作品并收入数据库发行,构成了著作权侵权[7]。

2001 年 3 月 28 日,时代出版集团和两家数据库公司向美国联邦最高法院提出申诉,要求最高法院否决第二巡回上诉法院的判决。2001 年 6 月 25 日,最高法院做出终审裁定,指出:数据库公司未经作家授权,擅自复制、发行作家的作品,侵犯了作家的著作权;印刷期刊出版商授权并协助数据库公司将作家的文章收入数据库,也侵犯了作家的著作权,故支持第二巡回上诉法院的判决(7 票赞成,2 票反对)[8]。

3 审理要点分析

3.1 对作品使用方式的认定

纵观案件的审理过程可以看出,认定数据库公司以何种方式使用期刊文章是法庭审理该案的重要基础。

一审法院认为,数据库公司将期刊内容转换为电子格式时,保持了论文的原貌。

第二巡回上诉法院和最高法院则认为,数据库公司将期刊内容转

换为电子格式时,并未保持论文的原貌。法庭认定的事实如下:

第一,Mead Data Central Corp 制作的 NEXIS 数据库,以文本形式收录多种期刊发表的文章。数据库订户利用计算机检索 NEXIS,可以从作者、主题等途径检索这些文章,还可以浏览、打印或下载检索到的文章。尽管每篇文章都注明原始期刊的名称、卷期、页码、文章题名、作者姓名等来源信息,但是,文章均独立显示,无法呈现与印刷出版物中其他文章的联系。此外,NEXIS 所收期刊论文,没有保留印刷版期刊的全部格式,改变了字号、原页码的位置等。

第二,纽约时报向 UMI 公司颁发许可协议,授权该公司利用《纽约时报》印刷版的资料制作光盘产品。此行为属于以复制方式制作数据库产品。

UMI 公司的产品有:①《纽约时报》(光盘版),英文名称为 *NEW York Times OnDisc*,简称 NYTO。该产品为纯文本数据库,收录《纽约时报》发表的文章,文章的显示方式基本与 NEXIS 相同;②《综合性期刊》(光盘版),英文名称为 *General Periodicals OnDisc*,简称 GPO。该产品是以扫描方式制作的期刊内容影像数据库,收录纽约时报集团出版的《周末书评》等期刊资料,包括文章、照片、标题、广告等,显示格式与印刷版相同。尽管如此,上述 2 种光盘与 LEXIS/NEXIS 的检索方式相同,检索出的文章无法呈现与印刷出版物中其他文章的联系。

3.2 适用著作权法条文的解释

从案件的审理过程看,一审和二审法院都根据美国著作权法 201(c)审理该案。但是,却对著作权法 201(c)做出了不同的解释,因而案件的判决结果也大相径庭。

201(c)的内容是:汇编作品中每一件独立作品的著作权,均独立于该汇编作品的整体著作权,归投稿的作者所有。在没有表明著作权及其相关权利转让的情况下,只能推定汇编作品的著作权人仅获得了将投稿作品作为特定汇编作品的一部分,复制、发行该投稿、修订汇编作品,以及日后收入同一系列汇编作品的权利。

负责一审的纽约南区地方法院认为,纽约时报许可数据库公司复制、发行作家的作品,属于著作权法201(c)规定的对作家首次投稿产生的汇编作品的修订行为,不构成侵权。

美国联邦第二巡回上诉法院认为,数据库并不包括在著作权法201(c)所规定的汇编作品之列,尤其不是作家最初投稿的印刷期刊的修订形式。因此,纽约时报未经作家许可,擅自授权数据库公司复制、发行作家的作品,构成了著作权侵权。

最高法院在认定有关事实后指出,著作权法201(c)不能使本案有争议的复制合法化,期刊出版商与数据库公司的行为不受著作权法201(c)的庇护。因为,数据库以独立的方式复制和发行文章,没有显示任何上下文联系,不能视为作家投稿的特定汇编作品的一部分,不是对原汇编作品的修订,也不属于收入日后编辑的同一系列的汇编作品。最高法院做出上述裁决的具体依据如下:

第一,本案中,当作家将文章投给汇编作品时,文章的著作权仍然属于作家(201c)。汇编作品的著作权属于编者,即印刷期刊的出版商。但是出版商所享有的著作权只限于对汇编作品所提供的独创性资料,而不能延及汇编作品所使用的此前已经存在的资料(参见美国著作权法103b)。著作权法201(c)和404(a)保留了作者将作品提交给汇编作品后的著作权。据201(c)的规定,出版商可以将已发表的作者投稿在此后出版的期刊中再次使用,也可以在百科全书的修订版中使用旧版本的投稿,但是,出版商无权修改投稿内容,无权将投稿收入新的文集或收入一部完全不同的汇编作品中。从本质上讲,201(c)调节出版商对汇编作品的著作权,使之适应作家对其投稿所享有的著作权。假如存在将作家的投稿单独出版或是收入新汇编作品的需求,著作权法允许作家从中获益;在授权期刊出版商使用自己的投稿后,作家仍然可以将作品出售给他人。若期刊出版商未经作家许可,擅自复制或发行作家的投稿,或将投稿收入新的汇编作品中,那么,著作权法所规定的作家对其投稿的著作权就无从保留。

第二,出版商提出,将作家投稿收入数据库,属于著作权法201(c)

所规定的复制发行文章、对汇编作品进行修订的范畴。这一主张是不能接受的。在决定复制发行文章能否视为修订作品时,法院所关注的是文章提供给数据库用户时的表现形式和用户的感觉。(参见美国著作权法第 102、101 条)本案中,三个数据库中包含成千上万种汇编作品中收录的文章。数据库首先提示用户在包罗万象的内容中检索,检索出的每一篇文章都各自独立,没有与其他文章的联系。

第三,涉案数据库不具备将文章作为原始版本或修订版本的一部分进行复制、发行的资格。因为,期刊的每一期只是不断扩展的数据库的很小一部分,不能将数据库视为其中每一小部分的一个新版本。更进一步说,在数据库中,用户看到的文章是以新形式出现的,不能被视为原汇编作品的一部分。数据库中的文章标明原始期刊出处,只说明此前该文章是汇编作品的一部分,无法证明数据库复制发行期刊文章的合法性。

第四,将数据库类推为缩微制品是不能成立的。缩微品可以保持上下文联系,而报刊文章转录入数据库后,提供给用户的不是完整的期刊,不能视为整个期刊从一种媒体到另一种媒体的转换。出版商主张的"媒体中立"的观点,恰好适用于保护作者的权利而不是出版商的权利。即使用户检索数据库时,可以找到发表在特定期刊上的完整论文,但这一结果也未改变上述性质。根据著作权法 201(c) 的规定,问题并不在于用户能否从数据库中逐一找到原汇编作品的内容,而在于数据库能否从外观上将作者的投稿显示为汇编作品修订版的一部分。

4 评析

本案纠纷源自受著作权保护的两类主体对其作品所享有的复制、发行权的行使问题。由于享有汇编权的印刷期刊出版商和享有原始著作权的作家均主张享有电子复制权,因此,对二者权利的区分至关重要。

事实上,作家登记了单篇文章的著作权,出版商登记了印刷版期刊(汇编作品)的著作权。出版商曾与作家签订作品使用合同,但是,与作家签订的合同中,使用方式只涉及在印刷版期刊中使用,不包括将文章收入数据库。因此,一方面,期刊出版商要合法制作已发表作品的电子版,必须得到作者的许可;另一方面,数据库公司要合法生产已发表期刊作品的数据库,则必须得到作者和期刊出版商的许可。本案中,尽管数据库公司向期刊出版商支付了著作权许可费,但是,由于没有得到作者的许可,仍然扮演了侵权的角色。

值得指出的是,20 世纪 90 年代中期以来,随着网络出版的兴盛,国外许多出版机构与作家签订的许可合同均包括电子复制和网络传播在内,避免了此类纠纷的发生。但是,不容忽视的是,要为大量仍处于著作权保护期内的作品回溯建立数据库,面临的著作权许可问题十分严峻。

比如,在上述案件的审理中,出版商曾警告说,法院做出支持作家的裁决将导致灾难性后果,致使电子历史记录留下漏洞(因为,为了避免大量收入数据库的文章作者提出类似诉讼,出版商会从数据库中删除那些文章)。法院就此调查了历史学家的看法。有历史学家,如 Ken Burns 等,支持出版商的观点,也有历史学家,如 Ellen Schrecker 等,对出版商的观点持异议。最高法院认为,法院做出不允许将作者的论文擅自收入数据库的裁决,并不会导致电子历史记录留下漏洞的后果。因为,作者可以和出版商签订许可协议,允许将其作品收入数据库。

总之,美国最高法院审理该案的立场十分明确,即判决绝不能以缩减国会所赋予作者的权利为基础。在此背景下,2001 年,美国作家联盟成立了著作权集体管理组织——出版权结算中心(Publication Rights Clearinghouse,简称 PRC),以便于作品的使用许可[9]。

5 本案的启示

我国 2001 年新修订的《著作权法》第十四条规定:汇编若干作品、作品的片段或者不构成作品的数据或者其他材料,对其内容的选择或者编排体现独创性的作品,为汇编作品,其著作权由汇编人享有,但行使著作权时,不得侵犯原作品的著作权。随着新著作权法的实施,我国期刊出版界开始重视汇编作品的著作权问题,出现了相关研究文章,也进行了自身的维权活动。但是,我们还需要对汇编作品著作权的权利归属与行使限度进行更加全面的认识。在许多商业公司积极进军电子网络出版业的情况下,各类出版机构应明确汇编作品涉及的多种著作权的权利归属与行使限度,依法获得著作权人的许可,在促进电子出版繁荣的同时,减少著作权纠纷的发生。

参考文献

1 金振蓉.一著作权侵权大案诉讼终审,侵犯学术期刊版权行为受罚.光明日报,2003 – 05 – 16

2 姜奇平.此事背后有文章——评 22 专家状告清华同方. http://tech.sina.com.cn/it/m/2002 – 12 – 05/0948154064.shtml

3 刘湛,邓河春.22 名专家状告清华同方,版权纠纷升级终对簿公堂. http://tech.tom.com/Archive/1121/1015/2002/12/4-58542.html

4 Jonathan Tasini et al. Complaint. http://www.nwu.org/tvt/tvtcomp1.htm

5 Sonia Sotomayer. Ruling of United States District Court Southern District of New York. http://www.nwu.org/tvt/tvtrule.htm

6 Jonathan Tasini et al. Appeal Brief. http://www.nwu.org/tvt/tvtapp98.htm

7 Winter et al. Ruling of Appeals Court for the Second Circuit. Sept. 24,1999. http://www.tourolaw.edu/2ndCircuit/September99/97-9181.html

8 Justice Ginsburg. Opinion of the Supreme Court of the United State. June 25,2002. http://www.supremecourtus.gov/opinions/00pdf/00-201.pdf

9　National Writers Union. Above Publication Rights Clearinghouse. http://www. nwu. org/prc/prcabout. htm

附注：

本文撰写于 2003 年 7 — 8 月，发表于《中国科技期刊研究》，2004 年第 15 卷第 2 期，第 179 — 181 页。

数字图书馆建设涉及的
著作权问题

1　如何认识数字图书馆

　　数字图书馆作为科学幻想,发端于 20 世纪中叶的美国,依托计算机、数据库、网络通信等技术的发展,于 20 世纪末演变成声势浩大、席卷全球的实际行动与美好现实。数字图书馆导致了信息创建、利用方式的变革。正如网络期刊《数字图书馆杂志》的创始人之一、美国康奈尔大学计算机系教授威廉·阿姆斯所指出的那样,有史以来我们第一次有可能将大规模的信息服务建立在数字化馆藏和网络化检索服务上[1]。

1.1　数字图书馆的类型与定位

　　数字图书馆是一个开放、内涵丰富的概念。笔者认为,由于早期术语翻译不够严谨,致使 Digital Library 这一词组中原本具有"文库"之意的 Library,统统被译为实体或机构意义上的图书馆,造成了目前对数字图书馆进行界定和管理的困难。因此,需要对数字图书馆的类型和特征进行具体分析,在此基础上为著作权法规制定与数字图书馆建设和运营相关的条款提供一定的基础。

1.1.1　数字图书馆的类型

综合起来看,数字图书馆大体可以划分为以下三种类型:

181

●文库/多媒体数据库型

此类数字图书馆在早期数字图书馆建设中占绝对多数。例如,图书馆、档案馆、博物馆等拥有特色收藏品的机构,往往通过对特色收藏品的数字化加工,将相关资源的数字复制品集成为面向网络应用的可多角度检索的数据库,再通过网页形式发布、提供服务。随着计算机存储容量和网络传输速率的升级,目前此类数字图书馆的资源已经不仅仅局限在文字作品的狭小范围,几乎可以包括音频、视频、图像等各种资源。

●门户/链接型

此类数字图书馆是为了方便用户查找网络资源而建设的网络资源搜索定位系统。它在早期数字图书馆建设中很少引起关注,但是,近年来,随着网络资源的激增,其应用逐步增加。其特点是不进行资源的数字化加工和内容的复制,仅按照一定规范,对网络资源进行特征描述、评价、建立资源链接等,以方便用户检索的结构形式组织上述操作形成的资源记录,并通过网页提供资源导航服务。

●综合型

多为上述两类数字图书馆的集合形式。因此,会同时涉及数字复制品的制作、集成、资源的链接、网络传播等活动。

1.1.2 数字图书馆的定位

从数字图书馆的服务运营模式观察,现有的数字图书馆的定位大体分为以下四种:

●营利性数字图书馆——以商业公司形式运营的数字图书馆,通过收费服务赚取利润是其突出特点。

●非营利性数字图书馆——免费或者只回收少量成本费用的数字图书馆,公益性和不赚取利润是其突出特点。

●服务于特定用户群体——用户必须经过权限认证,仅局限于特定范围,不面向社会提供开放服务。

●服务于社会公众——用户不限,面向社会提供开放服务。

1.2　数字图书馆的特征分析

目前,国内外已经建成的数字图书馆名称和建设管理者各异,但是,考察数字图书馆的存在形式可以看出,其具有以下明显特征:

- 有组织的信息资源与相关服务
- 面向用户的多媒体资源管理环境
- 信息以数字化形式保存
- 内容组织结构方便检索
- 通过网络进行访问
- 资源分布/集中存储、管理

值得指出的是,信息的表现方式和信息管理应用的方法受技术变化的影响很大,这种因素导致了多种数字图书馆、网络数字资源服务实体和服务模式的出现。归根结底,技术发展的驱动力是人类快速准确创建、加工、获取、传播信息的需求。随着社会信息化程度的不断提高,各行各业都存在依托计算机和信息网络创建、组织、存储和发布信息的需求,仍然需要查找利用他人创建的信息,用于学习、工作、研究参考、娱乐等。这导致数字图书馆和网络数字化资源的数量和种类的持续增长;同时,与之相关的支撑技术也在不断改进。因此,在技术层面上我们需要对数字图书馆的理解持动态和开放的态度,但是,在著作权管理层面上,则应当排除名称等表象的影响,准确把握其本质的特征。

2　数字图书馆建设面临的困难

2.1　法律环境的变化

近年来,国际组织和一些国家纷纷修订原有的著作权法,例如,1996 年 WIPO 外交会议上签署的两个条约——《WIPO 著作权条约》(英文简称 WCT)和《WIPO 表演与唱片条约》(英文简称 WPPT),将数字产品与网络传播纳入著作权法保护的范围。从我国的情况看,为了履行加入世界贸易组织的承诺,我国已经开始实施对网络传播的知识产权保护。2001 年 10 月修订颁布的我国现行著作权法,参照 WIPO 两个条约的规定,新设立了未加任何限制的信息网络传播权和对未经许可通过信息网络传播作品行为的惩罚条款。此外,为了保护著作权人的权利,还规定了对技术保护措施和著作权管理信息的保护条款(参见著作权法第 10 条第 12 款、第 47 条第 1 款、第 47 条第 6 款、第 47 条第 7 款)。最高人民法院于 2000 年 12 月公布的审理网络有关的著作权侵权案件的司法解释规定:未经著作权人许可,擅自将其作品上传到网上传播属于侵权行为[2]。由此可见,法律环境并不像我们所希望的那样宽松。

2.2 资源共享与著作权保护的冲突

资源共享是图书馆界长久以来所奉行的理念。据资料记载,早在 1853 年,德国的普鲁士皇家图书馆就为不同类型的图书馆之间的合作采取过措施。美国图书馆协会 1917 年制定了馆际互借规则,其基本精神是来自欧洲中世纪在学术界盛行的思想,即每一学者都有责任把自己或他人的著作提供给任何一位严肃认真地从事学术研究的人。国际图联 1936 年制定了国际互借规则。该规则要求,对国际互借的图书免收关税,并付低率邮资[3]。半个多世纪以来,通过邮寄手段进行的馆际互借一直是全球图书馆界广泛参与的协作项目。我国图书馆界除参与国际馆际互借外,20 世纪 50 年代,就在周恩来总理的关怀下,制定了《全国图书协调方案》,进行大规模的资源布局规划和资源共享的协调工作[4]。

在 20 世纪 90 年代以前,信息资源的传播利用范围及效率极大地受制于技术因素,因此,为了寻求信息资源传播利用范围的扩大及效率的提高,开发、研究、引进新技术、新设备成为图书馆管理者的不懈追求。20 世纪 90 年代初,计算机技术、远程通信技术、网络技术、高密度存储技术的飞速发展和相互间的渗透结合应用成为现实,摧毁了妨碍资源共享的技术壁垒,全球出现了研究、建设数字图书馆的热潮。尽管由于理解角度和期望值的不同,现有的数字图书馆的概念和建设模式存在许多差异,但是,在利用先进的网络技术传播信息与知识,促进信息资源的广泛利用与共享方面却有着普遍的共识。

然而,基于网络环境的数字图书馆建设伊始,著作权问题就凸显出来。因为,数字图书馆的建设者着眼于提供无限的信息空间,以便捷、廉价的数字复制和网络传播,促进自身所存储以及各种分散的数字信息的有效传播和利用,使图书馆的信息服务突破时间和空间的限制。令人遗憾的是,这种观念与著作权人希望控制作品使用的现实存在着激烈的冲突。著作权过度保护与许可不畅,成为数字图书馆建设的症结。而数字图书馆建设者忽略著作权问题所付出的沉重代价也可由 2002 年 6 月北京市海淀区法院公开判决的某数字图书馆侵权案窥见一斑[5]。

3 资源建设与网络服务有关的著作权问题

3.1 作品数字化——以复制方式制作衍生数字资源

无论是将一部作品全部数字化,还是部分数字化,都会涉及著作权人的复制权、署名权、修改权、保护作品完整权、获得报酬等权利。在数字化的过程中,如果仅进行作品片断的加工,即部分使用作品,是否与保护作品完整权产生冲突,也是需要明确的问题。

3.2 原生/衍生数字资源的整合建库——以下载或链接方式集成资源

数字图书馆建设中,对网上收费/免费资源的集成,多采取在本地制作镜像、下载或建立链接的方式。下载与制作镜像均属著作权法所指的复制行为。无论将资源全部还是部分进行此类处理,都会涉及著作权人的复制权、署名权、修改权、保护作品完整权、获得报酬等权利。

目前,此类资源的建设主要通过采购数字资源、许可使用与合理使用解决。

值得指出的是,链接是间接使用或引导用户使用作品的一种形式,以建立链接的方式集成资源的法律定位目前还没有很好地解决。

3.3 数字资源的网络服务——公开网络、局域网、校园网范围的网络传播

现有的一些数字图书馆建设项目,都涉及利用网络提供更多、更及时的个性化服务,其中包括通过网络向用户推荐网上专题资料、将数字资源(包括自建资源和购买的资源)挂在公共网络、校园网或局域网上供用户使用等。在著作权法律法规没有明确信息网络传播权的控制范围到底有多大的情况下,上述主动传播服务优势越多,所承担的风险就越大。

因为,信息网络传播权是著作权人的财产权利,权利人通过出版网络作品或传统作品,可以获得经济收益。未经许可的大范围网络传播,会减少作品的发行量,影响著作权人的经济收入。现行著作权法第 58 条规定,网络著作权保护的具体办法由国务院制定,而国务院目前尚未发布相关规定。今后发布的网络著作权保护法规是否会增加对信息网络传播权的限制条款也悬而未决,这更增加了数字图书馆建设和服务过程中处理著作权问题的复杂性。

4 数字图书馆建设需要立法与守法

4.1 进一步完善著作权法律法规

IT 技术的突飞猛进与易变性,给人们留下了 IT 界素以概念炒作为营销特征的印象。数字图书馆也有类似的嫌疑。鉴于数字图书馆不是一个单纯的概念,而且日常的应用也不够严谨,故笔者认为,没有必要在法律上列出单独的条文,只需要在著作权法现有的框架内,按照国际惯

用的三步检验原则,针对数字图书馆建设所涉及的数字复制、网络传播、制作链接等相关问题,设置明确的限制条款。三步检验原则是:①属于特殊情况;②不与作品的正常利用相抵触;③不无理地损害权利人的合法利益[6]。据此,笔者对完善著作权法律法规提出以下建议:

第一,对著作权法合理使用条款内涵的明确与细化:

- 允许出于展示和保存目的对馆藏作品进行限量数字复制;
- 允许出于教学科研目的,以数字形式限量复制某些类型的参考资料;
- 允许在指明出处的条件下,建立网络资源的链接。

第二,在《网络著作权保护条例》中设置信息网络传播权的限制条款:

- 明确界定信息网络传播权所覆盖或控制的网络类型和公众的含义;
- 借鉴美国 2002 年 10 月 3 日通过,同年 11 月 2 日生效的《技术、教育与著作权协调法案》[7],设置非营利教育机构远程教育豁免条款;
- 在采取著作权技术保护措施和非营利的条件下,允许在局域网和校园网范围内,向特定用户传输馆藏数字作品;
- 允许图书馆利用网络进行馆际互借活动,实现一定范围的资源共享。

4.2 数字图书馆建设的著作权对策

4.2.1 对公共领域作品的使用

图书馆可以自行将不属于著作权保护范围的资料和超出著作权保护期限的资源,即公共领域(public domain)的作品进行数字化转换和相关使用,同时注意不侵犯著作权人的署名权等人身权利。

4.2.2 对处于著作权保护期内作品的使用

需要数字化的资源处于著作权保护期内,应针对实际情况考虑两种不同的著作权解决方案:

- 合理使用:符合著作权法第 22 条规定的馆藏保存复制、教学科研目的少量复制,并不一定都要得到著作权人的许可并支付报酬才能进行。

理由:数字化只是借助数字技术将人类的自然语言或其他符号转换成计算机可识别的机器语言。非营利性图书馆对所收藏作品的数字化,是在新技术条件下对作品的新型展示和保存所必需的,只要坚持不涉及数字作品的发行和商业性传播,而且将数字作品的传播控制在一定范围内,本身并不会对作品的正常利用和著作权人的利益产生太多影响。这正如图书馆制作馆藏作品的缩微品一样,应当享有合理使用的豁免。

• 许可使用:不属于著作权法所规定的合理使用情形,作品的数字化必须经过著作权人的许可,并向其支付一定的报酬。

值得指出的是,这不排除著作权人(作者、出版者)自动放弃相关权利,允许非营利性教学、科研单位、图书馆、公司化运作的数字图书馆等,免费对作品进行数字化加工和传播的情形。此时,仍应注意不侵犯著作权人的人身权利,保持作品的完整性和著作权人的署名等。在没有经过著作权人的确认或查看著作权声明的情况下,不能简单推定著作权人允许图书馆擅自使用自己的作品。如果著作权人拒绝图书馆将馆藏作品进行数字化转换,图书馆只有在该馆藏作品著作权保护期满后,才可以自行将其进行数字化转换。

4.2.3 对收费数字资源的使用

在自建数据库中集成由他人制作的数字化作品,或者从网上或其他收费数据库中拷贝各类信息建设自有资源库,属于复制数字化作品的行为,原则上必须经过著作权人许可。合理使用只适用于非营利性教学科研单位以及个人使用等少数特定的情形。

4.2.4 对网上免费资源的使用

网上有许多可以免费使用的资源。图书馆在使用他人制作的数字资源建设数据库时,为避免侵权,应注意以下四点:

第一,坚持非营利使用;第二,不改变数字资源的内容和所附带的著作权信息;第三,尽可能核查确认著作权归属并注明资源的制作者和出处;第四,在数据库起始界面添加著作权通告,提醒用户按照著作权法的规定使用该资源。

4.2.5 数字资源的采购

在建设数字图书馆的过程中,为购买数字资源签订许可合同时,应当将允许出于合理使用目的复制、传播作品作为必备条款。

4.2.6 对所提供资源的著作权保护

数字图书馆建设者应当向用户宣传著作权法,研究适用的著作权技术保护措施,避免所提供资源或作品的侵权使用。

5 小结

著作权法是社会上多个利益团体博弈的产物。加入 WTO 后,我国政府和立法机构所受到的来自国内外的压力是超常的。但是,无论如何,在修法立规过程中,应当坚持著作权法的立法宗旨。网络环境下,设置信息网络传播权是必要的,同时,要保证合理使用条款的与时俱进,保持公众利益与著作权人利益的谨慎平衡。

为了对抗由著作权人(主要是出版商等)主导的著作权过度保护(即不允许网络环境下合理使用)的立法趋向,国际上出现了由研究者发起的一系列"开放许可"运动,例如,由自由软件联盟发起的软件公共许可(GNU General Public License)[8]、由用户自由提交内容而建立的网上合作式超文本文件网——维基网(Wikis)及其《维基百科》[9]。笔者认为,它们本质上是对"合理使用"原则的法律外的补充。开放运动只有发展到足以对抗出版商的优势地位时,新的法律框架才能形成,目前,尚不具有撼动著作权法的影响力。

数字图书馆的定位不同,在资源建设与网络服务方面需要处理的著作权问题就有所不同。将数字图书馆定位于提供非营利性信息服务,就可以在网络传播的许可以及制作保存复制品的许可问题上享有不同程度的优惠,乃至合理使用的豁免。但是,如果将数字图书馆进行公司化运作,资源建设的数字化和网络服务就面临大量的许可和支付费用的问题。因为,公司化运作会改变图书馆的非营利性质,使图书馆无法享有合理使用的豁免。因此,以公司化运作的数字图书馆在资源建设和服务过程中,应严格遵守著作权法的规定,以获得著作权人的许可并支付报酬作为唯一的著作权解决方案。

面对我国出版资源有限的事实和社会公众对商业化运作的数字图书馆的需求,在强调著作权保护的同时,应当尽可能简化许可手续,采取降低获得许可成本的方式促进产业链的发展。例如,可以借鉴美国、英国著作权集体许可组织的做法,通过网络办理著作权使用许可。我们相信一个繁荣、充满生机、多样化的科技文化传播业的发展壮大是社会进步所必不可少的。

参考文献

1 William Y Arms. Digital Libraries, MIT Press, 2000

2 最高人民法院关于审理涉及计算机网络著作权纠纷案件适用法律若干问题的解释. 最高人民法院审判委员会第 1144 次会议通过, 2000 年 12 月 20 日公布, 2000 年 12 月 21 日施行

3 杨威理. 西方图书馆史. 北京:商务印书馆, 1988

4 肖燕. 以新技术革命为动力搞好图书馆网的建设. 山东图书馆季刊, 1984(3)

5 毅君, 海波. 法学专家状告网站侵权一审获赔八万元. 北京青年报, 2002 - 07 - 09

6 肖燕. 网络环境下的著作权与数字图书馆. 北京:北京图书馆出版社, 2002

7 肖燕. 美国远程教育著作权豁免法案评析. 中国版权, 2003(5)

8 GNU General Public License. http://www. gnu. org/copyleft/gpl. html

9 Wikipedia:Copyrights. http://www. wikipedia. org/wiki/Wikipedia:Copyrights

附注:

本文撰写于 2004 年 6 月。系笔者应《国家图书馆学刊》编辑部之约,基于同年 5 月在中国图书馆学会与中国版权协会联合举办的"数字时代图书馆的版权问题研讨会"上的发言而作。发表于《国家图书馆学刊》,2004 年第 4 期,第 72 — 76 页。

教育类数字图书馆与合理使用条款修订
——对一次问卷调查的分析

1　引言

随着数字技术和网络传播的应用范围日益扩大,现行著作权法的合理使用条款能否自然延伸到与网络数字传播有关的使用领域? 在建设面向教育应用的数字图书馆通过网络进行信息服务的过程中,合理使用豁免在许多情况下处于没有定论或失缺状态。

围绕建设教育数字图书馆涉及的著作权法问题,笔者于 2003 年 11 月至 2004 年 2 月以问卷调查方式(共 28 个选择题),定向征求了 30 位从事知识产权教学科研工作的法学专家和 20 位从事高校图书馆管理与教学科研工作的图书馆学专家的意见,共回收法学家问卷 20 份、图书馆学家问卷 16 份。以下择要分析调查结果,探讨著作权法合理使用条款的修订问题。

2　对现行著作权法的评价

2.1　对合理使用条款的总体评价

调查问卷第 6 题是为探询专家对合理使用条款的评价而设计的,

原题为:**您认为现行著作权法第 22 条合理使用条款能否保障网络环境下的利益平衡?** 本题有五个选项(A 总体可以;B 部分可以;C 不可以;D 不确定;E 其他)。调查显示,多数专家选择了 A、B 选项,表明对著作权法合理使用条款持基本肯定态度。此外,综合考察 B、C 选项可以看出,有 50% 以上的专家表达了对现有合理使用条款进行修订的潜在需求。详见表 1。

表 1　著作权法第 22 条能否保障网络环境下的利益平衡

选项	A	B	C	D	E	备注
法学专家选择人次	7	9	2	2	0	
法学专家选择比例(%)	35	45	10	10	0	基数 20
图书馆专家选择人次	4	7	1	4	0	
图书馆专家选择比例(%)	25	43.8	6.3	25	0	基数 16

2.2　对信息网络传播权的肯定与增设限制条款的预期

调查问卷第 8 题是为探询专家对信息网络传播权的评价而设计的。原题为:**我国 2001 年修订著作权法时设置了未加任何限制的"网络传播权",对此您首先想到了什么?** 本题有 6 个选项(A 等待配套法规的公布;B 应当对网络传播权进行必要的限制;C 对利用网络传播信息造成了负面影响;D 有助于遏制网络侵权现象;E 此举损害了社会公众利益;F 其他)。调查显示,专家们对设置信息网络传播权的反应是正面和建设性的。具体说来,两组专家均未选择 E 选项,另有部分专家选择 D 选项,表明了专家对信息网络传播权的肯定与认可。此外,从选择 A、B、C 选项专家的比例看,绝大多数图书馆学专家、60% 以上的法学专家都表达了对信息网络传播权进行限制的预期。详见表 2。

表 2　对著作权法设置未加限制的信息网络传播权的反应

选项	A	B	C	D	E	F	备注
法学专家选择人次	5	6	0	7	0	1	

选项	A	B	C	D	E	F	备注
法学专家选择比例(%)	26.3	31.6	0	36.8	0	5.3	基数19
图书馆专家选择人次	4	9	1	2	0	0	
图书馆专家选择比例(%)	25	56.3	6.3	12.5	0	0	基数16

3 修订著作权法的需求

3.1 对明确合理使用复制手段的需求

由于著作权法和相关实施条例对复制方式没有明确的规定,导致在多种技术手段并存的情况下,易于对复制手段产生不同理解。调查问卷第 1 题是为探询专家对合理使用允许采取的复制手段而设计的。原题为:**我国 2001 年新修订的著作权法第 22 条第 6 项规定:"为学校课堂教学或者科学研究,翻译或者少量复制已经发表的作品,供教学或者科研人员使用,但不得出版发行。"您认为其中所指的"复制"可采取的手段包括哪些?** 本题有 9 个选项(A 誊写/抄写;B 静电复印;C 借助计算机及其相关设备进行的临时数字复制;D 借助计算机及其相关设备进行的永久性数字复制;E 音像制品的磁性材料复制;F 打印;G 缩微/拍摄感光材料复制;H 传真;I 其他)。调查显示,两组专家的选择既存在共性也存在差异,表明了对合理使用复制手段进行明确注释的必要性。详见表3。

表3 教学科研合理使用允许采取的复制手段

选项	A	B	C	D	E	F	G	H	I	备注
法学专家选择人次	18	18	18	14	15	17	16	15	0	
法学专家选择比例(%)	90	90	90	70	75	85	80	75	0	基数20

续表

选项	A	B	C	D	E	F	G	H	I	备注
图书馆专家选择人次	15	16	16	12	13	15	13	10	0	
图书馆专家选择比例(%)	93.8	100	100	75.0	81.3	93.8	81.3	62.5	0	基数16

3.2 对明确合理使用允许复制作品类型的需求

网络与数字出版的出现,使作品类型不断增加。调查问卷第 3 题是为探询专家对合理使用允许复制的作品类型的认定而设计的。原题为:**著作权法第 22 条第 6 项规定:"为学校课堂教学或者科学研究,翻译或者少量复制已经发表的作品,供教学或者科研人员使用,但不得出版发行。"您认为其中所述"已经发表的作品"的类型应包括哪些?** 本题有 8 个选项(A 纸质/缩微图书;B 纸质/缩微报刊论文;C 音像制品;D 计算机软件;E 网络作品/出版物;F 教学课件;G 光盘数据库;H 其他)。调查显示,专家们对传统作品的选择差异不大,分歧主要出现在与新技术有关的作品上,这恰好印证存在明确合理使用允许复制的作品类型的需求。详见表 4。

表 4　教学科研合理使用可复制作品的类型

选项	A	B	C	D	E	F	G	H	备注
法学专家选择人次	18	18	18	13	15	11	14	3	
法学专家选择比例(%)	94.7	94.7	94.7	68.4	78.9	57.9	73.7	15.8	基数19
图书馆专家选择人次	15	15	14	11	12	10	11	0	
图书馆专家选择比例(%)	93.8	93.8	87.5	68.6	75.0	62.5	68.6	0	基数16

3.3 明确信息网络传播权控制范围的需求

信息网络传播权的控制范围是否包括一切网络传播？调查问卷第9题就是为探询专家此方面的看法而设计的。原题为：**非营利性教育机构利用校园网络定向、限时、限量传输教学内容是否属于"网络传播权"的控制范围？**本题有5个选项（A 肯定属于；B 应当属于；C 不属于；D 不确定；E 其他）。调查显示，专家们对利用校园网传输教学内容是否属于信息网络传播权控制范围的理解存在明显分歧。这也可以印证存在明确信息网络传播权控制范围的需求。详见表5。

表5　利用校园网传输教学内容是否属于网络传播权控制范围

选项	A	B	C	D	E	备注
法学专家选择人次	2	7	8	2	0	
法学专家选择比例(%)	10.5	36.8	42.1	10.5	0	基数19
图书馆专家选择人次	0	8	6	1	0	
图书馆专家选择比例(%)	0	53.3	40.0	6.7	0	基数15

3.4 增设网络教学豁免条款的需求

对信息网络传播权进行限制的突破口何在？网络教学能否纳入豁免范畴？调查问卷第11题是为探询专家对增设网络教学豁免条款的态度而设计的。原题为：**您是否赞成我国著作权法针对当前数字与网络教学的需求设置与美国类似的网络教学豁免条款？**本题有5个选项（A 完全赞成；B 有条件赞成；C 不赞成；D 不确定；E 其他）。调查显示，除极少数专家持不确定态度外，绝大多数专家完全赞成或有条件赞成我国著作权法增设与美国《远程教育豁免法案》类似的网络教学豁免条款，且无一人反对。详见表6。

表6 对我国著作权法设置与美国类似的网络教学豁免条款的态度

选项	A	B	C	D	E	备注
法学专家选择人次	3	13	0	1	2	
法学专家选择比例(%)	15.8	68.4	0	5.3	10.5	基数19
图书馆专家选择人次	11	4	0	1	0	
图书馆专家选择比例(%)	68.8	25.0	0	6.3	0	基数16

3.5 利用网络查找、获取教学参考资料的需求

调查问卷第19题是为探询利用网络查找、获取教学参考资料的需求而设计的。原题为:**假如您是教师,您是否鼓励学生利用网络查找、获取教学参考资料?** 本题有4个选项(A 鼓励;B 不鼓励;C 不确定;D 其他)。调查显示,专家们均选择 A 选项,表明利用网络传播教学参考资料是普遍存在的需求。详见表7。

表7 对学生利用网络查找、获取教学参考资料所持的态度

选项	A	B	C	D	备注
法学专家选择人次	18	0	1	0	
法学专家选择比例	94.7	0	5.3	0	基数19
图书馆专家选择人次	16	0	0	0	
图书馆专家选择比例(%)	100	0	0	0	基数16

3.6 对提供合理使用框架下的电子教参服务的需求

调查问卷第21题是为探询专家对高校图书馆提供合理使用框架下的电子教参服务的态度而设计的。原题为:**近年来,国外许多著名大学图书馆都在提供电子教参服务。具体做法是:依照合理使用指南的豁免规定,将教师指定的教学参考资料,如受著作权保护图书的一个章节、单篇论文、诗歌、散文等上网,供注册该课程的学生通过网络浏览,或打印下载。您认为我国高校图书馆是否有必要提供此项服务?** 本题有4个选项(A 有必要;B 没有必要;C 不确定;D 其他)。调

查显示,图书馆学专家对提供合理使用框架下的电子教参服务均持赞成态度,赞成的法学专家也达到60%。笔者认为,面对上述需求,即便不能将校园网整体排除在网络传播权控制范围之外,也应当将非营利教育机构通过校园网传输教学参考资料作为对信息网络传播权进行限制的突破口,设置相应的豁免条款。详见表8。

表8 高校图书馆有无必要提供合理使用框架下的电子教参服务

选项	A	B	C	D	备注
法学专家选择人次	12	3	4	1	
法学专家选择比例(%)	60.0	15.0	20.0	5.0	基数20
图书馆专家选择人次	16	0	0	0	
图书馆专家选择比例(%)	100	0	0	0	基数16

3.7 对非营利教育数字图书馆的合理使用豁免需求

调查问卷第22、23题是为探询专家对建设教育数字图书馆及其合理使用豁免需求而设计的。第22题为:**您是否赞成学校图书馆为服务于网络教学而建设教育/教学资源数字图书馆?** 第23题为:**您是否赞成著作权法设置非营利性教学资源数字图书馆合理使用豁免条款?** 它们均有4个选项。(A赞成;B不赞成;C不确定;D其他)。调查显示,绝大多数专家对建设面向教育服务的非营利数字图书馆持肯定态度。详见表9。

表9 对建设教育/教学资源数字图书馆的态度

选项	A	B	C	D	备注
法学专家选择人次	14	1	4	1	
法学专家选择比例(%)	70.0	5.0	25.0	5.0	基数20
图书馆专家选择人次	16	0	0	0	
图书馆专家选择比例(%)	100	0	0	0	基数16

然而,调查显示,专家对著作权法设置教育/教学资源数字图书馆合理使用豁免条款的态度有较大差异。图书馆学专家全部赞成,仅有

50%的法学专家持赞成态度。详见表10。

表10 对设置非营利教学资源数字图书馆合理使用条款的态度

选项	A	B	C	D	备注
法学专家选择人次	10	4	5	1	
法学专家选择比例(%)	50.0	20.0	25.0	5.0	基数20
图书馆专家选择人次	16	0	0	0	
图书馆专家选择比例(%)	100	0	0	0	基数16

笔者认为,由于数字图书馆的概念不够明晰,甚至存在许多歧义,因此,著作权法没有必要在形式上专门为数字图书馆设置合理使用条款,而应当基于对数字图书馆本质特征和所涉及的核心操作的认识,在著作权法或网络著作权保护条例中设置为教学目的进行数字复制、资源链接和网络传播相关的合理使用豁免条款,以促进网络教学和远程教育的健康发展。

4 著作权法修订路向

4.1 合理使用条款的修订路向

调查问卷第7题是为探询专家对合理使用条款的修订意向设计的。原题为:**您认为应对著作权法第22条进行哪些方面的修改?** 本题有4个选项(A减少豁免范围;B扩大豁免范围;C细化条款增加可操作性;D其他)。调查显示,两组专家的选择共性与差异均十分突出。其中,只有C选项最具共性;选择A选项的只有法学专家,选择B选项的图书馆专家比法学专家多4倍。选择D选项的法学专家分别指出"考虑最终用户使用""增减视具体情况""重新审视版权理论",表达了面向实际需求修改第22条的基本态度。详见表11。

表 11　修改著作权法第 22 条应采取的措施

选项	A	B	C	D	备注
法学专家选择人次	4	1	7	3	
法学专家选择比例(%)	33.3	8.3	58.3	27.2	基数 11
图书馆专家选择人次	0	6	7	0	
图书馆专家选择比例(%)	0	54.5	63.6	0	基数 11

说明:本题仅限第 6 题选择 B 和 C 选项者回答,法学专家有 9 人不需要回答,图书馆学专家有 5 人不需要回答,故表中百分比以 11 为基数计算。

笔者认为,对合理使用条款的修订可以采取多种措施。例如,针对数字、网络技术发展现状和应用需求,为第 22 条增补细化条款、出台对现有合理使用条款的解释文件,或者颁布独立法案/法规,为数字复制、资源链接和网络传播设置一定的豁免条款。而无论选择哪种措施,都应当对合理使用的复制手段、允许复制的作品类型、复制数量、复制品的保存时间、网络传播范围、资源链接方式等给予明确的规定或解释,以利于著作权法的执行。

4.2　增设网络教学豁免条款的途径

调查问卷第 12 题是为探询专家对增设网络教学豁免条款应采取的措施而设计的。原题为:**著作权法设置网络教学豁免条款可以采取的措施有哪些?** 本题有 4 个选项(A 在网络著作权保护条例中设置专门条款;B 修改著作权法第 22 条的相关内容;C 在计算机软件保护条例中设置专门条款;D 其他)。调查显示,绝大多数专家赞成在网络著作权保护条例中设置专门条款。从减少立法成本看,这种选择是比较明智的,值得立法机关考虑。详见表 12。

表 12　著作权法设置网络教学豁免条款可采取的措施

选项	A	B	C	D	备注
法学专家选择人次	13	8	4	0	
法学专家选择比例(%)	86.7	53.3	26.7	0	基数 15

续表

选项	A	B	C	D	备注
图书馆专家选择人次	14	10	7	0	
图书馆专家选择比例(%)	93.3	66.7	46.7	0	基数15

4.3 确立出于教学目的免费使用网络资源的规则

调查问卷第14题与免费使用网络资源的规则有关。原题为:**您认为出于教学目的免费使用网络资源应确立哪些规则?**本题有6个选项(A 少量下载复制不必经过著作权人许可;B 可参考引用或制作链接,但必须注明出处;C 禁止出于营利目的擅自使用;D 未经许可不得进行大量永久性复制或下载;E 禁止进行再次传播;F 其他)。调查显示,专家们对大多数选项的认可度都在55%以上。意见最接近的是"禁止出于营利目的擅自使用"和"少量下载复制不必经过著作权人许可"。值得关注的是,本题选择"禁止进行再次传播"选项的法学专家和图书馆学专家都是最少的。笔者认为,考虑到著作权人的利益不应受到过多影响,"禁止进行再次传播"还应引起更多的重视。详见表13。

表13 出于教学目的免费使用网络资源应确立的规则

选项	A	B	C	D	E	F	备注
法学专家选择人次	13	11	16	15	10	0	
法学专家选择比例	72.2	61.1	88.9	83.3	55.6	0	基数18
图书馆专家选择人次	13	14	14	10	6	0	
图书馆专家选择比例(%)	81.3	87.5	87.5	62.5	37.5	0	基数16

4.4 确立网络教学豁免细则

调查问卷第15题与网络教学豁免规则有关。原题为:**通过网络传输教学相关资料应遵守哪些规则?**本题有6个选项(A 将传播对象限制在讲授/选修课程的师生;B 将资源的访问时间限制在开课的学期;C 将传播范围限制在教学管理系统内;D 将传播范围限制在校园网内;E 允许师生通过认证系统从远程访问资源;F 其他)。调查显示,专家选择 A 选项的比例最高,其次为 E 选项。此外,选择 C 选项的法学专家和图书馆学专家的比例最接近。选择 D 选项的图书馆学专家超过半数,而法学专家不足半数。选答"其他"选项的法学专家所关注的是取得著作权人的许可和非营利使用。详见表 14。

表 14　通过网络传输教学相关资料应遵守的规则

选项	A	B	C	D	E	F	备注
法学专家选择人次	14	7	13	8	13	2	
法学专家选择比例	73.7	36.8	68.4	42.1	68.4	10.5	基数 19
图书馆专家选择人次	14	8	10	9	12	0	
图书馆专家选择比例(%)	87.5	50.0	62.5	56.3	75.0	0	基数 16

笔者认为,设置网络教学豁免条款的可操作性取决于具体细则的完善与否。即便是合理使用范围之外的许可使用,在征得著作权人许可时,也要说明通过网络传输教学相关资料的时间、形式、传播范围等事项,否则,在征得著作权人的许可和支付使用费等方面都会遇到困难。

4.5　确立非营利教育数字图书馆的合理使用豁免规则

调查问卷第 24 题与数字图书馆的合理使用豁免规则有关。原题为:您认为非营利教学资源数字图书馆在哪些情况下可享有合理使用的豁免?本题有 6 个选项(A 通过图书馆局域网向教师和学生提供资源的浏览、下载服务;B 通过校园网向教师和学生提供资源浏览服务;C 规范描述网上免费教学资源,并制作链接,指引用户浏览资源;D 为避免因网络故障影响用户获取资源,在本地服务器为网上免费教学资源制作镜像;E 为建立用户导航系统,复制下载文摘、索引等数据;F 将购买的电子资源书目信息导入教学管理系统,供用户检索)。调查显示,图书馆学专家对各个选项的认可度均明显高于法学专家。详见表 15。

表15 非营利教学资源数字图书馆享有合理使用豁免的行为

选项	A	B	C	D	E	F	备注
法学专家选择人次	9	13	11	2	5	10	
法学专家选择比例(%)	50.0	72.2	61.1	11.1	27.8	55.6	基数18
图书馆专家选择人次	12	15	15	9	14	13	
图书馆专家选择比例(%)	75.0	93.8	93.8	56.3	87.5	81.3	基数16

笔者认为,本题所设计的6个选项,囊括了国内外教育数字图书馆建设与服务已经采用和计划采用的一些技术操作。尽管不能奢望所有操作均获得合理使用豁免,但是,专家的意向对制定《网络著作权保护条例》具有较高的参考价值。尤其那些同时获得两组专家较高认可率的选项,应当得到立法机构和相关部门的重视和采纳。

5 结 论

由于现有合理使用条款缺乏与建设数字图书馆相关的数字复制、资源链接和网络传播的明文规定,难免导致数字图书馆建设者甚至法学专家对法律理解的多样化,进而导致数字图书馆建设的偏差。著作权法第58条规定,网络著作权保护的具体办法由国务院制定。据悉,国务院已将此纳入2005年的立法议程。本文反映的合理使用条款的修订需求和修订路向,主要集中在教育领域。总之,统计数据从一个侧面印证了网络环境下增设部分教学豁免条款的合理性与正当性。上述客观存在的社会需求,应当成为修订、完善著作权法合理使用条款的动力。希望相关豁免条款早日问世,以便利用先进的技术手段促进科学、教育、文化等事业的发展,保障国家整体发展战略的需要。

致谢:

本研究得到2003年国家社科基金的资助(项目批准号03BTQ002),也得到了回复问卷的专家们的帮助与支持,在此一并致以衷心感谢。

附注:

本文撰写于 2004 年 4 — 5 月,发表于《中国版权》,2004 年第 5 期,第 19 — 21 页。原稿在分析调查结果时,有多个与文字配合的统计表。发表时编辑为限制篇幅,将统计表省略。为全面反映调查信息,选编文集时将统计表补充完整。

非营利教育机构图书馆网络传播豁免

一、问题的提出

网络环境下各种数字式作品的出现和数字化作品的网络传播引发了一系列著作权问题。自 1996 年世界知识产权组织著作权外交会议通过《WIPO 著作权条约》（英文简称为 WCT）和《WIPO 表演与唱片条约》（英文简称为 WPPT）以来，许多国家相继修订原有著作权法，增加网络传播相关的著作权保护条款。我国亦于 2001 年 10 月 27 日颁布了对 1990 年《著作权法》的一系列修订条款。其中包括：①将信息网络传播权纳入著作权保护范围（著作权法第 10 条第 12 项）；②增加了未经著作权人许可通过网络传播作品以及规避技术保护措施的民事与刑事惩罚条款（著作权法第 47 条第 1 款、第 3 款、第 4 款、第 6 款）。遗憾的是，在增加上述保护条款的同时，《著作权法》没有对新增的信息网络传播权和与之相关的规避技术保护措施的惩罚条款设置相应的合理使用条款，在一定程度上造成了著作权保护与权利限制的失衡，也不合理地增大了非营利教育机构图书馆利用网络向用户提供服务的困难和风险。

本文围绕非营利教育机构与公益性图书馆的网络传播需求，探讨《著作权法》以及与之配套的《信息网络传播权保护条例》设置非营利教育机构与公益性图书馆网络传播豁免的合理性，呼吁《著作权法》在应对新技术挑战引发的一系列利益冲突时，继续保持著作权人利益与公众利益的平衡。

二、非营利教育机构图书馆网络传播豁免需求

(一)非营利教育机构图书馆网络传播的现状与特点

以高校图书馆网络传播的现状看,近年来,我国高校图书馆购买的电子资源已经有了显著增长,2004 年,仅参与高校资源共享系统(CALIS)组织的团购方式购买的电子资源支出就达到 1.38 亿人民币。这些资源的使用分为两类,一是存放在本馆服务器、仅允许校园网用户访问的本地馆藏;二是购买访问权限、授权校园网用户访问的远程馆藏。

尽管上述购买的资源对服务教学科研需求发挥了重要作用,但是,图书馆要针对特定用户群体的需求提供特色服务,就需要对自己收藏的特色资源进行数字化处理,一方面使之便于长期保存,另一方面也可以借助网络提供服务。

高校图书馆网络传播的特点可以概况为:三层网络架构,多种网络传播类型。从技术上看,有线上网和无线上网方式并存。具体分析如下:

(1)公共网络服务。通过学校网络中心的统一出口,学校图书馆可以接通因特网,即公共网络,提供大范围服务。此类服务主要是局限在图书馆主页提供的馆藏目录、培训辅导、开放资源和免费信息提供等方面。

(2)校园网络服务。主要按照校园网络中心分配给校内各个单位或区域的 IP 地址,将资源的访问权限控制在校园网用户范围之内,提供有限服务。这是目前图书馆所购买或自建电子资源的主要服务方式。

(3)图书馆局域网服务。此类服务是将购买的光盘等数字化作品或者自制的馆藏作品数字化复制品,放在光盘塔或服务器上,供馆内用户浏览。

（二）非营利教育机构图书馆用户通过网络获取信息资源的需求

在不了解高校教师学生通过网络获取信息资源需求的情况下,也许有人会对高校图书馆建设非营利公益性数字图书馆以及各种网络资源服务系统的必要性提出质疑。为了调查高校教师、学生对通过网络获取教学参考资料的需求,笔者在研究网络传播豁免需求过程中曾设计了一份调查问卷,于 2003 年 11 月至 12 月,对清华大学在职教师和在校学生进行了随机抽样调查。本次调查共发放问卷 400 余份,其中,本科生 150 份、硕士生 150 份、博士生 60 份、教师 60 份。共回收问卷 332 份,其中,教师 42 份、博士生 40 份、硕士生 133 份、本科生 116份、远程教育学员 1 份。本调查结果不仅可以反映用户通过网络获取教学参考资料的需求与使用特点,而且可以反映教师、学生对教学使用受著作权保护作品的豁免需求。以下是对调查结果的择要分析。

（1）当被调查对象以单项选择方式回答是否曾经在网上获取教学资源时,选择"没有"选项的占 6.59%;选择"不肯定"选项的占1.50%;选择"经常"和"偶尔"选项的分别占51.20%和40.42%,上述两项合并统计可以看出,有使用网络获取教学资源经历的人超过了91%。

（2）当被调查对象以多项选择方式回答希望通过哪些途径利用网络教学资源时,选择"图书馆局域网"的占 38.02%;选择"校园网"的占86.53%;选择"远程教学网"的占26.65%;选择"外部公开网"的占30.84%。可见,校园网和图书馆局域网是利用网络教学资源的主要通道。

（3）当被调查对象以多项选择方式回答自己在哪些场所利用网络教学资源时,选择"学生宿舍"的占 65.27%;选择"实验室"的占34.13%;选择"图书馆"的占 28.74%;选择校内公用机房的占17.37%;选择办公室 12.87%;选择"家中"的占 11.08%;选择"教室"的占6.89%;选择"公共网吧"的占 1.20%。可见,校内设施是利用网络教学资源的主要场所。

（4）当被调查对象以多项选择方式回答从教学管理系统直接链接到图书馆的教参系统，获得教师指定教学参考资料的电子文本是否可行时，选择"可行"选项的占 72.75%；选择"欢迎"选项的占 40.12%；选择"有必要"选项的占 41.62%；选择"没有必要"和"不肯定"选项的各占 5.09%。可见，绝大多数用户都对通过教学管理系统直接链接到图书馆的教参系统，获得教师指定教学参考资料的电子文本持赞成态度。

（5）当被调查对象以单项选择方式回答是否赞成建设教学资源数字图书馆提供网络教学资源检索与存取服务时，选择"赞成"选项的占 82.63%；选择"不赞成"选项的占 2.4%；选择"不肯定"和"无所谓"选项的分别占 8.68% 和 4.79%。可见，存在建设教学资源数字图书馆提供网络教学资源检索与存取服务的客观需求。

（6）当被调查对象以多项选择方式回答自己通过网络获得教学资源的种类时，选择"课件"选项的占 65.87%；选择"报刊论文"选项的占 64.37%；选择"研究报告"选项的占 29.94%；选择"学位论文"选项的占 25.75%；选择"指定教学参考书"选项的占 24.55%；选择"教材"选项的占 13.17%；选择"试题/作业"选项的占 15.87%；选择"题解/答案"选项的占 11.38%；选择"案例"选项的占 10.78%；选择"备课素材"选项的占 8.68%；选择"试验演示"选项的占 6.59%。可见，用户对通过网络获得多种教学资源的需求是客观存在的，其中，尤以对课件和报刊论文的需求比较集中。

（7）当被调查对象以多项选择方式回答自己使用网络教学资源的方式时，选择"网上浏览"选项的占 75.75%；选择"复制保存电子文本"选项的占 67.07%；选择"联机打印阅读"选项的占 11.08%；选择"在课堂教学中引用相关内容"选项的占 6.59%；选择"少量复制用于制作网络课件"选项的占 7.78%；选择"在个人主页制作相关资源链接"选项的占 1.20%。可见，对网络教学资源的浏览、复制、打印、链接、引用等需求是客观存在的。

（8）当被调查对象以多项选择方式回答出于教学目的免费使用网

络资源应确立哪些规则时,选择"少量复制不必经过著作权人许可"选项的占 33.53%;选择"可参考引用或制作链接但必须注明出处"选项的占 58.38%;选择"禁止出于营利目的擅自使用"选项的占 49.70%;选择"未经许可不得大量复制或下载"选项的占 33.23%;选择"禁止进行再次传播"选项的占 13.17%;选择"将传播对象限制在讲授/选修课程的师生"选项的占 12.28%;选择"将资源的访问时间限制在开课的学期"选项的占 4.49%;选择"将传播范围限制在校园网内"选项的占 20.36%;选择"允许师生通过认证系统从远程访问资源"选项的占 41.02%。

从以上答案可以看出,被调查者对免费使用网络教学资源的限度有着比较清醒的认识。例如,赞成选项"少量复制不必经过著作权人许可"的比例为 33.53%;赞成选项"可参考引用或制作链接但必须注明出处"的占 58.38%;赞成选项"禁止出于营利目的擅自使用"的占 49.70%;赞成选项"未经许可不得大量复制或下载"的占 33%。值得指出的是,上述选项所陈述的四种做法是《著作权法》确立的合理使用豁免原则的核心。因此,综合起来看,绝大多数被调查者都对教学合理使用豁免持认同态度。另外,占 41.02% 的人赞成允许师生通过认证系统从远程访问资源,由此反映出广大用户无论在校内还是校外,都对利用网络获取教学资源有切实的需求和呼声,这是著作权立法修订过程中无论如何都不能忽视的。

三、非营利教育机构与公益性图书馆网络传播豁免的可行性

(一)著作权立法的合理使用豁免传统

我国《著作权法》(1990 年)在第二章第四节以"权利的限制"为标题,设置了专门的合理使用条款,即《著作权法》第 22 条。其中规定的 12 项合理使用条款,为非营利图书馆、教育机构和公众不征得权利

人许可,免费少量使用受著作权保护的作品提供了方便。2001 年 10 月 27 日修改后的《著作权法》,虽然保留了原有的 12 项合理使用条款,但是,没有针对网络传播和数字复制等方面的应用拓展豁免范围。笔者认为,保护信息网络传播权,可以遏制网络侵权行为泛滥对权利人利益的侵害。但是,若仅仅增加著作权人的权利,忽略对权利的限制,就难免走向保护过于严格的另一个极端。

我国现行《著作权法》第 10 条第 12 项给出了信息网络传播权的定义:信息网络传播权指以有线或者无线方式向公众提供作品,使公众可以在其个人选定的时间和地点获得作品的权利。对照上述高校图书馆网络传播的特点可以看出,现有网络传播相关条款的规定是粗线条的原则性规定,没有区分不同的网络传播类型。因此,不仅不能适应网络传播的复杂情况,而且还会影响法律在保护网络传播权与规范网络传播活动方面应有的作用。

笔者认为,《著作权法》设置的信息网络传播权不应当概括所有的网络传播,应考虑将信息网络划分为不同的级别,为非营利教育机构图书馆留出合理使用的空间。例如,著作权人的权利保护主要限于公开网络传输,图书馆的局域网应当享有豁免;此外,如有可能,《著作权法》也应当将非营利教育机构的校园网、课程教学网,有条件纳入合理使用的豁免范围。因为,《著作权法》仅仅新增信息网络传播权,不规定信息网络传播权的豁免条款,这给高校图书馆建设非营利公益性数字图书馆,提供教学科研所需的特色网络资源与服务带来了许多不必要的障碍,也有违于著作权立法促进科学文化艺术的创造,平衡著作权人利益与公众利益的一贯宗旨。

(二)国际通行的权利限制三步检验标准

为了避免权利的扩张与限制失衡,《伯尔尼公约》明确提出了权利限制的三步检验标准,允许行使国内立法权。这一原则继续得到了 1996 年世界知识产权组织著作权外交会议的肯定。《世界知识产权组织著作权公约》(WCT)在增加著作权人新权利的同时,在第 10 条规定了限制与例外条款,允许缔约各方根据"三步检验"(three step test)的标准,对有关权利加以限制或作为例外处理。判定能否合理使用的三步检验原则是:①属于特殊情况;②不与作品的正常利用相抵触;③不无理地损害权利人的合法利益[1]。

根据关于《WIPO 著作权条约》第 10 条的议定声明的精神,除保留现有不违背《伯尔尼公约》的合理使用规定外,明确规定合理使用的条款适用于数字网络环境。因为,关于《WIPO 著作权条约》第 10 条的议定声明指出:第 10 条允许签约方继续执行《伯尔尼公约》已承认的限制和豁免,并可以在各自的立法中将这些限制和豁免扩展到数字环境。这种做法是可以理解的。同样,也应当理解这些条款允许签约方设置适应数字网络环境的新的豁免和限制[2]。

(三)借鉴美国的立法经验充分行使国内立法权

我国加入 WTO 后,依照一系列国际条约的规定,修订了包括《著作权法》在内的一系列知识产权法律法规。笔者认为,作为发展中国家,在修订著作权法律法规时,不应盲目追求所谓的著作权保护与国际接轨。应当利用《伯尔尼公约》和世界知识产权组织 1996 年通过的两个新条约允许的国内立法权,针对自己的国情,如东、西部发展不平衡,投资与信息资源分布不合理等,在新增著作权保护条款的同时,设置相应的豁免条款。

在这方面,美国的做法值得借鉴。美国著作权法采取滚动方式修订,由于立法过程的开放性,使各个利益群体都能反映各自的诉求。各方博弈的结果,使国内立法权得到充分利用。充分体现在《数字千年著作权法》(DMCA)和 2002 年颁布实施的《远程教育著作权豁免法》(TEACH)之中。

1.《数字千年著作权法》[3]的可借鉴之处

(1)网络服务提供者的责任限制

《数字千年著作权法》新设立了第 512 条,对联机服务提供者(OSP)的著作权侵权责任提出了四个方面的限制,它们是:①对临时传播的限制;②对系统缓存的限制;③对用户储存在系统或网络中的信息的限制;④对信息搜寻工具的限制。此外,还包括了有关的限制条款在非营利性教育机构应用的特殊规定。

(2)将合理使用复制豁免拓展到制作数字复制品

《数字千年著作权法》修订原有的复制条款,允许非营利图书馆、档案馆、博物馆制作3份数字复制品。

(3)对技术保护措施的立法

《数字千年著作权法》第103条,为履行《WIPO著作权条约》关于对著作权人为行使自己的权利而采用的技术保护措施(Technological Protection Measures,简称TPMs)提供适当的法律保护,并对破解技术保护措施(Circumvention of Technological Protection Measures)造成的损失进行赔偿的规定,对美国法典第17部分增补了新的章节第12章。其中共有1201、1202、1203和1204等4个条款,比较具体地规定了对技术保护措施的保护和限制措施。

第1201条将技术保护措施分为两类。一是为防止对受著作权保护的作品非法存取而采取的措施;二是为防止对受著作权保护的作品非法复制而采取的措施。制造或销售用于破解以上两类技术措施的设备和服务在特定情况下都是不允许的。就破解行为本身来看,该条款禁止破解用于防止非法存取的技术措施,并不禁止破解用于防止复制的技术措施。

这种区分保证了公众继续拥有合理使用受著作权保护作品的能力。由于在一些特定的情况下,作品的复制属于合理使用,故该条款并不禁止破解用于防止复制的技术措施。与此相反,由于合理使用并不能为非法存取作品的行为提供保护,所以为存取作品而破解技术措施是不允许的。

此外,第1201条中还规定了八项例外。它们分别是:①设置动态的行政法规制订程序,评估禁止破解存取控制措施行为所产生的影响。对破解行为的禁止在2年内不会生效。一旦生效,其中就要包括对一些特定类型作品的使用者的豁免[1201(a)]。从中可以看出对技术保护措施的立法比较慎重。②执法、情报及其他政府活动不受以上禁令的限制[1201(e)]。③非营利性图书馆、档案馆和教育机构，出于真诚地确认是否希望获得对作品的合法存取的目的而破解技术措施，可享有例外[1201(d)]。④在著作权法允许的范围内，享有合法使用计算机程序复制品权利的人，出于识别与分析程序要素，以便实现与其他程序相互匹配的目的而破解技术措施，可享有例外[1201(f)]。⑤允许为了找出加密技术的缺陷和弱点，开发破解存取控制措施的技术方法以及为了进行加密研究而破解存取控制措施[1201(g)]。⑥考虑到破解技术与防范未成年人从因特网上存取资料技术融合的必要性，允许法庭部分或全部应用此禁令[1201(h)]。⑦当技术措施或它所保护的作品，有能力收集或传播关于一个自然人联机活动的个人身份信息时，允许对其进行破解[1201(i)]。⑧允许计算机、计算机系统和计算机网络的合法所有者或操作者，出于测试机器、系统及网络的安全性的目的，破解存取控制措施以及开发用于此类破解的技术措施[1201(j)]。

(4)有区别的规定网络侵权行为的惩罚条款

《数字千年著作权法》针对违规破解技术保护措施(违反第1201条)和故意提供、传播虚假著作权管理信息以及删除、更改著作权管理信息(违反第1202条)的行为，设立了专门的民事赔偿和刑事处罚条款(第1203条和1204条)。

第1203条规定，任何受到第1201条和第1202条违法行为损害的个人，均可向美国联邦法院提起民事诉讼。法院有权判决违法者向受害者给付类似于著作权法规定的赔偿金。在违法者证明自己未意识到并且没有理由认为自己的行为构成违法，法院认定其为无知违法的情况下，法院有权减少或免除损害赔偿金。若非营利性图书馆、档案馆和教育机构无知违法，可全部免除损害赔偿金。

第1204条规定，为了商业利益和私人营利蓄意违反第1201条或第1202条的行为属于刑事犯罪，对初犯者处以高达50万美元的罚金或多达5年的监禁；对屡犯者处以高达100万美元的罚金或多达10

年的监禁。对非营利性的图书馆、档案馆和教育机构,可完全免除刑事处罚。

2.《远程教育著作权豁免法》的可借鉴之处

尽管《数字千年著作权法》修订了图书馆的复制条款,但是,由于与远程教育有关的诸多利益群体对待网络传播的立场大相径庭,《数字千年著作权法》未对 1976 年《著作权法》第 110 条规定的教学使用作品的豁免条款做出相应修改。经过教育界、图书馆界、学术界等社会团体的不懈努力,美国国会众议院终于在 2002 年 10 月 3 日通过了旨在修订原《著作权法》第 110 条,为远程教育提供著作权豁免的法案《技术、教育与著作权协调法案》(Technology, Education and Copyright Harmonization Act,简称 TEACH Act)。2002 年 11 月 2 日,该法案作为美国司法部 2002 财政年度拨款授权法案,即 H. R. 2215)的一部分,经美国现任总统布什签署后立即生效[4]。

经过 TEACH 法案修改的《著作权法》第 110 条,允许符合规定的非营利教育机构以数字网络传输方式,播放非戏剧性文字作品、音乐作品,以及其他任何作品的合理有限的部分,或者以与面对面课堂教学相同的数量展示作品。该法案的生效,使远程教育领域有条件、自由免费使用受著作权保护的作品成为现实,为利用新技术进行教育创新提供了一定的方便。同时,也为图书馆按照教师的要求进行电子教参服务提供了有益的参照。

TEACH 法在方便作品使用方面的进步可以归纳为以下几点:①在规定作品的使用数量限制(即不能通过数字传输方式播放展示整部作品)的同时,放宽了允许自由免费使用作品的范围。②取消了对接收场所的限定,使得教育机构可以将远程教育课程以数字传输方式,传输给处于课堂和其他场所的学生。③允许教育机构在一定时期内(以不超过开设课程的学期为限)复制并保存远程教育传输内容,以便于学生存取。④当无法从市场上获得某些作品的数字化版本时,允许自行将模拟作品制作为数字化作品进行传输。

TEACH 法中能够体现利益平衡的最突出的例子是:以注释形式

一方面明确免除了教育机构因短暂或临时保存资料而引起的侵权责任。另一方面,也不允许任何人出于方便学生使用的目的,将受著作权保护的内容,以超出课程资料传输适度需要的期限,保存在计算机系统或网络中。此外,计算机系统或网络中的资料也不能由其他不符合法律规定条件的接收者存取,此举保护了著作权人的利益[5]。

四、非营利教育机构图书馆网络传播豁免解决方案

(一)基本理念

大学图书馆的核心使命是为学校的教学科研服务,为支撑教学科研活动、保存文化遗产、向用户提供信息服务是图书馆的天职。新技术的应用与发展,改变了信息传播服务的提供方式,塑造了新的服务方向。而无论传统服务还是网络服务都要求图书馆面对并解决与之相关的著作权问题。电子教参服务的正常开展要建立在规范化的著作权对策的基础上。其中最基本的原则是:尊重著作权人的权利,满足用户的需求。而立法者需要做的是,保证著作权利益平衡的基本原则在任何环境下都不改变,促进科学、知识与文化的传播与利用。

笔者希望,无论是以创作者为代表的著作权人,还是以作品的后续传播者为代表的著作权持有人,在通过立法和司法等程序推动社会对著作权保护的同时,注意摆脱狭隘的财产权的束缚,站在社会公正和公共利益的高度,理解并支持非营利教育机构、公益性图书馆等,依照法律规定的合理使用豁免,提供数字网络服务。

(二)具体措施

笔者建议,拟议中的信息网络传播权保护法规应明确规定与网络传播相关的合理使用豁免条款。这些条款至少应当包括以下方面:

(1)非营利教育机构网络教学所需相关教学资料的复制与网络传

播豁免；

（2）将非营利、公益性图书馆局域网络传播排除在信息网络传播权控制范围之外；

（3）非营利图书馆建设信息导航系统链接网络资源与网络传播豁免；

（4）规定非营利教育机构与公益性图书馆无知侵权的豁免条款；

（5）非营利教育机构、图书馆出于合法的、非侵权目的规避技术保护措施的豁免；

（6）非营利、公益性图书馆采取网络传输方式进行限量馆际互借的豁免，允许图书馆之间通过网络传播自己收藏的享有合法使用权的作品；

（7）作为网络服务提供者的非营利教育机构、公益性图书馆因第三方侵权引发纠纷的责任豁免。

五、结语

我国的远程教育正在蓬勃发展，许多高校图书馆的数字图书馆和电子教参系统建设项目也已经开始启动。由于现行《著作权法》没有设置教育数字图书馆使用作品和网络传播的豁免条款，成为数字图书馆和电子教参系统建设的瓶颈。要打破这种瓶颈，必须对著作权法进行进一步的修订。基于上述研究所反映的高校图书馆网络传播的需求和特点，考虑著作权法的历史和现状，审视著作权立法宗旨和利益平衡原则，借鉴美国的著作权立法经验，笔者认为，鉴于越来越多的信息只能通过数字网络方式获得，因此，必须保留公众的合理使用权。《著作权法》应当针对非营利教育机构图书馆利用网络向用户提供服务设置必要的豁免条款，并呼吁上述诉求能在网络传播保护条例的制定中得以落实和体现。

参考文献

1　肖燕.网络环境下的著作权与数字图书馆.北京:北京图书馆出版社,2002

2　Sterling J A L. World Copyright Law. London:Sweet & Maxwell,1998:570

3　DMCA.见美国版权局网站.http://www.copyright.gov/title17/

4　21ST CENTURY DEPARTMENT OF JUSTICE APPROPRIATIONS AUTHORIZA-
　　TION ACT(STAT. 1758)(Public Law 107－273). http://www.copyright.gov/
　　legislation/pl107－273.html#13301

5　肖燕.美国远程教育版权豁免法案评析.中国版权,2003(5)

附注:

　　本文系应《互联网法律通讯》编辑部之约而作。撰写于
2005 年 3 月,发表于该刊 2005 年第 2 卷第 1 期,第 34 — 42
页;后被收入张平主编,北京大学出版社,2007 年 1 月出版的
《网络法律评论》(第 8 卷),第 139 — 147 页。

非营利公益性图书馆享有的
著作权豁免权利与义务

　　网络环境下著作权法变化的一个重要趋势是,受著作权保护的主体和客体不断扩大。这种扩大所引发的最突出问题在于,可以主张权利的人和机构增加,所涉及的作品种类和使用方式呈多样化。由此增加了图书馆和用户使用受著作权保护作品的代价和风险,直接威胁到社会的稳定、进步与协调发展。

　　要改变上述状况,迫切需要创作者、出版者等著作权人与包括学术界、教育界、图书馆界以及普通公众在内的各个相关利益团体进行建设性对话、沟通与合作。笔者希望通过基于对非营利公益性图书馆享有的著作权豁免权利与义务的探讨,表达图书馆界对合理使用的诉求,推动不同利益群体的对话、沟通与合作。

1　著作权限制与豁免规定

1.1　国际公约的规定

　　从立法性质看,著作权既是一种私权,也是关乎公共利益的特殊权利。上述双重特征要求著作权法具有保持著作权人利益与公众利益平衡的功能。为减少著作权保护对言论自由和公众使用受著作权保护作品的不利影响,在保护著作权人的精神权利和财产权利的同时,允许出于合理使用目的,不征得著作权人的许可,不向著作权人支付报酬而使用作品,这早已成为国际著作权立法和司法的一贯传统。

1.1.1 《伯尔尼公约》对著作权的限制与豁免

《伯尔尼公约》所规定的限制与豁免条款如下:①著作权保护不适用于日常新闻或纯属报刊消息性质的社会新闻(第 2 条第 8 款);②成员国通过国内法,决定是否将政治演说、诉讼过程中发表的言论全部或部分排除于著作权保护之外(第 2 条之二第 1 款);③成员国通过国内法,决定是否允许出于新闻报道目的,刊登、广播或向公众传播公开发表的讲课、演说或其他同类性质的作品(第 2 条之二第 2 款);④在不损害作品的正常使用、不无理侵害作者合法利益的特殊情况下允许复制作品(第 9 条第 2 款);⑤出于合理使用目的引用正式出版的作品(第 10 条第 1 款);⑥为教学演示目的,合法使用出版物、无线电广播、录音录像或艺术作品,前提是使用限于正当需要范围,并符合合理使用规定(第 10 条第 2 款);⑦允许通过报刊、广播或对公众有线传播,复制发表在报纸、期刊上的讨论经济、政治或宗教的时事性文章,或具有同样性质的已经广播的作品,条件是明确注明出处,权利人没有声明保留权利(第 10 条之二第 1 款);⑧成员国通过国内法规定,在什么条件下允许利用摄影或电影手段,或通过广播或公众有线传播报道时事新闻时,为报道目的在正当需要范围内复制并传播作品(第 10 条之二第 2 款)。

1.1.2 TRIPS 协议(1994)对著作权的限制与豁免

作为世界贸易组织成员方加入该组织所必须签署的协议之一,《与贸易有关的知识产权协议》(简称 TRIPS),涉及保护专利、著作权及相关权利、商标、工业品外观设计、集成电路、商业秘密、地理标志等内容。值得指出的是,TRIPS 没有规定对著作权和相关权利保护的具体条款,而是直接引用《伯尔尼公约》《世界版权公约》《罗马公约》等国际公约的规定。

TRIPS 第 9 条规定,成员国应按照《伯尔尼公约》第 1 条至第 21 条的规定保护著作权。同时也指出,著作权保护延及表达,不延及思想、过程、操作方法或数学概念本身(此规定弥补了《伯尔尼公约》的空白)。TRIPS 第 13 条规定,成员国应将专有权的限制或豁免局限于特定的情况,不能与作品的正常使用相冲突,不能不合理地损害权利人的合法利益。

显然,上述规定采纳了《伯尔尼公约》的三步检验标准。该标准自 1967 年写入《伯尔尼公约》以来,仅仅适用于对第 9 条复制权的限制,而 TRIPS 将适用范围扩大到该协议规定的所有著作权的限制和豁免。

在对著作权相关权利的豁免方面,TRIPS 第 14 条引用了《罗马公约》第 15 条规定,对表演者、唱片制作者和广播组织的权利进行限制,允许为私人使用、时事报道少量引用、广播临时复制、教学或科学研究使用设置豁免条款。

1.1.3 《WIPO 著作权条约》对著作权的限制与豁免

《世界知识产权组织著作权条约》(简称 WCT)与《伯尔尼公约》的关系极为密切。WCT 第 1 条第 1 款规定,WCT 系《伯尔尼公约》第 20 条意义上的专门协定;第 1 条第 2 款规定,WCT 的内容不得减损缔约方照《伯尔尼公约》已承担的义务;第 1 条第 4 款规定,缔约各方应遵守《伯尔尼公约》第 1 条至第 21 条和附件的规定。但是,WCT 新增并扩展了著作权人的以下权利,它们是:发行权(第 6 条)、出租权(第 7 条),包括按需提供在内的公众传播权(第 8 条)。WCT 没有规定网络服务提供者利用因特网进行信息传输过程中进行的复制或传播的责任限制条款,只在第 10 条给出了与 TRIPS 第 13 条类似的限制与豁免的原则性规定。关于该条约第 10 条的议定声明指出:第 10 条的规定允许缔约各方在其国内立法中继续实施《伯尔尼公约》认可的限制和例外,并将有关的限制和例外适当扩展到数字环境。同样,这些规定应被理解为允许缔约各方规定新的适用于数字网络环境的限制和例外。议定声明还指出:条约的第 10 条第 2 款,既未缩减也未扩大《伯尔尼公约》准许的限制和例外的适用范围。

1.2 我国著作权法的限制与豁免规定

1990 年 9 月 7 日,第七届全国人民代表大会常务委员会第十五次会议通过的著作权法在第 2 章第 4 节以"权利的限制"为标题,设置了专门的合理使用条款,即著作权法第 22 条。其中规定了 12 项合理使用条款,为非营利图书馆,教育机构和公众不征得权利人许可,免费使用受著作权保护的作品提供了方便。遗憾的是,2001 年 10 月 27 日颁布的经修正的《著作权法》,虽保留了原有的 12 项合理使用条款,但是,没有对新增的信息网络传播权和与之相关的规避技术保护措施的惩罚条款设置相应的合理使用条款,在一定程度上造成了著作权保护与权利限制的失衡。

目前,为履行《著作权法》第 58 条的规定,国务院已将制定信息网络传播行政法规纳入 2005 年的工作议程。笔者希望以下图书馆的著作权豁免诉求能在该法规中有所体现。

2 国际图联的著作权声明要点

国际图联(IFLA)为了维持版权人利益与用户利益的平衡,自 20 世纪 90 年代起就积极参与国际著作权立活动。IFLA 执委会 2000 年 8 月批准了《关于数字环境下著作权问题的立场》的原则声明,笔者根据 IFLA 网站所发布的英文版声明内容,将原则要点翻译如下,以资借鉴。

(1)国家著作权立法时,如有必要,应修改《伯尔尼公约》和世界知识产权组织条约认可的著作权与相关权利的例外规定,以保证被准许的合理使用同样适用电子和印刷信息。

(2)应当针对超过有关规定上限的复制提出易于管理的付费方案。

(3)在使用受著作权保护资料时所生成的附带的临时性或技术性复制品,应当排除在复制权管辖范围之外。

(4)对于数字形式作品,图书馆所有用户不必付费或取得许可,应当能够进行以下操作:

● 浏览公开获得的受著作权保护的资料;

● 在现场或以远程登录方式独自阅读、聆听或观看公开销售的受著作权保护的资料;

● 为个人教育或研究需要,复制或委托图书馆和信息人员复制数字作品的适当部分;

(5)著作权法应允许用户出于研究、学习等合法目的,获取受版权保护作品的数字格式。

(6)法律不应限制图书馆出借已出版的物质形态的数字资料(例如,只读光盘)。

(7)许可使用协议的合同条款,不应排除图书馆和信息人员对电子资源的合理借阅。

(8)法律应允许图书馆和档案馆出于保存和维护资料相关的目的,将受著作权保护的资料转换成数字形式。

(9)著作权法也应当包括电子媒体(信息资源)的法定呈缴问题。

(10)对权利持有人未给用户协商机会单方面制定的许可授权协议,国家著作权法应当使该授权协议中任何限制和违背版权法包含的例外或限制的条款无效。

(11)国家著作权法应以平衡权利持有人的权利和用户的权利为目标,通过技术措施保护著作权人的利益,允许用户出于合法的、非侵权目的规避这些技术措施。

(12)著作权法应针对不能切实或适当履行法律的情况,明确规定第三方责任限制条款。

3 我国图书馆界对著作权保护与豁免权利的认识与诉求

3.1 著作权保护与作品利用密不可分

著作权法只有通过对著作权人的利益提供切实有效的保护,同时保障公众有合理利用作品、获取信息的机会,才能有益于作品的创造、创新、研究、教育和学习,促进社会的全面进步。

3.2 图书馆在维护和履行著作权法方面的作用

图书馆是执行和维护著作权法的负责任的机构,也是用户利益的代言人,我们不仅支持并满足用户合法获取受著作权保护的作品以及其中包含的信息和思想的需求,也尊重作品创作者和著作权持有人依著作权法获得公平经济回报的权利。无论在印刷还是在数字网络环境下,图书馆工作者通过自己的辛勤劳动,使作品得以持久传播利用,促进了作品的创作。图书馆是正版出版物的主要购买者,通过抵制盗版、不合理使用和非法使用等行为,维护并净化著作权保护环境,保障了著作权人的利益。

为了使过度保护著作权的势头得到遏制,保障图书馆和用户在数字网络环境下继续享有合理使用的例外和豁免,国际图联、许多国家和地区的图书馆组织以及图书馆界的有识之士,积极参与著作权立法活动,广泛宣传保持著作权人与公众利益平衡的主张,在一定程度上对国际著作权条约和国家。地区的著作权法的变化施加了有益的影响。

我们也不讳言,在我国著作权法对数字复制和网络传播没有做出明确规定的情况下,个别图书馆提供的数字网络服务导致了与少数著作权人的纠纷。为了研究解决网络环境下的新问题,中国图书馆学会下设的学术研究委员会于 2002 年新成立了"图书馆法与知识产权委员会",通过组织会议、专题研讨、培训等活动,宣传著作权法,促进用户和图书馆从业人员重视并履行著作权法。

3.3 著作权立法应充分行使国内立法权

我国加入 WTO 后,依照一系列国际条约的规定,将修订包括《著作权法》在内的知识产权法律法规,纳入了立法日程。我们认为,作为发展中国家,在修订时不应盲目追求所谓的著作权保护与国际接轨。

应当利用《伯尔尼公约》和世界知识产权组织条约允许的国内立法权，针对自己的国情，在新增著作权保护条款的同时，设置相应的豁免条款。此外，有必要依照权利限制的三步检验标准，拓展现行著作权法合理使用条款关于复制手段的规定，以保证合理使用条款同样适用于数字作品和印刷作品的复制。例如，允许非营利图书馆在合理使用规定范围内，复制馆藏数字作品，与此同时，允许对印刷作品进行数字化转换，以避免大量的电子与非电子信息在短暂保存之后消失。

3.4　设置网络环境下著作权合理使用豁免规定

在传统与电子信息产品并存的环境中，为了使著作权保护真正服务于推动科学、技术和艺术进步的宗旨，应当继续允许在合理使用范围内，免费使用受著作权保护的作品。鉴于越来越多的信息只能通过电子方式获得，因此，必须保留公众的合理使用权，以防止将公共领域信息添加技术保护措施转为私有的现象出现。当技术保护措施阻碍用户依照合理使用条款行使自身合法权利时，应该允许规避或破解技术保护措施，保护公众利用受著作权保护资料的合法权利。

笔者强烈呼吁，信息网络传播权保护法规应明确规定与网络传播相关的合理使用豁免条款。将信息网络划分为不同的级别，著作权人的权利保护主要限于公开网络传播。图书馆的局域网，则应当享有豁免；此外，如有可能，著作权法也应当将非营利教育机构的校园网、远程教学网，有条件地纳入合理使用的豁免范围。具体说来，这些条款至少应当包括以下方面：①非营利教育机构网络教学所需相关教学资料的复制与网络传播豁免；②将非营利、公益性图书馆局域网络传播排除在信息网络传播权控制范围之外；③非营利图书馆建设信息导航系统链接网络资源与网络传播豁免；④非营利、公益性图书馆采取网络传输方式进行限量馆际互借的豁免；⑤非营利教育机构、图书馆出于合法的、非侵权目的的规避技术保护措施的豁免；⑥作为网络服务提供者的非营利教育机构、公益性图书馆因第三方侵权引发纠纷的责任豁免。

笔者也恳切希望,无论是以创作者为代表的著作权人,还是以作品的后续传播者为代表的著作权持有人,在通过立法和司法等程序推动社会对著作权保护的同时,注意摆脱狭隘的财产权的束缚,站在社会公正和公共利益的高度,理解并支持非营利教育机构、公益性图书馆等,依照法律规定的合理使用豁免,提供数字网络服务。

3.5 对许可使用协议的态度与立场

随着著作权保护期限的延长,图书馆有大量处于著作权保护期内,但已经无法从市场获得的作品,为了满足社会公众有效获取这些作品的需求,图书馆希望建设数字资源库(亦称数字图书馆),通过网络提供服务。对超出合理使用条款规定使用作品,图书馆坚持依照著作权法的规定,获得权利人或者其授权代理或机构的许可。希望有关各方制定简便易行的许可授权方案和对非营利教育机构及公益性图书馆的优惠结算政策,使图书馆能够通过网络提供公共领域资源与受著作权保护的资源,方便公众在已有作品基础上进行新的知识创造。

此外,图书馆购买电子资源时签署的许可使用协议,不能剥夺图书馆对已购买资源的合理使用以及处分的权利。

4 图书馆应承担的著作权义务

除了主张图书馆应当拥有的权利外,图书馆界也应当增强履行法律义务的意识,本着权利与义务对等的原则,在从事业务工作和向用户提供服务的过程中,承担尊重和保护著作权人利益的义务,不过度损害著作权人的利益。片面强调权利,忽略、不承认或不履行义务都是有违于公平原则的。具体说来,图书馆应承担的必要义务至少应包括以下方面:(1)执行著作权法规,对不属于合理使用范畴的作品依法获得使用许可;(2)依合理使用豁免制作复制品,应坚持少量使用、非营利提供服务;(3)依合理使用豁免进行网络传播,应坚持限定传播范围和使用数量;(4)教育用户遵守著作权法。

上述国际著作权保护公约与我国著作权法的权利限制与豁免规定,对于非营利公益性图书馆具有普遍适用性。不仅如此,欧盟的著作权指令(2001/29 号)以及近年来英、美等国著作权法的修订,也继续设置了相关的限制和豁免条款。希望我国著作权法的修订,坚持利益平衡原则,为保证公益性图书馆、非营利教育机构和公众在网络环境下获得与以往相同的权利,将合理使用拓展到数字复制与网络传播领域,采用适当方式将著作权人的权利限制在与以往相似的水平上。笔者也希望图书馆界主张豁免权利的同时,履行著作权义务,为著作权立法的平衡和法律的有效实施提供坚实的保障。

参考文献

1 伯尔尼保护文学和艺术作品公约(1886 年 9 月 9 日签订,1979 年 10 月修改).
   著作权,1992(2)

2 J A L Sterling. World Copyright Law. London:Sweet & Maxwell. 1998

3 WIPO. Report of the Diplomatic Conference On Certain Copyright and Neighboring
   Rights Questions. 1996. http://www. wipo. org/eng/main. htm

4 中华人民共和国著作权法. http://www. copyright. com. cn/6news/new-preview.
   php37id = 67

5 Committee On Copyright and other Legal Matters. The IFLA Position on Copyright in
   the Digital Environment. http://www. ifla. org/III/clm/p1/pos-dig. htm

附注:

本文系应《图书馆建设》编辑部之约而作。撰写于 2005 年 4 月,发表于《图书馆建设》,2005 年第 3 期,第 13 — 15 页。

对图书馆界参与信息网络传播保护立法进程的回顾与思考

1 信息网络传播权及其保护背景

1.1 信息网络传播权的国际保护溯源

20 世纪 90 年代中期以来,随着计算机、数据库、数字网络传播等新技术的普及与应用,各种数字作品的网络传输对传统著作权保护形成了一定的冲击。国际社会经过认真的研究和探讨,将修订原有著作权法、拓展权利保护范围作为解决数字技术引发的一系列新的著作权问题的举措。1996 年 12 月 2 日至 20 日,世界知识产权组织(WIPO)在瑞士日内瓦召开著作权与邻接权问题外交会议,参加会议的 WIPO 所有成员和一些非政府组织的代表,通过了《WIPO 著作权条约》(英文简称为 WCT)和《WIPO 表演与唱片条约》(英文简称为 WPPT)。作为对世界知识产权组织管理的《伯尔尼公约》和《罗马公约》的修订,新条约将信息网络传播纳入《伯尔尼公约》原有的"公共传播权"的保护范围,成为国际上最早涉及信息网络传播保护的国际条约。例如,WCT 第 8 条规定:在不损害《伯尔尼公约》第 11 条和第 14 条有关条款规定的情况下,文学和艺术作品的作者应享有专有权,可以授权将其作品以有线或无线方式向公众传播,包括将其作品向公众提供,使公众中的成员在个人选定的地点和时间获得这些作品[1]。此外,WCT 在增加著作权人新权利的同时,在第 10 条规定了限制与例外条款,允许缔约各方根据"3步检验"（three step test）标准,对有关权利加以限制或作为例外处理[2]。

1.2 信息网络传播权的国内保护

外交会议之后,世界各国纷纷把著作权法的修订摆到了重要的议事日程。我国于20世纪90年代末开始了对1990年颁布的著作权法的修订工作。2001年10月颁布了的修订后的我国著作权法,通过在第10条增设第12项"信息网络传播权",拓展了对著作权人专有权利的保护范围[3]。但是,著作权法没有同时增设对著作权人的权利限制条款,只在第58条中规定,由国务院负责制定信息网络传播权保护的具体办法。

根据著作权法的上述规定及国务院的安排,2004年11月,国家版权局牵头成立了《信息网络传播权保护条例》（以下简称《条例》）起草工作领导小组,2005年初正式启动《条例》的起草工作。国家版权局在负责起草《条例》草案的同时,还专门委托三个专家小组分别起草专家建议稿。2005年6月,国家版权局在充分吸收三份专家建议稿的基础上,形成了《条例》草案文本。2005年7月至10月底,国家版权局多次召开不同行业、界别人士的意见征求会,并在网上公开征集公众对《条例（草案）》的意见和建议[4]。目前,已经形成《条例（送审稿）》,由国务院负责审定颁布。

2 图书馆界参与《条例》调研与制定活动概况

2.1 调研准备

2001年著作权法修订过程中,图书馆界没有通过集体的力量充分表达对网络传播豁免的诉求,结果导致著作权法没有为公益性图书馆同步设置相应的网络传播合理使用豁免条款。图书馆界吸取上述教训,在《条例》立法调研启动之前,就开始关注并研究相关问题,为参与网络传播权保护立法进程而积极准备。

2002 年 4 月，中国图书馆学第六届图书馆学会学术研究委员会首次设立了"图书馆法与知识产权研究专业委员会"；2004 年 5 月，中国图书馆学会与中国版权协会在国家图书馆联合举办了为期一天的"数字时代图书馆的版权问题研讨会"。邀请国务院法制办公室、国家版权局、最高人民法院等立法与司法部门的管理者，中国社会科学院、北京大学的法学专家，以及图书馆界的专家、学者，共同讨论数字时代图书馆的版权问题。作为国家有关部门对网络传播著作权保护条例启动的前期调研的活动的一部分，这次会议为图书馆界提供了向司法与立法机关集中反映网络传播合理使用豁免诉求的机会，也搭建了与著作权人、法学专家、政府官员的交流平台。

2.2　过程参与

几乎在国家正式启动《条例》起草工作的同时，2005 年 1 月，在哈尔滨召开的首次中国图书馆学会新年峰会上，中国图书馆学会理事会决定，图书馆界应当积极参与《条例》的制定工作，向社会反映整个行业的诉求。会议决定由学术研究委员会下设的图书馆法与知识产权研究委员会负责此项工作的落实。会后，图书馆法与知识产权研究委员会组织了专门工作组，在调研 IFLA 和英美等国图书馆界发布的网络环境下知识产权问题的相关文件与声明的基础上，开始起草《中国图书馆学会关于网络环境下著作权问题的声明》（以下简称《声明》）。

2005 年 4 月，《声明》初稿完成，中国图书馆学会理事长在 2005 年"世界图书馆与知识产权日"（4 月 23 日）发表的公开讲话中，向社会各界披露了《声明》的要点，引起了较大的社会反响。2005 年 5 月，《声明》经过修订，提交学会秘书处，开始向部分学会理事与各个分支学会负责人征求的意见。2005 年 7 月，在广西桂林召开中国图书馆学会学术年会期间，向学会理事会提交《声明》审议稿。2005 年 8 月，理事会以通讯审议方式，通过了经过修改的《声明》，并于 8 月 20 日正式向社会公布[5]。

《声明》充分表达了图书馆界呼吁平衡的著作权保护、坚持将合理使用拓展到网络传播的立场,并提出了实现信息网络传播权保护与限制平衡的六点诉求,对《信息网络传播权保护条例(草案)》的制定产生了一定的影响。具体说来,《条例(草案)》第四条和第六条针对图书馆网络传播设置的局域网浏览豁免条款和注册用户网络浏览法定许可条款,以及第五条、第九条关于远程教育和破解其技术措施的豁免条款,都融入了图书馆的诉求,充分证明图书馆界集体参与立法活动是卓有成效的。

2.3 《条例(草案)》形成后的工作

由于国家在立法开放性方面的进步,《条例(草案)》形成之后,国家有关部门动员社会各界参与后续的修订进程,图书馆界也以前所未有的热情继续关注和参与相关活动。2005 年 6 月至 8 月,图书馆界的代表多次参加了国家版权局召开的《信息网络传播权保护条例(草案)》意见征集会。《条例(草案)》几经修改后,于 2005 年 9 月在国家版权局网站公布,面向社会各界征求意见。图书馆学会于 2005 年 10 月底提交了对《条例(草案)》的书面修改意见[6]。2005 年 11 月,图书馆界人士继续进行研究探讨,并通过机构和图书馆学会等渠道,向国务院法制办提出了对《条例(送审稿)》的书面修改意见。

3 图书馆界亟待重视和解决的问题

3.1 进一步学习普及著作权法知识

近年来,虽然著作权研究逐步成为业内热点问题,但是,笔者在参与《条例》制定活动过程中发现,图书馆界对著作权保护的宗旨、基本原则、合理使用豁免的适用范围等问题还存在一些认识误区。例如,不明白征得著作权人许可使用、法定许可使用、与合理使用的区别;对合理使用的适用范围认识不清,忽略对图书馆运营模式与享有合理使用豁免的主体资格的认定,认为合理使用是所有图书馆的权利,不能有任何限制;将合同购买电子资源的复制使用与自主建设的电子资源混为一谈;采取与著作权人的对立态度,强调无节制使用等。这些误区不仅会导致在图书馆的服务中增大著作权侵权风险,损害图书馆的社会形象,也会导致已经享有的合理使用豁免范围的缩小,丧失图书馆在著作权立法博弈中的有利地位。因此,我们应当对宣传普及著作权法知识予以高度关注,通过多种形式的学习与培训解决上述问题。

3.2 增强责任意识,积极参与著作权立法活动

从社会环境变化与图书馆的建设服务需求看,在国际社会强化对包括著作权在内的知识产权保护的同时,社会对网络传播的需求越来越强烈,信息资源的生产和流通方式已经发生了深刻的变化。为了适应社会需求,图书馆的管理与服务正在转型,将长期处于传统服务与网络服务并存的阶段。例如,图书馆为了将服务迁移到虚拟网络空间,纷纷进行数字图书馆建设。在资源建设方面,既采购大量传统非数字资源,也购买大量电子期刊与各种数据库,还通过馆藏的数字化转换,自建特色资源库;在用户服务方面,除了馆内服务外,按照电子资源购买协议,提供电子期刊与数据库的本地与远程访问已经非常普遍。但是,由于没有明确的网络传播法律规定,图书馆欲提供自建馆藏特色资源的网络服务则存在很大困难,这大大制约了数字图书馆的建设和网络传播服务的拓展。

可以说,网络著作权保护法律法规的滞后、利益关系调整中的矫枉过正,以及因合理使用条款缺失导致的保护与使用的失衡,不仅使图书馆的服务受到很大限制,也使图书馆的服务面临极大的风险。一些针对图书馆通过网络向读者提供作品浏览服务的侵权诉讼案,正是图书馆界错失参与著作权立法机会而导致的对著作权制衡作用缺失的必然结果。

经过图书馆界多年的呼吁和参与,《条例(草案)》中设置了部分图书馆网络传播豁免条款。但是,时至今日,仍然有一些业内人士对争取公益性图书馆合理使用豁免权的重要性认识不清,采取事不关

己、高高挂起的态度。事实上，著作权保护法律法规的平衡与否，著作权保护范围的变化、保护期限的长短、豁免条款的多寡，都会对图书馆的资源建设途径、馆藏资源结构、用户可免费获取资源的丰富程度、为用户提供服务的手段与服务层次等产生重要影响。图书馆界有必要增强责任意识，提高参与著作权立法活动的自觉性和积极性。只有图书馆界人士积极参与著作权立法活动，才能避免著作权法律法规出现严重的利益失衡，才能为图书馆的管理与服务创造较为宽松的法律环境。

3.3 明确图书馆参与信息网络传播权保护立法活动的角色与目标

网络环境下，增设信息网络传播权保护条款是应该的，但是，如果不同时增设权利限制条款，就会导致著作权垄断的趋势进一步加强，最终损害并削弱公众利益。如何保持著作权人的利益与公众利益的平衡？如何将合理使用的原则具体体现出来？到底应当授予图书馆以及图书馆所服务的信息用户多少豁免权？这些问题不仅是立法者，也是图书馆和广大用户应当关心的问题。

目前，《条例》的审定并未完成，我们要继续参与立法活动，通过各种渠道充分表达我们的诉求。例如，我们可以通过各级、各系统图书馆学会与图书馆等机构渠道反映图书馆界的诉求，也可以通过学者、研究人员和管理人员等个人渠道反映业界的呼声，还可以动员各类用户群体为争取公益性图书馆和用户的合理使用豁免权而努力。总之，笔者认为，我们不能重蹈 2001 年著作权法修订期间图书馆界集体失语的覆辙。不仅如此，即便《条例》颁布实施了，我们也不能一劳永逸。因为，作为著作权法的补充，《条例》与著作权法都会随着时间的推移而滚动修订，我们必须有长期参与著作权相关立法活动的思想准备。

在参与著作权相关立法活动的过程中，图书馆应当准确把握自己的角色定位。不应只扮演著作权法律法规的被动履行者的角色，还应当是著作权法律法规修订的参与者、用户利益的捍卫者和公众利益的代言人。我们参与信息网络传播权保护立法活动的目标是:在充分保护著作权人权益的同时,尽可能将更多的著作权合理使用豁免条款扩展到网络环境,使公益性非营利图书馆享有网络传播豁免权。当然,我们也应当有这样的思想准备,最终的法律法规条文不可能全部采纳我们提出的建议。尽管如此,我们仍应当明确信念,尽最大的努力呼吁设置与著作权保护相适应的合理使用豁免条款,争取公益性图书馆利用网络向用户提供信息资源与相关服务的豁免权。

为了减少著作权许可的障碍,为履行著作权法创造条件,图书馆界还应当积极参与著作权集体管理制度的建设活动,促成著作权集体管理制度的落实与完善。作为用户集团,与著作权人或著作权人的代表协商制订许可方案和付费标准等,探讨更加合理的许可方案、推出多种便捷许可模式与报酬支付标准。

3.4　增强著作权保护意识,认真防范规避侵权风险

近年来,出现了一些公益性图书馆提供作品的网络传播而引发的著作权纠纷。从表面现象看,网络传播权保护立法滞后、混淆公开网络与局域网服务的界限、图书馆界对实体图书馆借阅与网络传播对著作权人利益的不同影响认识不清等,导致了侵权纠纷的产生。但是,深入到图书馆管理层面考察可以发现,图书馆没有研究制定著作权政策,未将著作权管理纳入自己的日常工作,也是导致侵权纠纷产生的重要原因。

同样,由于图书馆服务在当前和今后一段时期内,都面临由实体空间向网络虚拟空间的迁移,在《信息网络传播权保护条例》尚未最后审定颁布的情况下,随着著作权人维权意识的增强,图书馆会因为超越现有著作权法合理使用条款规定的范围自主使用作品,面临遭到侵权起诉的风险。因此,认真防范、规避侵权风险是值得每一个图书馆高度重视的问题。

图书馆如何对待并规避著作权风险？我们应当认识到,在法制社会中,公民、各类机构和团体将各自的利益冲突诉诸法庭,寻求通过法

律解决利益冲突是非常正常的现象。因此,图书馆应当对提供的有风险的服务有可能遭遇侵权诉讼这一现实,有足够的心理准备和应对方案。当然,为了减少社会的诉讼成本,维护机构的良好社会形象,最好是对著作权法合理使用条款未明确允许的豁免使用,即属于法律规定的灰度地带的不征得许可也不支付报酬的使用持慎重态度。对影响面比较大、超过合理使用范围的使用,应按照法律规定征得著作权人的许可,并支付相应的报酬。

此外,图书馆界在秉承保护与利用平衡的理念,遏制著作权保护过度扩张的同时,应当一如既往地保护著作权人的利益,反对一切印刷形式和数字形式的侵权盗版,反对不符合法律规定的使用。作为规避侵权风险的必要举措,图书馆必须高度重视并加强著作权管理,增强著作权保护意识,加强行业自律。具体说来,应当认真分析、研究著作权法的相关规定,严格区分征得许可使用、法定许可使用与合理使用的界限,对潜在的侵权风险和后续影响进行论证,制定明晰的著作权政策。其内容应当包括资源采购、资源加工、资源保存、服务方式、服务范围、用户资格认证、使用规范等方面,并在图书馆管理目标和日常工作中融入著作权保护与使用平衡的理念,将著作权管理落到实处。笔者相信随着时间的推移,解决上述问题将变得越来越重要。

参考文献

1 Right of Communication to the Public. WCT Article 8. http://www. wipo. int/treaties/en/ip/wct/trtdocs_wo033. html#P78_9739

2 Limitations and Exceptions. WCT Article 10. http://www. wipo. int/treaties/en/ip/wct/trtdocs_wo033. html#P78_9739

3 中华人民共和国著作权法.1990 年 9 月 7 日第七届全国人民代表大会常务委员会第十五次会议通过,根据 2001 年 10 月 27 日第九届全国人民代表大会常务委员会第二十四次会议《关于修改〈中华人民共和国著作权法〉的决定》修正. http://www. sipo. gov. cn/sipo/flfg/ygzscqdflfg/t20011030_2147. htm

4 信息网络传播权保护条例(草案). http://www. ncac. gov. cn/servlet/servlet. info. InfoTopicServlet? action = topiclist&id = 30

5 中国图书馆学会关于网络环境下著作权问题的声明. http://www.21zd.com/show.php? id=2798

6 关于《信息网络传播权保护条例》(草案)的修改意见. http://www.csls.org.cn/cao_an.doc

附注：

    本文系应《国家图书馆学刊》编辑部之约而作。撰写于 2006 年 1—2 月,发表于《国家图书馆学刊》,2006 年第 2 期,第 5—9 页。

图书馆界参与信息网络传播权立法的实践

1 背景回顾

1996 年 12 月 2 日至 20 日,在瑞士日内瓦召开的著作权与邻接权问题外交会议上,参加会议的世界知识产权组织(WIPO)的所有成员和一些非政府组织的代表,通过了《WIPO 著作权条约》(英文简称为 WCT)和《WIPO 表演与唱片条约》(英文简称为 WPPT)。作为对世界知识产权组织管理的《伯尔尼公约》和《罗马公约》的修订,新条约拓展了《伯尔尼公约》原有的"公共传播权"的保护范围,将信息网络传播纳入其中,成为国际上最早涉及信息网络传播保护的国际条约[1]。

外交会议之后,世界各国纷纷把著作权法的修订摆到了重要的议事日程。我国于 20 世纪 90 年代末开始了对 1990 年颁布的著作权法的修订工作。2001 年 10 月颁布的修订后的我国著作权法,通过在第十条增设第十二项"信息网络传播权",拓展了对著作权人专有权利的保护范围。

遗憾的是,在著作权法修订过程中,图书馆界没有通过集体的力量充分表达对网络传播豁免的诉求(笔者将此称为图书馆界集体失语),其结果是著作权法在增加网络传播权保护条款的同时,没有将原有的合理使用条款拓展到数字网络传播领域,图书馆无法享有利用信息网络向用户提供服务的合理使用豁免。之后,有多起针对图书馆的网络传播侵权诉讼案例出现,这不能不说是一个深刻的教训。

2 我国信息网络传播权立法性质与进程

2001 年修订著作权法时,鉴于信息技术和受著作权保护作品的网络应用方式及发展趋向尚不明晰,著作权法对信息网络传播权保护只做了原则性规定,没有具体规定相关权利的行使方式,也没有规定权利限制条款。但在第 58 条中规定,由国务院负责制定信息网络传播权保护的具体办法。这一规定,就是我国后来启动信息网络传播权立法工作的根据和来源。换言之,《信息网络传播权保护条例》(以下简称《条例》)是著作权法 58 条授权国务院制定的相关法规,主要由国务院法制办和国家版权局负责落实。作为著作权法的配套法规,《条例》与著作权法一起,共同调整网络时代与著作权相关的复杂的利益关系。

在完成著作权法的修订后,国家相关部门历经数年调研,于 2004 年将《条例》纳入 2005 年立法计划。2004 年 11 月,国家版权局牵头成立了《条例》起草工作领导小组,2005 年年初启动《条例》制定工作,2005 年 5 月 10 日经国务院常务会议原则通过,2006 年 5 月 29 日正式发布,2006 年 7 月 1 日实施。

3 《条例》的具体制定过程

2005 年年初正式启动《条例》的起草工作后,国家版权局在负责起草《条例》草案的同时,还专门委托中国社科院、中南财经政法大学、北京大学三个专家小组分别起草专家建议稿。之后,国家版权局汇集四个版本形成草案初稿,于 2005 年 6 月在上海大学召开专门会议,经充分讨论,听取各方专家意见形成了《条例》草案文本。2005 年 7 月至 8 月底,国家版权局多次召开不同行业、界别人士的意见征求会,面对面征求多个行业对草案的意见。2005 年 9 月至 10 月,将草案在版权局网站公布,公开征集社会各界及公众的意见和建议,形成《条例(送审稿)》,于 11 月提交国务院法制办。此后,国务院法制办于同年 11 月至 12 月面向各行业政府主管部门征求意见。2006 年 3 月,国务院法制办就修改过的《条例》文本(此时《条例》名称改为《规定》)召集专家与相关行业征求意见会,2006 年 4 月,专门召集图书馆界代表与出版界代表就其中与图书馆网络传播相关的豁免条款进行座谈。在听取双方意见、权衡各方利益之后,《条例》最终由国务院负责审定颁布。

4 图书馆界参与信息网络传播权立法的实践

我国图书馆界参与信息网络传播权立法的实践可以分为前期组织与研究、舆论准备和实质性参与三个阶段。

4.1 前期组织与研究

图书馆界吸取以往教训,在《条例》立法调研启动之前,就开始对网络传播著作权问题进行深入研究,为参与网络传播保护立法而积极准备。

2002 年 4 月,中国图书馆学会第六届学术研究委员会成立“图书馆法与知识产权研究委员会”,使业内研究力量得以聚合。此后有大量研究成果发表,相关研究急剧升温。

2004 年 5 月,为配合国家版权局的立法调研,中国图书馆学会与中国版权协会在国家图书馆联合举办了为期一天的“数字时代图书馆的版权问题研讨会”。研讨会邀请国务院法制办公室、国家版权局、最高人民法院等立法与司法部门的管理者、北京大学和中国社会科学院的法学专家、图书馆界的专家、学者以及商业性数字图书馆的代表,共同讨论数字时代图书馆的版权问题。作为国家有关部门对网络传播权保护立法的前期调研活动的一部分,这次会议为图书馆界提供了向司法与立法机关集中反映网络传播合理使用豁免诉求的机会,也搭建了与著作权人、法学专家、司法部门管理者和政府官员的交流平台。《国家图书馆学刊》辟专栏发表了部分会议发言,促进了各种观点的交流[2]。

4.2 舆论准备

2005 年 1 月,中国图书馆学会首次新年峰会在哈尔滨召开。学会理事会认为,为积极参与网络传播著作权保护立法活动,有必要做好舆论准备,以学会名义发布《中国图书馆学会关于网络环境下著作权问题的声明》(以下简称《声明》),向社会反映整个行业将合理使用拓展到网络传播的诉求。会议决定由学术研究委员会下设的图书馆法与知识产权研究委员会负责此项工作的落实。会后,图书馆法与知识产权研究委员会组织了专门工作组,在调研 IFLA 和英美等国图书馆界发布的网络环境下知识产权问题的相关文件与声明的基础上,开始起草《声明》。2005 年 4 月,《声明》初稿完成;2005 年 4 月 23 日,学会理事长詹福瑞在世界图书馆与知识产权日发表公开讲话,向社会各界披露《声明》要点,引起较大社会反响;2005 年 5 月,《声明》提交学会秘书处,征求部分学会理事与各分支学会负责人的意见;2005 年 7 月在桂林召开学会学术年会期间,向学会理事会提交《声明》审议稿;2005 年 8 月,学会理事会以通讯审议方式,通过了经过修改的《声明》,并于 8 月 20 日正式向社会公布[3]。

《声明》分为正文和说明两部分。核心内容是,认同并支持国际图联关于著作权问题的立场,强烈呼吁特别关注、妥善解决以下三方面问题:①我国著作权保护立法充分行使国内立法权;②实现信息网络传播权保护与限制的平衡;③设计和制定简便易行的许可使用协议制度。

《声明》还明确提出了六项网络传播合理使用豁免诉求:①公益性

图书馆局域网络信息传播豁免;②公益性图书馆对学校教学所需教学资料的网络传播豁免;③公益性图书馆建设信息导航系统链接网络资源与网络传播豁免;④公益性图书馆采取网络传输方式进行限量馆际互借豁免;⑤公益性图书馆出于合法、非侵权目的规避技术保护措施豁免;⑥公益性图书馆网络传播涉及的第三方侵权责任豁免。

4.3 实质性过程参与

国家立法在开放性方面的进步,使社会各界都有机会参与了《条例》的起草、修订工作。图书馆界以参加意见征集会、提交书面修改意见等方式直接参与了《条例》制定的具体工作。

2005年6月至8月,图书馆界的代表两次参加了国家版权局召开的《信息网络传播权保护条例(草案)》意见征集会;2005年10月至11月,图书馆界人士通过机构、个人名义和图书馆学会等渠道,多次研究提交对《条例(草案)》的书面修改意见;2006年3月至4月,图书馆界的代表参加了三次国务院法制办主持的《条例》意见征集会,并研究提交书面反馈意见。

5 体会与成效

图书馆界以前所未有的热情参与了信息网络传播权立法活动,呼吁将著作权法的合理使用条款拓展到网络传播环境,充分表达了图书馆界坚持平衡的著作权保护的立场,对推动立法平衡发挥了重要作用。《条例》中图书馆相关豁免条款的设置,充分证明了图书馆界集体参与立法活动是卓有成效的。

《条例》的豁免规定分为两类,一是明确指出图书馆的条款,二是未明确指出图书馆的条款。现将具体豁免条款归纳如下:①评介作品与报道时事引用、教学科研、执行公务、面向少数民族、盲人以及面向公众的网络传播合理使用条款(第六条);②图书馆、档案馆、纪念馆、博物馆、美术馆等公共服务机构非营利为用户提供馆藏作品的馆内局域网络浏览合理使用条款(第七条);③符合国家教育规划的网络教学、面向贫困地区或人群网络传播法定许可条款(第八、九条);④教学科研、向盲人非营利传输、执行公务、测试系统或网络安全性等规避技术措施的免责条款(第十二条);⑤网络服务提供者依自动存储、接入、搜索、链接服务相关规则操作享有的免责条款(第二十至第二十三条)。

6 我们面临的重要任务

(1)《条例》已经于7月1日正式实施,图书馆界应认真分析研究著作权法和《条例》的豁免规定,进行公益性数字图书馆建设,推进图书馆的数字网络服务。

(2)《条例》针对图书馆的合理使用豁免条款仅局限在馆内局域网访问。要增强风险防范意识,严格区分公开网络、校园网与图书馆局域网服务的界限,尽量避免因擅自扩大作品的网络传播范围而引发侵权纠纷。因为有明文规定要对此承担责任(第10条第1款第4项)。

(3)随着法律法规的推出,对著作权政策的制定和日常管理变得越来越重要,图书馆界应高度重视著作权管理,以负责的态度在保护著作权和促进作品的传播利用方面发挥积极作用。

(4)我们面临的现实是:除少数合理使用豁免规定外,对作品的使用绝大多数都在著作权人权利管辖范围之内,必须针对不同情况分别制定对策。例如,区分许可使用、法定许可使用与合理使用;区分合同购买的电子资源与自建电子资源。对不符合合理使用规定的使用,要坚持征得著作权人的许可并支付报酬。

7 推荐著作权解决方案

(1)在资源采购方面,签署电子资源采购合同时,对脱机和联机数字资源,都要尽量坚持著作权法的合理使用原则,为提高服务质量、保护用户利益,争取将本地存档、备份复制和允许用户个人少量下载复制写入合同条款。同时,还应坚持在采购合同中写入第三方侵权免责条款,以规避自身的服务风险。

(2)在自建资源方面,进行资源数字化转换加工,应首先鉴别资源是否受著作权保护,然后,分别依法律法规的规定和要求操作。具体说来,将受著作权保护的资源或者著作权人没有表示放弃权利的资源数字化,只要不符合合理使用豁免规定,则应当征得著作权人或著作权人委托的集体管理机构的使用许可。

(3)在网络传播服务方面,对购买或自建的电子资源,除依合同提供本地与远程访问外,还可依《条例》第 7 条的豁免规定,提供有限制的网络传播,即馆内传播。此外,无论资源的形式与来源如何不同,网络服务著作权管理的重要性都变得更加突出。

网络传播服务的著作权管理除了制定政策和解决方案外,还要借助技术管理手段加以实现。以往那种将资源加载到服务器上很少进行权限管理的做法容易引发侵权风险,建议更多地研究和采纳适用的 DRM 技术,解决用户访问网络浏览系统的资格认证、使用权限的授权,或者进一步完善网络浏览系统的用户认证管理并规范用户对资源的访问行为,如设置防止超量恶意下载/复制或违规操作预警等管理功能。同时,应注意把握对违规使用网络资源的用户进行惩戒性处罚的限度,目前,许多图书馆对违规使用网络资源的用户采取警告和禁用等处罚方式,笔者认为应以警告为主,无视警告连续违规者才可以采用禁用处罚,这样做也是为了维护用户的权益。

8 值得关注和改进的问题

在参与立法的过程中,笔者注意到图书馆界的立场不可避免地与著作权人、以出版者和其他传播者为代表的邻接权人的立场存在冲突。然而,图书馆与上述各个集团都是社会信息生产、传播不可缺少的链环。在立法活动中我们应当为了公众利益努力呼吁保护与利用的平衡,但是,采取与著作权人和邻接权人的对立态度是不可取的。应当设身处地理解对方,公平博弈,进行建设性对话,共同构建平衡的网络传播法律环境。

此外,有业内人士对合理使用豁免的适用范围认识不清,将合同购买电子资源的复制使用与自主建设的电子资源浏览系统混为一谈;也有少数业内人士对争取公益性图书馆合理使用豁免权的重要性认识不清,采取事不关己,高高挂起的态度,甚至对图书馆界参与立法活动表示不理解。笔者认为,我们有必要清晰把握图书馆的角色定位,即我们不仅是著作权法律法规的履行者,还应是立法参与者、用户权利捍卫者和公众利益的代言人,只有图书馆生存发展的社会大环境建设好了,图书馆的发展才有保障。

为减少著作权许可障碍,为履行著作权法创造条件,图书馆界还应当积极参与著作权集体管理制度的建设活动,促成著作权集体管理制度的落实与完善。作为用户集团,与著作权人或著作权人的代表协商制订许可方案和付费标准等。探讨更加合理的许可方案、推出多种便捷许可模式与报酬支付标准。

为了突破国际著作权保护日趋严格对信息传播造成的阻碍,近年来国际上出现了由研究者和知识信息资源共享支持者等发起的一系列"开放资源许可"运动,例如,由自由软件联盟发起的软件公共许可(GNU General Public License)[4]、由用户自由提交内容而建立的网上合作式超文本文件网——维基网(Wikis)及其《维基百科》等[5]。笔者认为,它们本质上是对"合理使用"原则的法律外补充。尽管目前它尚不具有撼动著作权法的影响力,但是大量的资源正在以这种方式在全球共享传播。图书馆界应关注并支持新兴的开放资源许可运动,并遵循相关规则将这些资源提供给我们的用户。

9 结语

《条例》的正式实施,并非著作权保护立法工作的完结。我们要有长期作战的思想准备。因为,新的技术与需求不断变化,立法是滚动进行的,条例并非正式的法律,不能一劳永逸。作为负责任的社会机构,图书馆需要不断评估现有保护与豁免条款对信息资源生产、创造、传播的正面与负面影响,继续提出改进意见。

参考文献

1 肖燕. 网络环境下的著作权与数字图书馆. 北京:北京图书馆出版社,2002

2 数字时代的图书馆版权. 国家图书馆学刊,2004(4)

3 中国图书馆学会关于网络环境下著作权问题的声明. http://www.21zd.com/show.php? id=2798

4 GNU General Public License. http://www.gnu.org/copyleft/gpl.html

5 Wikipedia:Copyrights. http://www.wikipedia.org/wiki/Wikipedia:Copyrights

附注:

本文系应《图书馆建设》编辑部之约,基于笔者在 2006 年中国图书馆学会学术年会所做的专题报告撰写,发表于《图书馆建设》,2006 年第 5 期,第 27 — 29 页。

公益性图书馆网络传播豁免诉求及其合理性分析

1 引言

我国著作权法(1990 年颁布)第 2 章第 4 节以"权利的限制"为标题,设置了专门的合理使用条款,即第 22 条,为公益性图书馆、教育机构和社会公众不征得权利人许可,免费使用受著作权保护的作品提供了方便。2001 年 10 月,修改颁布的著作权法,虽然保留了第 22 条,但是没有针对新设立的信息网络传播权增加相应的限制条款,致使公益性图书馆无法依合理使用条款向读者提供馆藏资源的网上浏览服务,在一定程度上造成了著作权保护与权利限制的失衡。自 2005 年我国启动信息网络传播权立法工作以来,草拟的信息网络传播权保护法规——《信息网络传播权保护条例(草案)》和《信息网络传播权保护规定(征求意见稿)》,均不同程度地设置了公益性图书馆采用网络传输方式向读者提供馆藏作品浏览服务的豁免条款。然而,由于社会各界对享有网络传播豁免资格的主体、可提供网络浏览的作品种类与时限、用户可接触作品的范围与浏览方式等一些具体问题存在不同理解,引发了对公益性图书馆网络传播豁免条款的一些争议。笔者愿借此文分析设置公益性图书馆网络传播豁免条款的合理性,阐述图书馆界对设置公益性图书馆网络传播豁免条款的诉求,以促进信息网络传播权保护法规的进一步完善。

2　设置公益性图书馆网络传播豁免条款的立法基础

　　著作权法的立法依据一方面来源于对个人权利的尊重和保护,另一方面则来源于对公共利益和公众权利的尊重和保护。促进科学、文化、实用艺术的创造、平衡著作权人及相关权利人与公众之间的利益是著作权立法的一贯宗旨。无论是国际著作权公约还是各国著作权法,在明确规定著作权人及其相关权利人保护条款的同时,均设置了对专有权进行不同程度限制的法律规定,从而使著作权有别于其他私权,即除人身权利外,著作权中的财产权无法享有与其他私权类似的绝对保护。

　　前网络时代,为了避免著作权的扩张与限制失衡,《伯尔尼公约》明确提出了三步检验标准(three step test),允许缔约国依该标准实施权利限制。为了调整网络环境下的著作权利益关系,1996 年召开的 WIPO 著作权外交会议,通过了《WIPO 著作权条约》(英文简称为 WCT)和《WIPO 表演与唱片条约》(英文简称为 WPPT)。其中,《伯尔尼公约》所确定的三步检验标准(即:属于特殊情况、不与作品的正常利用相抵触、不无理地损害权利人的合法利益),以及允许缔约国行使国内立法权的原则继续得到了肯定[1]。

　　例如,WCT 在增加著作权人新权利的同时,在第 10 条规定了限制与例外条款,允许缔约各方根据三步检验标准,对有关权利加以限制或作为例外处理。此外,关于 WCT 第 10 条的议定声明指出:第 10 条允许缔约方继续执行《伯尔尼公约》已承认的限制和豁免,并可以在各自的立法中将这些限制和豁免扩展到数字环境。这种做法是可以理解的。同样,也应当理解这些条款允许缔约方设置适应数字网络环境的新的豁免和限制[2]。

　　作为著作权法的补充法规,我国制定信息网络传播权保护法规的出发点及宗旨与著作权法并无二致,应当在保护信息网络传播权的同时,通过设置豁免条款对该权利进行适当限制,平衡著作权人及相关权利人与公众三方面的利益,消除信息资源便捷传播和高效利用的障碍,激励科学、技术、文化作品的创作,促进社会文化和科学事业的发展与繁荣。

3 信息网络传播权保护与国际著作权保护接轨的依据与参照

在与图书馆网络传播豁免条款有关的争议中,我国信息网络传播保护立法是否应当与国际著作权保护接轨是频繁涉及的问题。笔者认为,从原则上讲,各个国家的著作权保护与国际接轨不是绝对的,只是相对的。著作权保护的历史与现状也昭示,不同国家、不同时期著作权相关权利内容的变化,一直受到科学技术和社会发展水平的重大影响,借助于保护措施与限制措施而实现的著作权保护程度也存在高低之分。

作为《伯尔尼公约》等国际著作权公约的成员国,我国在制定著作权保护立法和执法方面有与国际接轨的必要性和义务。2001 年,我国针对科技发展趋势和国际著作权保护公约的变化对著作权法进行了修订。修订后的著作权法在增添诸多受保护的权利方面,与 TRIPS 和WCT、WPPT 的规定大体一致,做到了对新技术作品的保护基本与国际接轨。其中,增加信息网络传播权保护条款,就是履行这种义务的具体体现。

但是,著作权保护法律制度具有明显的国家特色,履行著作权保护与国际接轨的义务并不等于照搬发达国家著作权法的规定,更不能只青睐于所谓严格的"高水平"保护。考虑到不同国家的具体国情与社会发展水平的差异,即便是国际公约也承认各成员国的国内立法权,允许各国的著作权法律法规对国际公约规定的条款有所保留。例如,WCT 和 WPPT 在得到超过 30 个国家(目前尚不包括我国在内)签署后,分别于 2002 年 3 月和 5 月正式生效。许多签署上述公约的国家,包括日本、巴西等国,都明确附上了自己的保留条款。因此,我们的著作权保护不能迫于内部与外部的压力,不切实际地追求与发达国家保护水平接轨,而应当考虑我国的科技、文化与经济发展水平,实施不低于国际公约最低保护水平、相对平衡的著作权保护。

具体说来,为了保持著作权人及相关权利人的利益与公众利益的平衡,防止专有权的过度膨胀阻碍公众使用受著作权保护的作品,要充分利用国内立法权,在新增著作权保护条款的同时,设置相应的豁免条款,避免公众利用新技术接触和使用受著作权保护作品的正当权益受到损害。在这方面,美国的做法值得参照借鉴。美国著作权法采取滚动方式修订,加上立法过程的开放性,使各个利益群体都能反映各自的诉求,参与利益博弈。其结果使国内立法权得到充分利用,最终在 1998 年颁布实施的《数字千年著作权法》(DMCA)和 2002 年颁布实施的《远程教育豁免法案》(TEACH)之中,增加了针对图书馆和非营利教育机构网络传播的责任限制和豁免条款。

值得指出的是,我国正在制定的信息网络传播权保护法规除了设置合理使用豁免条款外,还针对一些特定应用,设置了网络传播法定许可(亦称强制许可)条款。尽管此举遭到一些非议,但是,设置法定许可条款不能成为取消合理使用豁免条款的理由。据国外研究资料记载,在 1996 年 12 月举行的 WIPO 外交会议期间,取消《伯尔尼公约》第 11 条规定的强制许可条款的提议得到了普遍赞同,但是,我国代表团不同意该提议,所强调的依据是由于人口的多样性和文化教育事业的需求,有必要保留该条款,以便方便、灵活地处理有关问题。因此,取消强制许可的条款在会上未被通过[3]。笔者认为,法定许可条款的保留,是我国参与确立国际著作权立法规则所取得的成果,我们应当继续坚持从自己的国情出发,基于《伯尔尼公约》、WCT 和 WPPT认可的设置权利限制条款的三步检验标准设置信息网络传播权限制条款,在网络传播权保护立法中发挥独创性。

4 图书馆界争取网络传播豁免的基本立场

著作权保护与作品利用密不可分。没有公益性图书馆网络传播豁免的网络传播权保护是不全面的,也是失衡的。图书馆作为负责任的社会机构,支持对信息网络传播权实施保护,以便遏制网络侵权行为泛滥对权利人利益的侵害。但是,在强调信息网络传播权保护的同时,不能无视读者高效、免费利用图书馆所收藏资源的需求。

支撑教学科研活动、保存文化遗产、向用户提供服务是图书馆的天职。图书馆通过对受著作权保护作品的采购、传播和利用,不仅使著作权人的权益得以实现,还支持并满足了公众获取知识信息,进行科技文化创新交流等方面的需求。计算机与网络等新技术的应用与发展,激发了读者的多元化服务需求,势必要求图书馆提供新的馆藏借阅方式。设置公益性图书馆网络传播豁免条款是保障公共利益的重要途径之一。

肇始于 WIPO 两个条约的信息网络传播权保护,其权利覆盖范围从一开始就不够明确。我国著作权法完全采纳了 WIPO 的两个条约的定义,将信息网络传播权定义为以有线或者无线方式向公众提供作品,使公众可以在其个人选定的时间和地点获得作品的权利。从上述文字看,信息网络传播权保护的是权利人向公众传播作品的权利。为了增强立法的可操作性,必须明确规定所适用的公众属于哪些范围,并将有明确边界的特定群体,比如图书馆的正式注册读者等予以适当排除。

没有约束的网络传播豁免,同样会打破利益平衡,最终损害公众的利益。为了避免网络传播豁免被滥用,在设计豁免条款时,要通过限制网上下载复制、限定网络浏览系统的访问权限、规范可传播作品的种类与数量、明确区分公益性传播和以营利为目的的传播行为,确保依合理使用条款进行的网络传播不过分影响权利人的利益。

5 图书馆界对馆藏作品网络传播的核心诉求分析

2006 年 3 月,中国图书馆学会代表图书馆界向国务院法制办提交了对《信息网络传播权保护规定(征求意见稿)》的修改意见,要求将其中第 4 条第 1 款第 4 项(即内容涉及图书馆的豁免条款)进行修改,同时建议在第 4 条第 1 款中新增非营利教育机构课堂教学有关的内部网络传播的豁免条款。

图书馆界提出的关于图书馆享有馆藏网络传播豁免的诉求是:在采取技术措施防止作品通过网络下载复制的情况下,允许图书馆通过本馆的信息网络向注册读者提供本馆收藏的合法数字化的作品。我们主张可以通过网络传播的作品应当包括两大类:一是图书馆购买的合法出版的数字化作品;二是图书馆依照著作权法合理使用条款的规定,将自己的特色收藏进行数字化加工形成的馆藏作品的复制品。

应当强调的是,我们认为网络传播合理使用豁免条款仅适用于以下情形:①公益性图书馆合法馆藏的非营利网络传播;②网络浏览系统仅向正式注册读者开放;③网络浏览系统不具有下载复制功能;④网上同时浏览特定作品的用户数量(即并发用户数量)不超过图书馆所购买该作品的复本数量。

上述诉求是否有违于著作权保护普遍适用的利益平衡原则呢?从享有豁免资格的主体看,有权依据上述条款提供服务的图书馆仅限于公共资金支持的公益性图书馆;从涉及的著作权保护客体看,仅局限在图书馆馆藏作品范围内;从作品的使用方式看,仅限于局域网和图书馆读者专用浏览系统范围内的浏览,不包括复制与公共网络传播;从潜在的可以通过网络浏览方式接触作品的读者看,仅仅局限于到图书馆利用作品的读者和那些因各种原因暂时不方便到图书馆借阅图书资料的正式注册读者。

　　显然,符合上述条件的网络传播,即便未经许可、不支付额外报酬,对权利人利益的损害也不会超过合理的限度。因为,从图书馆的馆藏来源看,绝大多数作品都是通过正规市场渠道获得的。作为公益性非营利机构,图书馆利用国家的公共投资或私人的公益捐资购买作品之时,权利人通过创作、出版或发行作品获得报酬的权利已经得到了实现。如果图书馆提供馆藏作品的网络浏览时,可以同时接触某一作品的读者并不超过本馆所购买该作品的复本数量,而且采取了技术手段限制读者对作品的复制,那么,这种网络传播行为并不会像某些人所担心的那样,导致公众对作品的任意下载复制和广泛传播,对图书销售市场形成巨大冲击和影响。相反,图书馆的馆藏资源采购,仍将像以往一样占据着受著作权保护作品的销售市场的巨大份额。

　　近年来,图书馆为了适应读者通过网络获取信息资源的需求,花巨资订购了大量国内外数据库商、出版机构等制作发行的电子资源。但是,外购电子资源的覆盖面仍然有限。目前,图书馆可以通过商业途径获得的电子资源的销售多采用捆绑方式,商业机构不会针对特定读者的个性化需求而制作和销售电子资源。这不仅造成图书馆的资源浪费,也给读者的使用带来不便。因此,在读者越来越乐于通过网络便捷利用图书馆的情况下,图书馆将读者需要,且无法从市场上以合理价格或者根本无法获得的馆藏资源数字化,提供有限制的浏览服务,是有益于公共利益的举措。

　　另外,从客观上讲,图书馆通过网络提供馆藏作品的浏览服务,有可能对少量重印图书的销售产生一定的潜在影响(笔者查阅出版年鉴登载的统计数字发现,重印图书只占图书出版发行市场中很小的比例)。但是,对那些新版图书和修订再版图书是不会产生影响的。再有,将馆藏作品数字化和进行网络传播所需要的设备及系统的维护成本很高,图书馆不可能也没有必要将所有馆藏全部数字化通过网络展示,而且也不是所有的图书馆都要进行馆藏的网络传播。因此,没有必要夸大图书馆依合理使用豁免条款提供馆藏作品浏览服务对权利人利益的影响。

6　结语

国内外著作权立法的历史和现实昭示,著作权法律法规作为不同利益群体博弈与妥协的产物,对权利的保护与限制只能以趋近各方利益的平衡为考量。从更高的视角看,知识文化的传承与创造是密不可分的,著作权人及其相关权利人只是在特定情况下以自己创造或传播作品权利人的身份享有著作权保护。作为社会的一分子,更多情况下权利人也是知识、科技、文化产品的用户。从这个意义上讲,权利人必将与其他社会公众一样受益于便捷的网络传播。近年来,国际上的开放许可运动日益深入人心,无论是发达国家还是发展中国家的许多学者、作家、学术团体和出版机构已经为公众奉献了大量开放网络资源,允许公众和其他公益团体机构出于非营利目的,免费、免许可复制传播受著作权保护的网络资源。笔者相信,以公正、客观的态度看待与信息网络传播权保护有关的争议,充分认识设置适度的公益性图书馆网络传播豁免条款对全社会高效利用信息资源的保障作用,将对著作权保护的平衡、社会的和谐以及激励科学、技术、文化作品的创作更为有利。

参考文献

1　肖燕. 网络环境下的著作权与数字图书馆. 北京:北京图书馆出版社,2002

2,3　Sterling J A L. World Copyright Law. London:Sweet & Maxwell, 1998

附注:

本文撰写于 2006 年 4—5 月,发表于《图书情报工作》,2006 年第 7 期,第 11—13,17 页

2007 年网络知识产权立法最新进展与图书馆的对策

1 引言

据新华社 2007 年 6 月 9 日和国家版权局网站 6 月 12 日发布的消息,《世界知识产权组织著作权条约》和《世界知识产权组织表演和录音制品条约》于 2007 年 6 月 9 日在中国生效[1-2]。尽管许多持续关注网络环境下知识产权立法进展的同行对上述两个条约并不陌生,但是,由于一些新闻报道的标题均对上述两个条约冠以"国际互联网条约",致使部分业内人士对上述条约与我国现行著作权保护法律法规的关系不太清楚,甚至误以为生效的是两个全新的条约。为了让更多同行了解和更好地执行相关网络知识产权保护法律法规,笔者在中国图书馆学会 2007 年学术年会第三分会场专题发言的基础上撰写此文,简要介绍两个条约的背景、概况、生效情况以及影响,提出图书馆界面临的挑战和针对信息网络传播保护需求应当采取的对策。

2 国际著作权保护与"国际互联网条约"

2.1 条约的产生

如果从 1898 年《伯尔尼公约》的正式签署算起,国际社会通过立法进行著作权保护已有 100 多年的历史。所谓"国际互联网条约"特指 1996 年 12 月缔结于日内瓦的两个国际多边著作权保护条约——《世界知识产权组织著作权条约》(简称 WCT)和《世界知识产权组织表演和录音制品条约》(简称 WPPT)。它们由世界知识产权组织(WIPO)管理,仅仅是该组织管理的多个国际多边著作权保护公约的一部分。

世界知识产权组织作为联合国系统中负责协调各国对知识产权的有效保护的一个专门机构,所奉行的宗旨是通过各国间的合作,促进在世界范围内保护知识产权。它通过召集专门会议,组织起草或修订一些知识产权领域的国际公约来行使自己的管理职能。由世界知识产权组织管理的其他比较重要的国际公约还包括《伯尔尼公约》《世界著作权公约》和《录音制品公约》等。我国于 1980 年加入世界知识产权组织,此后,分别于 1992 年 10 月 15 日加入《伯尔尼公约》、于 1992 年 10 月 30 日加入《世界著作权公约》、于 1993 年 4 月 30 日加入《录音制品公约》,成为上述国际著作权保护公约成员国。

20 世纪 90 年代,科学技术的发展推动了作品的数字化生产和网络传播的出现并逐步普及,导致此前制定的国际著作权公约不适应新的著作权保护和使用需求,促使世界知识产权组织将修订以往缔结的国际公约摆上了议事日程。然而,是否应当针对网络环境下作品创作与传播使用的新特点进行著作权保护?世界知识产权组织成员国对保护网络著作权达成共识并共同签署国际公约,则经历了相对曲折的过程。

从 1991 年起,世界知识产权组织的工作人员历时 5 年,先后在拉丁美洲、非洲和亚洲等地区举办地区性研讨会,讨论新形势下著作权法所涉及的问题,最终形成了针对网络传播制订新的国际著作权保护条约的方案。按照该方案,由专门工作班子草拟形成了上述两个条约的草案,其中,既保留原有著作权条约的通用条款,也增添了针对网络传播著作权保护的新内容。

1996 年 12 月,世界知识产权组织邀请其所有成员和一些非政府

253

组织的代表,参加了为缔结新的国际著作权保护条约而召开的著作权外交会议。与会人员包括 120 多个国家的代表及欧洲共同体的特派代表,7 个政府间组织的代表,76 个非政府组织和世界知识产权组织国际局的代表,总人数达 700 多人,使该会议成为著作权领域有史以来召开的规模最大的外交会议[3]。经国务院批准,我国派出了由国家版权局副局长沈仁干为团长,广电部、文化部、外交部、国家版权局和我国常驻日内瓦代表团有关官员组成的代表团参加了会议[4]。经过广泛讨论,外交会议于 1996 年 12 月 20 日通过了经过修正的两个条约草案,宣告了 WCT 和 WPPT 两个新条约的诞生。

2.2　条约的主要内容与生效机制

《世界知识产权组织著作权条约》由 25 条组成。此外,还附有"议定声明"9 条,对条约中一些可能引发歧义的问题做进一步解释。《世界知识产权组织表演和录音制品条约》由 33 条组成,同时附有"议定声明"10 条,用于对条约中一些有争议及可能引发歧义的问题做进一步解释。

虽然两个条约所保护的主、客体以及具体内容有别,但是,在基本原则、附加保护措施和加入程序方面则具有共性。在基本原则方面,禁止未经授权在交互式网络上传输受著作权保护的资料,体现了各种作品的权利人享有的著作权及其邻接权在网络环境下仍应受到保护,而且这种保护和传统环境下的保护原则基本一致;在附加保护措施方面,均针对数字网络传播的特点,将保护版权管理信息和权利人为防止作品未经授权传播而加载的技术保护措施纳入保护义务;在加入程序方面,明确规定了条约开放签署以及具体生效的步骤,体现了尊重成员国的自主立法权。

值得指出的是,上述两个条约获得会议通过至正式生效经过了 5 年多的时间。因为按照条约规定,只有在 30 个国家向世界知识产权组织总干事交存加入条约的批准书或加入书 3 个月之后,条约才会自动生效。据世界知识产权组织官网上发布的信息,WCT 和 WPPT 的生效日期分别是:2002 年 3 月 6 日和 2002 年 5 月 20 日。

事实上,2002 年条约满足上述自动生效条件时,其生效范围也仅仅局限在提出申请的 30 个国家。条约要在其他签约国正式生效,必须由特定国家通过自己的立法程序提出加入申请书,并经世界知识产权组织总干事批准。截至 2007 年 10 月底,世界知识产权组织官网发布的两个条约的统计数据表明,WCT 签约国共有 64 个,WPPT 的签约国共有 62 个。但是,对该统计信息进一步分析可以看出,WCT 签约国中处于生效状态的国家共有 37 个,尚未在国内生效的有 27 个国家(其中包括所有欧盟成员国)[5]。WPPT 签约国中,处于生效状态的国家共有 34 个,尚未生效的国家有 28 个(其中也包括所有欧盟成员国)[6]。

3 我国加入"国际互联网条约"的步骤

我国代表参加了通过 WCT 和 WPPT 的外交会议,于 1996 年 12 月在条约的最后文件上签字,成为上述条约的缔约方。但是,此签字并不意味着我国正式加入上述条约。因为,正式加入该条约,还需要对国内知识产权保护立法进行一系列调整完善,并完成一系列加入程序和预后配套措施方面的工作。

3.1 立法准备

我国政府对网络环境下的著作权保护非常重视,对加入两个条约持积极慎重态度。针对我国网络著作权保护的实际需求和著作权立法的现实情况,我国政府进行了一系列立法准备工作。笔者认为,两个条约在我国生效是我国在知识产权保护领域所进行的持续立法工作的成果。

我国的著作权保护法律法规采取滚动方式修订。1996 年,著作权外交会议后,国家有关部门开始筹备对 1990 年颁布的著作权法的修

255

订工作。2001年10月,我国颁布了修订后的著作权法,其中增加了部分 WCT 和 WPPT 中设置的保护信息网络传播权的相关条款。但是,考虑到网络信息传播的技术多变性和相关利益平衡的复杂性,著作权法中没有对权利保护细化条款和权利限制条款做出明确规定,仅在第58条规定"信息网络传播权的保护办法由国务院另行规定"。

2005年年初,国家启动了制定《信息网络传播权保护条例》的工作。在国务院法制办主持下,经过国家版权局以及他相关部门和社会各界的努力,该条例于2006年5月颁布,于2006年7月1日正式实施。可以说,《信息网络传播权保护条例》的颁布实施,意味着我国初步完成了加入两个条约所必需的国内立法准备工作。

3.2 加入进程

2004年起,中国政府通过中美商贸联委会等途径多次宣布,在适当时候加入"国际互联网条约"。2005年年初,国家版权局会同国务院法制办、外交部等部门,开始进行加入两个条约的论证工作,研究加入两个条约的利弊以及我国法律制度如何与其相衔接的方案。经过一年多的时间,于2006年3月完成了加入条约的立法论证报告起草工作,随即进行该论证报告的征求意见和定稿工作。2006年7月,立法论证报告正式报送国务院,国务院审定后于2006年10月向全国人大提交加入世界知识产权组织国际互联网公约的议案。2006年12月29日,经十届全国人大常务委员会第二十五次会议审议,做出了我国加入 WCT 和 WPPT 的决定。2007年3月6日,中国政府向世界知识产权组织正式递交加入书,2007年3月9日,收到世界知识产权组织总干事的确认函,3个月之后,即2007年6月9日,"国际互联网条约"在我国正式生效。

3.3 对条约做出保留

我国在决定加入两个条约的同时,充分行使了国内自主立法权。具体表现在以下两点:第一,针对因实施一国两制,香港和澳门享有独立立法权的现实,人大常委会决定,"国际互联网条约"暂不适用于我国香港和澳门特别行政区;第二,针对国内广播组织对录音制品的使用惯例和现有著作权法律法规的实际情况,提出我国对该条约第15条第(1)款做出保留。

笔者查证世界知识产权组织网站发布的 WPPT 条约原文和相关信息发现,WPPT 第15条共分4款,系针对广播组织向公众传播录音制品而做出的相关规定。早在 WPPT 制定初期该条就存在较大争议,WPPT 所附的10条议定声明中,有两条是针对该条做出的。我国做出保留的 WPPT 第15条第(1)款内容如下:"对于将为商业目的发行的录音制品直接或间接地用于广播或用于对公众的任何传播,表演者和录音制品制作者应享有获得一次性合理报酬的权利。"对 WPPT 部分条款做出保留的还有美国、新加坡、日本和澳大利亚等国家。其中,美国和新加坡对第15条(1)和(3)保留;日本和澳大利亚除对第15条(1)和(3)保留外,还提出保留第3条(3)关于《罗马公约》缔约方适用的规定[7]。

4 "国际互联网条约"生效的后续影响

"国际互联网条约"的生效既有积极影响,也使我国面临知识产权保护立法和执法等方面的一系列挑战。其积极影响包括:体现了中国政府保护知识产权、完善法律制度的负责任态度,提升了中国信守承诺的国际形象。实现了我国知识产权保护与国际接轨,有利于加强网络知识产权保护国际合作,推动我国互联网产业的健康发展,并有望在制定和调整国际著作权规则方面获得更多话语权,推动有关国际规则向有利于我国及绝大多数发展中国家利益的方向发展。

需要政府应对的挑战体现在:条约的生效等于我们正式加入了国际互联网知识产权保护法律体系,享有条约规定的一切权利,也必须承担条约规定的一切义务。因此,我国的著作权保护范围就不仅局限在国内,而是拓展到其他缔约国的著作权人及其相关权利人。

条约不仅加大了政府对著作权保护的责任,还需要在立法、执法和司法审判方面全面与国际接轨。例如,WCT 第 14 条和 WPPT 第 23 条"关于权利行使的条款"明确规定:①承诺根据其法律制度采取必要的措施,以确保本条约的适用;②确保依照其法律可以提供执法程序,以便能采取制止对本条约所涵盖权利的任何侵犯行为的有效行动,包括防止侵权的快速补救和为遏制进一步侵权的补救。

笔者追踪浏览国家版权局网站发布的信息获悉,条约的生效正在促使政府进一步加强网络知识产权保护,推出防范、举报、查处网络侵权案件的一系列配套措施。2007 年 6 月在向媒体披露我国正式加入两个条约消息的同时,国家版权局负责人曾表示我国将建立数字版权监管平台,启动"反盗版举报、查处奖励基金",进一步加大网络环境下的版权保护力度[8]。2007 年 9 月 29 日,国家版权局在京举行"国家版权局反盗版举报中心成立暨举报投诉电话公布仪式",宣布"国家版权局反盗版举报中心"正式成立,并公布了全国统一的反盗版举报投诉电话 12390[9]。

2007 年 6 月 24 日,国家版权局颁布 2007 年 1 号公告,向社会发布了《要求删除或断开链接侵权网络内容的通知》及《要求恢复被删除或断开链接的网络内容的说明》的示范格式[10]。上述文件是国家版权局根据《信息网络传播权保护条例》第 14 条、第 16 条的规定,对其中涉及的"书面通知"和"书面说明"内容逐步细化形成的指导性格式范本,对维护权利人法定权利,便利网络服务提供者履行法律义务,促进我国互联网产业的健康发展以及规范我国网络环境下的版权保护秩序具有重要意义。

2007 年 8 月 1 日,国家版权局、公安部、信息产业部联合发出《关于开展 2007 年打击网络侵权盗版专项行动的通知》,在全国范围内部署了为期 3 个月的打击网络侵权盗版专项行动,借此深化对网络侵权盗版活动的治理[11]。

5 图书馆界面临的挑战与对策

5.1 网络传播豁免条款的适用

作为国际著作权保护条约，WCT 和 WPPT 两个条约所涉及的大多是网络知识产权保护的最基本的原则和保护要求，与我国现行著作权法和与之配套的《信息网络传播权保护条例》的一些规定相比，显得不够详尽。于是导致在具体操作中，目前我们还是习惯于执行国内的法律法规。但是，我们必须认识到，我国正式加入的国际条约是我国法律的一部分，只要我国对条约的适用没有做出保留，那么，其各项条款在我国就具有效力。随着时间的推移，我国的法律法规与国际条约不一致的地方还会发生相应改变，甚至图书馆的网络服务的豁免条款也会发生变化，这是我们面临的最大挑战。

目前，《信息网络传播权保护条例》为图书馆设置了专门的馆内传播豁免条款，但是，条例仅仅是法规，尚不具有与著作权法同等的效力。2007 年 10 月，国家相关部门已经着手进行修订现行著作权法的先期调研工作，一个重要的因素就是必须解决著作权法与国际条约规定之间协调的问题。相信不久的将来，著作权法的修订必然提上议事日程，图书馆界仍应当以高度的责任感积极参与著作权法修订活动，团结一致，为将非营利公益性图书馆网络传播豁免纳入合理使用条款而努力。

5.2 防范网络服务风险

近年来，国际社会正在不断强化对包括著作权在内的知识产权的保护，加入国际条约不可避免地使我国的著作权保护日趋接近发达国家的水平。不仅如此，条约规定缔约各方应将依本条约规定的保护给予其他缔约方国民，也势必使著作权保护范围扩大，随之带来潜在的主张网络传播权利的权利人群体的增长。我国相关政府部门正在逐步完善网络知识产权保护监管措施并加大侵权案件查处力度。与此同时,信息资源的生产和流通方式正在发生深刻的变化,社会公众对网络传播的需求越来越高,图书馆服务正在经历由传统服务向网络服务的转型,凡此种种,都使网络服务的风险增大。

在此背景下,图书馆应当增强著作权保护意识,高度重视防范网络传播风险,将避免侵权降低网络服务风险作为基础工作长抓不懈,以负责的态度在保护著作权和促进作品的传播利用方面发挥积极作用。

5.3　高度重视著作权管理

笔者曾在《图书馆建设》2006 年的 5 期发表题为《图书馆界参与信息网络传播权立法的实践》一文,其中用较大篇幅谈到图书馆界面临的任务,并推荐了适用的著作权解决方案。在此,笔者再次呼吁图书馆界应当高度重视著作权管理,认真研究我国法律法规和国际公约的相关条款,制定详尽的著作权管理政策和解决方案,加强对数字资源加工、使用、网络传播服务等方面的管理。如果说以往图书馆在进行网络服务中并非出于主观故意而导致某些侵权现象的发生时,我们可以用法律法规滞后、豁免条款不够明晰而为自己开脱责任,那么,在一系列法律法规正式生效的大背景下,图书馆对因自己著作权管理方面存在瑕疵而导致的侵权则很难再找出开脱的理由。

尤其值得注意的是,在网络开放资源存在的背景下,要正确利用《信息网络传播权条例》设置的图书馆豁免条款,不能混淆权利人公开颁发许可的资源和未颁发许可资源的网络传播权限。例如,目前许多图书馆正在建设视频点播系统提供馆藏电子资源的局域网络服务,在加工转换和传播受著作权保护作品时,对不符合合理使用规定条件的,要坚持征得著作权人的许可并支付报酬。对于超出馆舍范围提供版权保护期内的作品,必须坚持得到权利人的授权,不能存有侥幸心理和糊涂认识。如果系统提供商销售管理软件时附带赠送本馆未收藏的视频资源,上网之前一定要核查这些资源是否得到正式授权,并在与系统提供商签订的购买合同中对此部分资源签订免责条款。

总之,在我国加入两个国际条约的背景下,对于已经建立著作权管理制度的图书馆而言,应当清理检查自己的著作权管理制度和方案是否符合法律法规的要求,弥补管理漏洞和缺陷,以避免继续提供有争议的服务导致图书馆面临更多的风险。

参考文献

1,8 "互联网条约"在我国正式生效. http://www.ncac.gov.cn/GalaxyPortal/inner/bqj/include/detail.jsp? articleid=10962&boardpid=168&boardid=1150101011160101

2 国际互联网条约在中国生,版权局副局长答问. http://www.chinanews.com.cn/gn/news/2007/06-09/954160.shtml

3 Sterling J A L. World Copyright Law. London: Sweet & Maxwell, 1998

4 吴海涛. 世界知识产权组织通过版权和邻接权保护新条约. 著作权, 1997(1)

5 Contracting Parties > WCT (Total Contracting Parties: 64) http://www.wipo.int/treaties/en/ShowResults.jsp? lang=en&treaty_id=16

6 Contracting Parties > WPPT (Total Contracting Parties: 62) http://www.wipo.int/treaties/en/ShowResults.jsp? lang=en&treaty_id=20

7 WIPO Performances and Phonograms Treaty. http://www.wipo.int/treaties/en/ip/wppt

9 国家版权局反盗版举报中心成立. http://www.ncac.gov.cn/GalaxyPortal/inner/bqj/include/detail.jsp? articleid=12764&boardpid=168&boardid=1150101011160101

10 国家版权局发布《要求删除或断开链接侵权网络内容的通知》及《要求恢复被删除或断开链接的网络内容的说明》示范格式. http://www.ncac.gov.cn/GalaxyPortal/inner/bqj/include/detail.jsp? articleid=11091&boardpid=168&boardid=1150101011160101

11 国家版权局开展打击网络侵权盗版专项行动. http://www.ncac.gov.cn/GalaxyPortal/inner/bqj/include/detail.jsp? articleid=11990&boardpid=168&boardid=1150101011160101

附注:

　　本文系应《图书馆建设》编辑部之约,基于笔者在中国图书馆学会2007年学术年会第三分会场专题发言而做。撰写于2007年10月,发表于《图书馆建设》,2008年第1期,第19—22页。

著作权法权利限制条款的修订路向与建议

2007 年 6 月 9 日,《世界知识产权组织版权条约》(WCT) 和《世界知识产权组织表演和录音制品条约》(WPPT) 在中国正式生效,借此将我国《著作权法》的修订又一次提上了议事日程。

历史证明,如何在著作权法中设置权利保护条款与限制条款,往往是修法过程中争议最多的问题。2001 年《著作权法》修订时由于多种原因所致,没有针对新增加的信息网络传播权保护条款同步设置权利限制条款,在一定程度上造成了权利保护与限制的失衡。2006 年颁布实施的《信息网络传播权保护条例》(以下简称《条例》)弥补了上述不足。但是,作为著作权法的配套法规,《条例》尚不具有著作权法的效力。因此,亟待借《著作权法》修订的契机,针对现代信息技术发展和网络传播日益普及的现状与实际应用需求,妥善解决网络环境下受著作权保护作品的创作者、传播者和使用者诸方利益平衡的问题。

一、现行《著作权法》权利限制条款的设置特点

概括起来看,除了权利保护期限方面的规定外,我国现行《著作权法》的权利限制条款分为两类,一是合理使用条款,二是法定许可条款。

合理使用条款集中在《著作权法》第 22 条,其中列出了个人使用、

介绍评论与新闻报道引用、教学科研使用、执行公务、图书馆档案馆等机构保存复制、免费表演、将已经发表的作品以少数民族文字或盲文出版等 12 种无须征得权利人许可、并免于支付报酬的使用情形。法定许可条款则分散在第 23 条、第 42 条和第 43 条。其中规定为九年制义务教育和国家教育规划而编写出版教科书(第 23 条)、广播电台、电视台播放他人已发表的作品以及播放已经出版的录音制品(第 42 条、第 43 条)可以不经著作权人许可,但应当支付报酬。

笔者认为,上述权利限制条款的设置方式是值得肯定的。在不违背《伯尔尼公约》原则框架的基础上,针对我国具体国情所设置的权利限制条款,体现了国内立法的自主权和特色,在前网络时代基本可以维持著作权保护与传播、利用的利益平衡。

二、著作权法权利限制条款的修订路向

(一)修订思路

如前所述,我国《著作权法》在前网络时代设置的权利限制条款绝大多数对保障利益平衡是行之有效的。严重的利益失衡现象肇始于《著作权法》将网络传播以及与之相关的技术保护措施纳入权利保护范围。因此,应当将解决由于信息技术和网络传播的普及而导致的权利保护与限制的失衡作为本次《著作权法》修订的指导思想。

此外,由于信息网络传播权的保护不仅涉及作品的传播、复制及一系列后续使用方式,还涉及防止他人接触使用作品的技术措施,因此,需要对信息网络传播权保护与限制的正当性、合理性与适用性进行系统推敲,以便实现权利保护与权利限制的范围及程度的匹配。权利限制条款的取舍应遵从《伯尔尼公约》、WCT 和 WPPT 等国际著作权条约所认可的三步检验原则,并参考其他国家的相关立法,尤其要避免因现实中各种侵权现象的存在和利益集团的压力而缩减权利限制条款。

263

(二)修订方案

第一,秉承以往的立法技术,继续集中设置合理使用条款。具体说来,应吸收《条例》中的合理内容,拓展并细化《著作权法》第22条。网络的应用呈渗透性全方位态势,许多情况下仅仅是在原有的条文中增加网络传播使用方式即可,没有必要像《条例》那样详尽列举针对诸多网络传播情形的限制条款。在法条内容的表述方面,应注意避免将网络传播与其他使用割裂开来,尽量删减合并冗余内容,提升相关表述的精练和包容度,摒弃简单增设新条款的方式,以免影响法律文本的简练。

第二,保留广播电台电视台、教材编写的法定许可条款,并在条文中添加网络传播使用方式拓展其包容性。同时,吸收《条例》中的网络教学与面向贫困地区或人群的网络传播法定许可条款(第8条、第9条),设置公益性图书馆和文化扶贫的法定许可条款。但是,法定许可条款能否最终确立,取决于国家的公共政策和专项财政资金的支持。因为,如果不能解决如何支付报酬的问题,法定许可条款的设置与实施,会导致不合理地侵犯著作权人依法获得报酬的权利。

第三,针对网络信息传播的技术特点和应用需求增设破解技术保护措施和网络传播的免责(避风港)条款。为方便网上信息的传播利用,对网络信息线索的集成、内容导航等增值服务无法也不必按照传统惯例先行许可,否则会扼杀技术进步带来的便利。因此,用一定篇幅设置网络服务提供者的责任豁免条款(即避风港条款)成为必然选择。修法中可以吸收《条例》设置的网络服务提供者遵循自动存储、接入、搜索、链接服务的相关规则而享有的免责条款(第20条、第21条、第22条和第23条),还可以借鉴美国著作权法1201条针对网络服务提供者设置的破解技术保护措施、通知反通知、自动缓存等免责条款。同时,明确规定对上述与技术密切相关条款的动态监测,以便随技术进步对条款进行灵活修订。以美国为例,旨在扩大破解技术保护措施(1201条)豁免范围的议案正在审议过程之中[1]。此外,美国国会图书馆亦于 2004 年成立由法律专家、图书馆员和商界人士组成的 108 条款研究组,探讨将包括馆际互借在内的一系列图书馆网络资源服务纳入豁免范围[2]。

三、重点建议

第一,吸收《条例》的部分规定,对现有第 22 条中的图书馆复制豁免条款进行重构和扩展。试拟条文如下:

符合条件的公益性非营利图书馆、档案馆、纪念馆、博物馆、美术馆可以不征得权利人许可,不向其支付报酬,出于下述目的使用受著作权保护的作品:

(1)出于保存版本和陈列展示馆藏之目的,制作合法获得(通过法定缴存、自愿捐赠和正常渠道购买)的非数字与数字作品的复制品,复制数量不得超过三份,允许使用其中一份复制品替代原件供用户观看、查询、浏览。若上述作品因添加技术保护措施而造成无法进行所需复制时,允许避开技术措施、装置或者部件,但不得侵犯权利人依法享有的其他权利。

上述允许以数字化形式复制的作品,应当是已经损毁或者濒临损毁、丢失或者失窃,或者其存储格式已经过时,并且在市场上无法购买或者只能以明显高于标定的价格购买的作品。

(2)出于馆际互借之目的,为其他合作单位的用户少量复制馆藏作品,但必须符合以下条件:该复制品归用户个人所有,图书馆不得直接或者间接获得经济利益;若以数字方式传输上述馆藏作品的复制品,必须使用非公开信息网络并防止该复制品以数字方式扩散至该用户以外的其他人。

(3)出于方便用户便捷利用馆藏资源之目的,通过非公开信息网络向注册用户提供本馆收藏的合法出版的数字作品和符合(1)所规定的复制品的在线浏览,但不得直接或者间接获得经济利益。当事人另有约定的除外。

第二,吸收《条例》第6条第3项和第12条规定,对第22条教学科研合理使用条款进行重构和扩展。试拟条文如下:

> 非营利教学科研机构为学校课堂教学或科学研究,可以不征得权利人许可,不向其支付报酬,少量复制已公开发表的作品并作为内部参考资料直接分发或通过非公开网络提供给少数教学、科研人员。但必须符合以下条件:教学科研机构不得直接或者间接获得经济利益;必须采取技术保护措施,防止该复制品以数字方式扩散至相关教学、科研人员以外的其他人。若需要使用的作品、表演、录音录像制品因添加技术保护措施而造成无法使用时,允许避开技术措施、装置或者部件,但不得侵犯权利人依法享有的其他权利。

四、结语

保护著作权及其相关权利是极为必要的。但是,作为具有一定特殊性的私权,著作权及其相关权利不能无限制膨胀。随着时间推移和技术变化,社会公众利用信息资源的方式已发生巨大变化,通过网络接收各类信息资料已经成为普遍的需求,如果不对新增著作权保护条款进行适度限制,将会导致信息交流障碍和交易成本的上升以及更多的利益不平衡,从根本上危及科学、文化、技术和实用技艺的发展和繁荣,窒息社会文化与文明的传承与创造。

事实上,每个自然人都要基于知识、文化、科学技术的传承完成其社会化的过程,每个社会成员、社会团体或机构在政治、经济、文化等各项社会活动中都会身兼信息接收者和传播者两种角色。因此,当任何个人或机构团体出于自身利益强调对某一权利的保护时,尽管站在其自身角度看是可以理解的,但是,立法者应超越局部短期的现实利益,站在公共政策和利益平衡的更高层面,对过度膨胀的私权予以一定的限制。观察中外著作权法修订过程中利益博弈的过程可以发现，反对设置权利限制条款者往往以野蛮侵权现象的存在为借口，或者列举因著作权法不完善或执法环节的疏漏所造成的损害来否定权利限制条款，或者夸大设置权利限制条款对自身利益的损害。凡此种种并不能成为缩减和取消权利限制条款的正当理由。相反，恰恰是权利限制条款的存在可以在一定程度上疏导甚至遏止野蛮侵权现象。由衷地期待本次《著作权法》的修订成为保障权利平衡的范例。

参考文献

1　fair use act of 2007. http://copywrite. wordpress. com/2007/03/04/fair-use-act-of-2007-hr-1201

2　Section 108 Study Group. http://www. ala. org/ala/washoff/woissues/copyrightb/section108/Section108. cfm

附注：

　　本文系应中国政法大学张今教授之约而作。撰写于2008年4月，发表于吴汉东主编，北京大学出版社，2009年5月出版的《中国知识产权蓝皮书》(2007 — 2008)，第313 — 317页。

中国图书馆立法的基础与需求

1 引言

在我的记忆中,制定图书馆法是一个旷日持久、悬而未决的老问题了。记得 20 多年前自己撰写大学本科毕业论文时,就在其中论述我国图书馆事业社会化管理的章节探讨过制定图书馆法的必要性。作为一个本科生,那时对图书馆法的研究,主要是通过阅读资料和比较中外图书馆事业的发展轨迹,发现没有立法保障是我国图书馆事业管理落后于发达国家的重要根源之一,由此而表达自己对制定我国图书馆法的呼吁和期盼。经过 20 多年图书馆服务、管理、教学与研究工作的历练,再来关注制定图书馆法的问题,自己除了依旧怀有当年那份对立法的期盼外,更多了一份参与并推进图书馆立法进程的社会责任感。

目前,我国的图书馆法仍然处于立法准备阶段。推进我国图书馆法立法进程,不仅需要国家立法机关进行大量工作,也需要各个相关政府部门的支持,还需要图书馆界同仁和社会公众的配合。笔者认为我们应当充分认识图书馆立法的可行性和必要性,增强作为公民和社会机构参与图书馆立法活动的责任感。以下围绕图书馆立法的基础与需求谈谈自己对图书馆立法的可行性和必要性的看法。

2 制定图书馆法的宪法基础

1982年12月4日,第五届全国人大第五次会议通过的宪法,历经1988年、1993年、1999年和2004年四次修正,是我国现行宪法[1]。宪法作为根本大法,是国家法律体系的根基,具有最高的权威性与法律效力,是制定其他一切专门立法的重要基础。

图书馆法在法律类型在归属上属于专门法,其制定应当以宪法的相关条款为指导框架和基础。笔者认为,可以作为图书馆立法基础的宪法条款可以分为两大类。一是专指条款,即内容明确涉及图书馆的条款;二是间接条款,主要指那些与图书馆运行发展密切相关、规定社会政治、经济、文化、教育、科研等活动的组织管理制度与原则的条款。宪法中的专指条款与间接条款均应视为图书馆相关条款,它们共同构建了图书馆这样一种社会机构运行发展的宏观社会法制环境。以下引述宪法中与图书馆相关条款的规定,供我们作为认识图书馆立法可行性与必要性的参照。

宪法第二十二条是图书馆专指条款。其中规定:国家发展为人民服务、为社会主义服务的文学艺术事业、新闻广播电视事业、出版发行事业、图书馆博物馆文化馆和其他文化事业,开展群众性的文化活动。国家保护名胜古迹、珍贵文物和其他重要历史文化遗产。

宪法中的图书馆间接条款主要包括以下七条:

第二条:中华人民共和国的一切权力属于人民。……人民依照法律规定,通过各种途径和形式,管理国家事务,管理经济和文化事业,管理社会事务。

第五条:中华人民共和国实行依法治国,建设社会主义法治国家。国家维护社会主义法制的统一和尊严。一切法律、行政法规和地方性法规都不得同宪法相抵触。一切国家机关和武装力量、各政党和各社会团体、各企业事业组织都必须遵守宪法和法律。一切违反宪法和法律的行为,必须予以追究。任何组织或者个人都不得有超越宪法和法律的特权。

第十五条:国家实行社会主义市场经济。

第十九条:国家发展社会主义的教育事业,提高全国人民的科学文化水平……国家发展各种教育设施,扫除文盲,对工人、农民、国家工作人员和其他劳动者进行政治、文化、科学、技术、业务的教育,鼓励自学成才。

第二十条:国家发展自然科学和社会科学事业,普及科学和技术知识,奖励科学研究成果和技术发明创造。

第二十三条:国家培养为社会主义服务的各种专业人才,扩大知识分子的队伍,创造条件,充分发挥他们在社会主义现代化建设中的作用。

第四十七条:中华人民共和国公民有进行科学研究、文学艺术创作和其他文化活动的自由。国家对于从事教育、科学、技术、文学、艺术和其他文化事业的公民的有益于人民的创造性工作,给以鼓励和帮助。

此外,宪法序言部分明确规定:全国各族人民、一切国家机关和武装力量、各政党和各社会团体、各企业事业组织,都必须以宪法为根本的活动准则,并且负有维护宪法尊严、保证宪法实施的职责。

笔者认为,宪法中关于图书馆事业的专指规定,表明了国家对发展图书馆事业的重视,为我国图书馆事业提供了总的发展保障。但是,要真正落实宪法专指条款,并使其具有可操作性,还需要将宪法间接条款的规定转变为专门法规定,通过结合图书馆领域的具体应用需求,细化、延展宪法条款的内容,从而使图书馆的发展建立在上述间接条款所涉及的各方面管理制度的保障之上,使国家对图书馆事业的管理真正走上法制轨道。不仅如此,制定图书馆法是贯彻落实宪法精神的重要步骤与具体体现,也是增强宪法实施效力的必由之路。唯有以专门立法的形式对图书馆运营发展所涉及的各方面问题予以调整规范,才能促进我国图书馆事业的健康发展。

3 制定图书馆法的政策法规基础

据文献记载[2]和相关报道[3]，新中国成立以来,我国各级政府机构和其他机构相关部门通过制定颁布一系列图书馆事业管理文件、规章制度、条例等,指导、规范、促进了图书馆事业的发展。其中影响比较大的有:文化部发布的《关于加强与改进公共图书馆工作的指示》(1955年)、中华全国总工会发布的《关于工会图书馆工作的规定》(1955年)、教育部颁布的《高等学校图书馆试行条例(草案)》(1956年)、国务院批准发布的《全国图书协调方案》(1957年)、国家文物事业管理局颁发的《省、市、自治区图书馆工作条例》(1978年)、中共中央书记处通过的北京图书馆馆长刘季平所做的《图书馆工作汇报提纲》(1980年)、教育部颁布的《中华人民共和国高等学校图书馆工作条例》(1981年)、国家教委颁布的《普通高等学校图书馆规程》(1987)以及教育部颁布的《普通高等学校图书馆规程(修订)》(2002年)。

尤其值得指出的是,近年来,许多地方性图书馆管理规章或条例相继推出,对各地图书馆事业的发展起到了一定的促进和保障作用。一些参加本次笔谈的图书馆法律与知识产权分会的其他委员,曾亲自参与了地方性图书馆管理规章和条例的制定工作,相信在他们的讨论中,已经充分反映了在此方面取得的相关经验和成就。

笔者认为,上述一系列图书馆事业管理文件、规章制度、条例等的制定与实施,为制定我国图书馆法积累了经验,奠定了基础。

4 制定图书馆法的现实需求

当前,我国社会各行各业的管理都在逐步走向法制管理的轨道。

在立法资源有限的情况下,如果仅仅具有上述立法基础而没有迫切的现实需求,并不足以将图书馆法的制定提上议事日程。

那么,图书馆立法的现实需求来自何处呢?笔者认为,立法的需求不是孤立的,它与我国社会发展和社会管理方式的转型密切相关,也与图书馆事业发展存在的问题以及现实存在的一系列矛盾相关。正是社会发展中需要解决的诸多现实问题引发了图书馆的立法需求。具体说来,需要认识以下几点。

4.1　制定图书馆法是适应政府职能与社会管理模式转变的需要

法律是由经济基础决定并为经济基础服务的。目前,我国正在走建设有中国特色的市场经济之路。社会主义市场经济制度的确立与完善,要求社会管理方式和政府职能的转变。市场经济就是法制经济,运用法律手段管理图书馆事业是社会发展的必然要求。在中国社会发生深刻变革的过程中,公共资源配置、公共事业的监管方式都应当发生相应的变化。在此背景下,我们需要通过专门立法管理包括图书馆事业在内的各项社会事业。借助法律的普遍约束力,以国家的强制力保证法律的实施,使政府管理职能加以转变。

具体说来,制定图书馆法,调整、规范政府对图书馆事业的管理方式,需要明确规定政府在图书馆事业管理中的角色,通过对政府管理职责、义务、授权范围等的规定,保障涉及图书馆事业发展的社会公共政策与管理目标的落实。

从迫切性来看,制定图书馆法,是改革进程不可分割的一部分,也是建设法制社会不可缺失的内容,绝不能将其视为改革结束后才来考虑的问题。

4.2　制定图书馆法是提高公共资源投资效率的需要

在市场经济条件下,不仅生产部门要讲效率,非生产性公共服务部门也要讲效率。目前,国家每年对图书馆事业的投资总量已经达到相当的规模,但是,多年来,图书馆事业的条块分割管理模式导致了投资的低效率和严重的资源浪费,图书馆事业发展不平衡的现象日趋严重,成为我国图书馆事业管理的痼疾。

事实上,图书馆事业管理中存在的政出多头现象,也可以从前述图书馆相关政策规章的制定颁发机关的不同略见一斑。医治我国图书馆事业管理的痼疾,提高公共资源投资效率,需要制定统一的综合性图书馆法,建设良好的法律环境与秩序,规定图书馆各项业务与服务的协调合作制度,规范并调节不同类型不同系统图书馆之间的关系,约束图书馆管理的随意性和本位主义,制约相关管理部门之间狭隘的管辖权之争,打破资源共享的瓶颈与障碍,通过立法,使提高公共资源的投资效率成为政府主管部门与图书馆界普遍遵守的行为准则,成为图书馆事业发展的重要目标,为建设节约型社会做出贡献。

4.3　制定图书馆法是调节利益关系实现公平服务的需要

随着社会主义市场经济的发展,社会不同利益群体之间、社会机构之间、社会机构与公民之间的利益关系变得日趋复杂。图书馆作为一个庞大的社会信息资源保存、传播与服务系统,其服务活动具有极强的渗透性,是支撑社会文化、教育、科研等事业的基础性公共服务机构。多年来,国家实施发展图书馆事业的政策,使图书馆事业有了长足的发展。但是,由于长期缺乏相对独立和稳定的制约与监管机制,图书馆行业屡屡出现因政府的不作为、图书馆工作人员的渎职、图书馆管理的衙门化、服务不规范等导致的侵犯用户权益的现象。甚至出现读者与图书馆的矛盾激化、图书馆因资金、设施、专业人员短缺而难以为继等严重的问题,致使公民享受社会公益服务的权利无法得到充分保障。

要调节社会各种不同的利益关系实现公平服务,仅靠零散的部门规章和条例是远远不够的,需要统筹协调各方面的立法资源,及早制定功能相对完备的图书馆法。

例如,针对图书馆服务无法满足用户需求的矛盾,规定国家以及其他社会投资兴办的图书馆的职责、权利、任务以及建构、组织、活动原则;提出各级各类图书馆的人员录用标准、服务标准和相应的考核监督要求;规定图书馆用户的权利义务,调整图书馆,尤其是国家与各级政府部门投资兴办的公益性图书馆与社会公众的相互关系。此外,针对政府以及图书馆主管机关的不作为,制定最低投资保障,建立监督机制。

值得强调指出的是,这种监督和制约是多向的,政府机构、图书馆,以及广大读者和社会公众都应参与其中。只有这样,才能抓住现有公共事业管理的薄弱环节,保障公平服务。使图书馆不仅在传播知识、培育和支撑全民族的研究创新精神、推进科学研究、满足人民群众的精神文化需求方面发挥更大的作用,而且成为补充义务教育、支撑终身教育的机构,满足建立学习型社会的需求。

5 结语

对于我国图书馆事业的健康发展而言,政策与法律都是必不可少的保障和工具。从现有的宪法基础与政策法规基础来分析,制定图书馆法是可行的。上述对现实需求的分析,也凸显了制定图书馆法的必要性。总之,图书馆立法最根本的需求,来源于市场经济条件下政府管理职能的转变,来源于图书馆事业发展过程中存在的一系列矛盾和需要解决的问题。如果业内对图书馆法的讨论研究,仅仅停留在务虚式纸上谈兵,对改变现状并没有多大意义。现在要做的是以满腔热情付诸行动,积极参与立法方案调研,在大家的共同努力下,让图书馆立法从多年的期盼早日变为现实。

参考文献

1 中华人民共和国宪法. http://www. gov. cn/ziliao/flfg/2005-06/14/content _ 6310. htm

2 陈源蒸,张树华,毕世栋. 中国图书馆百年纪事. 北京:北京图书馆出版社,2004

3 教育部关于印发《普通高等学校图书馆规程(修订)》的通知. http://www.

edu. cn/20020610/3058180. shtml

本文系应《图书与情报》编辑部之约而做。撰写于 2005
年 12 月,发表于《图书与情报》,2006 年第 1 期,第 3—5 页。

主要论著目录

著作

1. 信息揭示组织原理与方法（独著）. 山东大学出版社, 1997

2. 网络环境下的著作权与数字图书馆（独著）. 北京: 北京图书馆出版社, 2002

3. 网络教育资源传播与合理使用——中、英、美教育数字图书馆建设与著作权解决方案比较研究（合著, 第一作者）. 北京: 北京图书馆出版社, 2006

4. 图书馆职业英语阅读（独著）. 北京: 国家图书馆出版社, 2009

5. 中国数字图书馆宏观管理研究（田国良主编; 第五章和导言第 4 — 5 节）. 湘潭: 湘潭大学出版社, 2009

论文

1. 美国图书馆效率研究一瞥（独著）. 图书馆学研究, 1982(6)

2. 新技术革命为动力搞好图书馆网的建设（独著）. 山东图书馆季刊, 1984(3)

3. 冒号分类法第七版评价（独著）. 山东图书馆季刊, 1989(4)

4. 书次号与克特著者号码表（独著）. 河南高校图书情报工作, 1989(1)

5. 山东高校社科文献情报网络建设研究（独著）. 载: 山东省社联. 山东省社科情报网络建设专题报告集（山东省七五社科规划项

目),1990

6. 文献分类标准化评析(独著).山东图书馆季刊,1990(4)

7. 国际知识组织协会及其活动介绍(独著).知识工程,1991(2)

8. 山东社会科学院图书馆收藏与利用年鉴情况的调查(合著,第一作者).年鉴工作研究,1991(2)

9. 发展中的困境与困境中的发展(独著).图书馆理论与实践,1991(4)

10. 《杜威十进分类法》与《中图法》修订技术比较研究(独著).大学图书馆学报,1991(6)

11. 权威与图书馆学向常规科学的转化(独著).中国图书馆学报,1992(1)

12. Modern Development of Classification——Practice and Research in the People's Republic of China(独著).International Classification,1992(1)

13. 论图书馆学教育研究方向的转变(独著).大学图书馆学报,1993(3)

14. 走出象牙之塔,综览科学新潮——《新学科文献分类手册评介》(独著).中国图书馆学报,1993(4)

15. Faceted Classification:A Consideration of its Features as a Paradigm of knowledge Organization(独著).Knowledge Organization,1994(2)

16. 信息社会图书馆事业面临的挑战(独著).山东图书馆季刊,1996(4)

17. 论图书馆学专业核心课程的优化(独著).载:海峡两岸第三届图书资讯学研讨会论文集(A 集),1997

18. 图书馆学教育:面向二十一世纪的变革与发展(独著).北京大学学报(信息管理系建系五十周年专刊),1997(9)

19. 商品信息的特点及商品数据库开发原则(合著,第二作者).情报学报,1998(2)

20. 论面向二十一世纪以需求为基础的图书馆管理原则(独著).载:中国图书馆学会.世纪之交:图书馆事业回顾与展望.北京:北京图

书馆出版社,1999

21. 20 世纪我国信息检索研究的历史回顾(独著).图书馆学研究,1999(6)

22. 论文献传递服务及其影响(独著).图书情报工作,2000(1)

23. 美国图书馆界关于文献传递的研究与实践评析(独著).图书馆杂志,2000(1)

24. 关于强化图书馆研究开发功能的思考(独著).中国图书馆学报,2000(3)

25. 论信息组织教育的转型与发展(独著).大学图书馆学报,2000(4)

26. 美国数字千年著作权法及其对图书馆的影响(独著).大学图书馆学报,2001(1)

27. 美国数字千年著作权法的立法背景及其主要内容评介(独著).著作权,2001(1)

28. 著作权法修正案评析(独著).中国版权,2002(1)

29. 莫让利益的天平失衡——论新著作权法的不足(独著).中国版权,2002(3)

30. 美国远程教育著作权豁免法案评析(独著).中国版权,2003(5)

31. 数字图书馆建设与服务相关的著作权问题探讨(独著).载:继承、创新、发展——清华大学图书馆建馆 90 周年纪念文集.北京:清华大学出版社,2003

32. 美国研究型图书馆人力资源管理实践研究(第二作者).大学图书馆学报,2004(1)

33. 期刊论文数据库建设应注意的著作权问题(独著).中国科技期刊研究,2004(2)

34. 电子教学参考资料系统的著作权对策(第二作者).图书情报工作,2004(10)

35. 电子教参系统服务著作权技术保护措施调查研究(第二作者).现代图书情报技术,2004(9)

36. 数字图书馆建设涉及的著作权问题(独著).国家图书馆学刊,

2004（4）

37. 教育类数字图书馆与合理使用条款修订（独著）.中国版权,2004
（5）

38. 电子教学参考资料系统中的版权问题分析（第二作者）.大学图书
馆学报,2005（1）

39. 电子图书数字权限管理系统比较研究（第三作者）.图书馆杂志,
2004（8）

40. 非营利教育机构图书馆网络传播豁免（独著）.互联网法律通讯,
2005,2（1）

41. 非营利公益性图书馆享有的著作权豁免权利与义务.图书馆建
设,2005（5）

42. 清华大学网络教学资源使用环境与需求调查（独著）.中国教育网
络,2005（4）

43. 关于《信息网络传播权保护条例（草案）》的修改建议（第三作
者）.中国图书馆学报,2006（2）

44. 中国图书馆立法的基础与需求（独著）.图书与情报,2006（1）

45. 对图书馆界参与信息网络传播保护立法进程的回顾与思考（独
著）.国家图书馆学刊,2006（2）

46. 公益性图书馆网络传播豁免诉求及其合理性分析（独著）.图书情
报工作,2006（7）

47. 图书馆界参与信息网络传播权立法的实践（独著）.图书馆建设,
2006（5）

48. 图书馆活动与著作权（独著）.载:《中国图书馆年鉴》专栏文
章,2005

49. 图书馆活动与信息网络传播权（独著）.载:《中国图书馆年鉴》专
栏文章,2006

50. 图书馆事业社会化断想（独著）.载:沈乃文.传薪集——祝贺吴慰
慈教授七十华诞文集.北京:北京图书馆出版社,2007

51. 2007 年网络知识产权立法最新进展与图书馆的对策（独著）.图

书馆建设,2008(1)

52. 著作权法权利限制条款的修订路向与建议(独著). 载:吴汉东.中国知识产权蓝皮书(2007—2008).北京:北京大学出版社,2009

53. 谷歌数字图书馆项目与公益性图书馆:二个需要明确的问题(独著).图书馆情,2010(1)